NZZ Libro

Ulrich Knellwolf

LEBENSHÄUSER

Vom Krankenasyl zum Sozialunternehmen –
150 Jahre Diakoniewerk Neumünster

Verlag Neue Zürcher Zeitung

Bibliografische Information der Deutschen Nationalbibliothek
Die Deutsche Nationalbibliothek verzeichnet diese Publikation in der Deutschen Nationalbibliografie;
detaillierte bibliografische Daten sind im Internet über http://dnb.d-nb.de abrufbar.

© 2007 Stiftung Diakoniewerk Neumünster – Schweizerische Pflegerinnenschule, Zollikerberg,
und Verlag Neue Zürcher Zeitung, Zürich
Gestaltung: Ernst Hiestand+Partner, Zollikerberg, Ernst Hiestand, Uta Fritz
Lithos: prp mathys prepress & print, Zollikerberg
Druck, Einband: freiburger graphische betriebe, Freiburg i.Br.

Dieses Werk ist urheberrechtlich geschützt. Die dadurch begründeten Rechte, insbesondere die der Übersetzung, des Nachdrucks, des Vortrags, der Entnahme von Abbildungen und Tabellen, der Funksendung, der Mikroverfilmung oder der Vervielfältigung auf andern Wegen und der Speicherung in Datenverarbeitungsanlagen, bleiben, auch bei nur auszugsweiser Verwertung, vorbehalten. Eine Vervielfältigung dieses Werkes oder von Teilen dieses Werkes ist auch im Einzelfall nur in den Grenzen der gesetzlichen Bestimmungen des Urheberrechtsgesetzes in der jeweils geltenden Fassung zulässig. Sie ist grundsätzlich vergütungspflichtig. Zuwiderhandlungen unterliegen den Strafbestimmungen des Urheberrechts.

ISBN 978-3-03823-376-3

www.nzz-libro.ch
NZZ Libro ist ein Imprint der Neuen Zürcher Zeitung

*Den Neumünster-Diakonissen
hochachtungsvoll und herzlich gewidmet
in Erinnerung an Phoebe,
«die Leuchtende»,
die erste mit Namen genannte christliche Diakonisse*

Inhalt

8	Vorwort	
11	Das Asyl am Hegibach	1833 – 1882
49	«Eine männliche Autorität»	1883 – 1932
115	Im Zollikerberg	1933 – 1988
179	«Neumi» und «Pflegi»	1989 – 2008
212	Nachwort	

Anhang

218 Die Diakonissen-Schwesternschaft 2007

220 Die Organe der Stiftung

221 Chefärzte, Co-Chefärzte und Leitende Ärzte des Spitals Zollikerberg

222 Stiftungsrat und Mitarbeitende der Stiftung

226 Personenregister

Vorwort

Am 30. November 1858 wurde am heutigen Hegibachplatz in Zürich die «Kranken- und Diakonissenanstalt in Neumünster» eingeweiht. Die Gründer waren theologisch und politisch Konservative, deren religiöse Familientradition nicht selten durch die Herrnhuter Brüdergemeine geprägt war, aber auch durch jene Vereinigung der Ausläufer einer altprotestantischen Orthodoxie mit dem Pietismus, die sich um 1830 vollzog, nicht zuletzt angesichts der politischen Erfolge des Freisinns. Etwas später sollte daraus die sogenannte «positive Richtung» in Kirche und Theologie werden, der die «liberale Richtung» gegenüberstand. Die Auseinandersetzungen zwischen den beiden theologischen Parteien beherrschten das kirchliche Leben der zweiten Hälfte des 19. Jahrhunderts und brachten die Reformierte Kirche fast zum Auseinanderbrechen; die Unterschiede blieben bis weit ins 20. Jahrhundert hinein prägend.

Die Kreise, die die Gründung des Diakoniewerks förderten, standen ihrer vom Freisinn beherrschten Gegenwart kritisch gegenüber; einige hatten noch zu den Opponenten gegen die Berufung von David Friedrich Strauss auf einen theologischen Lehrstuhl in Zürich gehört. Diese Opposition gipfelte bekanntlich im «Züri-Putsch» von 1839 – demselben Jahr, in dem das Neumünster ausserhalb der Stadt als erste neugebaute Kirche Zürichs seit der Reformation eingeweiht wurde. Die radikale Regierung stürzte und Strauss wurde in den Ruhestand versetzt, ehe er seine Stelle angetreten hatte.

Aufschlussreich ist, dass diese konservativen Kreise bestimmte soziale Probleme der Zeit früher erkannten als ihre fortschrittlichen Mitbürger. Das liberale Gegenstück zur Diakonie, das Schwesternhaus vom Roten Kreuz Zürich-Fluntern, entstand 24 Jahre später. Kritik an der Zeit gibt Distanz zur Zeit und macht hellsichtig für die Defizite der Zeit. Die Konservativen mussten von ihrer Stellung zum Lauf der Zeit aus fürchten, die Nöte der Gesellschaft würden immer grösser. Sie sahen sich zum Einschreiten genötigt – und wurden so die Promotoren eines Fortschritts, obwohl sie dem Fortschritt skeptisch gegenüberstanden.

Schon Theodor Fliedner im deutschen Kaiserswerth hatte mit seiner Gründung des ersten evangelischen Diakonissenhauses, 1836, zwei gesellschaftliche Probleme zusammengebracht, um für beide eine Lösung zu finden. Die Zürcher Gründer folgten ihm darin.

Im Vordergrund stand die Krankenpflege. Zwar hatte sich die ärztliche Versorgung verbessert, seit am Zürichberg zwischen 1837 und 1842 das Kantonsspital gebaut worden war. Die Namen einiger Leuchten der Medizin von anno dazumal zieren heute Zürcher Strassen. Die Pflege jedoch liess auch in den neuen Gebäuden sehr zu wünschen übrig. Lohnwärterinnen und -wärter, oft nicht besonders gut beleumdet, von fachlicher Ausbildung kaum eine Spur, sorgten mehr schlecht als recht für die Kranken. Dabei konnten sich immer weniger Leute leisten, was bisher für besser Betuchte selbstverständlich gewesen war, dass man sich nämlich zu Hause pflegen liess. Oft fehlte es nicht nur am Geld, sondern auch am Platz. Darum brauchte es nicht nur Spitalraum, sondern auch ausgebildete Leute für die Pflege.

Gleichzeitig wurde die Situation unverheirateter Frauen prekärer. In der Landwirtschaft waren sie im Familienverband als billige Arbeitskräfte gebraucht worden. Was aber sollte in städtischen Verhältnissen aus ihnen werden? Im Schoss einer wohlhabenden Familie mochte es immer noch selbstverständlich sein, unverheiratete Schwestern und Töchter, die nach bürgerlichem Kodex keiner Lohnarbeit nachgingen, auszuhalten. In den unteren sozialen Regionen freilich war das nicht möglich. Da waren die ledigen Frauen eine Last. Dazu hatten sie, ob reich oder arm, in der Gesellschaft keine rechte Stellung.

Fazit: Man bilde unverheiratete Frauen zu Krankenpflegerinnen aus, und man tut ihnen und gleichzeitig den Kranken, um die sie sich sorgen werden, etwas Gutes. Die Gründer der schweizerischen Diakonissenhäuser nahmen den Gedanken um die Mitte des 19. Jahrhunderts auf, in Echallens und St. Loup, in Riehen, in Bern und, 1858, in Zürich-Neumünster. Lebenshäuser, keine Totenhäuser, wollten ihre Asyle sein.

2008 werden es also 150 Jahre her sein, dass am Hegibach in der damaligen Gemeinde Hirslanden die Kranken- und Diakonissenanstalt eröffnet wurde. Es war in vielfacher Hinsicht eine Pioniertat, nicht zuletzt wenn wir bedenken, dass damals nirgendwo anders im Kanton Zürich Krankenpflegerinnen systematisch ausgebildet wurden – obwohl uns von heute aus gesehen die Ausbildung der ersten Diakonissen reichlich fragmentarisch erscheint.

Aus dem «Asyl», wie es jahrzehntelang im Volksmund hiess, ist die Stiftung Diakoniewerk Neumünster – Schweizerische Pflegerinnenschule geworden. Ihre Direktion hat mich beauftragt, zum Jubiläum diese Festschrift zu schreiben. Sie will keine historische Untersuchung sein, sondern soll zitierend und erzählend – selbstverständlich unvollständige – Einblicke in die Geschichte des Werks geben. Je länger ich mich damit beschäftigte, desto grosser wurde meine Achtung vor den Männern und Frauen, die es gründeten, und noch viel grösser die Hochachtung vor den Frauen, die es mit ihrem Leben trugen.

Vielen, aus der Schwesternschaft, aus der Verwaltung und den Behörden des Werks und aus meinem Kollegen-, Bekannten- und Freundeskreis, habe ich für mannigfaltige Hilfe herzlich zu danken, insbesondere Dr. Werner Widmer, Dr. Heinz Rüegger, der Oberin Margrit Muther und ihrer Vorgängerin Rosmarie von der Crone. Den grössten Dank sage ich Elsbet, meiner Frau, für ihre in jeder Beziehung unentbehrliche Mitarbeit.

In diesem Buch wird viel zitiert. Wo nicht besonders vermerkt, stammen die Zitate aus den Jahresberichten, den Festschriften zum 50-jährigen und 100-jährigen Jubiläum des Werkes und aus Sitzungsprotokollen der leitenden Gremien. Andere Fundstellen sind benannt. Einige wenige Male habe ich mir erlaubt, Szenen zu erzählen, die sich nicht belegen lassen. Leserin und Leser werden sie von historisch Gesichertem zu unterscheiden wissen.

Fast alle Bilder habe ich in den Archiven des Diakoniewerks gefunden. Das Bild Ulrich Willes zu 1912 und das Hochzeitsbild zu 1934 sind von Renée Schwarzenbach-Wille; Dr. Alexis Schwarzenbach hat mir erlaubt, sie seinem Buch *Die Geborene* zu entnehmen. Das Bild von Walter Bion zu 1882 hat mir die Stiftung Zürcher Schülerferien zur Verfügung gestellt, die Bilder der Schweizerischen Pflegerinnenschule zu 1901 und 1996 die Gosteli-Stiftung in Bern, das Bild auf den Seiten 210 und 211 Dr. Franz Nikolaus Müller.

Parallel zu diesem Buch erscheint im Chronos-Verlag Zürich das Buch von Caroline Bühler, *«Die Pflegi». Ein Spital für Frauen – von Frauen geschaffen und geprägt.*

«Das wird das letzte grosse Jubiläum sein, bei dem es noch Neumünster-Diakonissen gibt», sagte eine Diakonisse zu mir, als ich sie für diese Schrift um eine Auskunft bat. Es sieht danach aus, als habe sie Recht. Jedoch ist es eine grossartige und anspruchsvolle Aufgabe, den nächsten Generationen Lebenshäuser zu vererben.

Ulrich Knellwolf
Zollikerberg, im Frühling 2007

Das Asyl am Hegibach   1833 – 1882

Fliedners Gartenhaus in Kaiserswerth

1833

Anfang im Gartenhaus

Am 17. September 1833 bringt THEODOR FLIEDNER, Pfarrer der kleinen evangelischen Diasporagemeinde Kaiserswerth nördlich von Düsseldorf, in seinem Gartenhaus eine aus dem Zuchthaus von Werden entlassene Strafgefangene unter. Bald folgen weitere. Betreut werden sie von KATHARINA GOEBEL, einer Freundin von Fliedners Frau FRIEDERIKE. Fliedner bezeichnet Katharina Goebel als «christliche Diakonissin»; in Holland hat er das Gemeindeamt der Diakonisse kennengelernt. Ihm schwebt vor, es auch in seiner Kirche einzuführen. Im Dezember kann das «Asyl» aus dem Gartenhaus in ein geeigneteres Gebäude umziehen.

Im Übrigen

bezieht am 31. Oktober 1833 der Pfarrer JOHANN HINRICH WICHERN das «Rauhe Haus» in Hamburg, um hier verwahrlosten Kindern eine Heimstatt zu geben

1835

THEODOR FLIEDNER gründet in Kaiserswerth eine Strickschule für verwahrloste Kinder. Im Frühling 1836 wandelt er sie in eine Kleinkinderschule um. Daraus entwickelt sich ein Seminar für Kleinkinder- und Volksschullehrerinnen.

Theodor Fliedner

Gertrud Reichardt

Louis Germond

Sophie von Wurstemberger

1836

«Die armen Kranken lagen uns längst am Herzen. Wie oft hatte ich sie verlassen gesehen, leiblich schlecht versorgt, geistlich ganz vergessen, in ihren oft ungesunden Kammern, dahinwelkend wie die Blätter des Herbstes! Denn, wie viele Städte, selbst von grösserer Bevölkerung, waren ohne Hospitäler! Und wo Hospitäler waren – ich hatte deren auf meinen Reisen in Holland, Brabant, England, Schottland wie in unserm Deutschland viele gesehen –, da fand ich die Portale und Korridore freilich bisweilen von Marmor glänzend (so eins in Manchester), aber die leibliche Pflege war schlecht. Die Ärzte klagten bitterlich über die Mietlinge bei Tag, die Mietlinge bei Nacht, über die Trunkenheit und die andere Unsittlichkeit bei dem männlichen und weiblichen Wartepersonal. Schrieen solche Übelstände nicht zum Himmel?» So Theodor Fliedner.

Am 20. April unterschreibt er, ohne Geld zu haben, den Kaufvertrag für ein Haus mitten in Kaiserswerth, um darin ein Spital einzurichten. Am 20. Oktober tritt die Arzttochter GERTRUD REICHARDT als erste Diakonisse die Leitung des Krankenhauses an. Als der Kaufpreis für die Liegenschaft am 11. November fällig wird, ist der Betrag durch Spenden zusammengekommen.

1842

Ausstrahlungen in die Schweiz

Pfarrer LOUIS GERMOND gründet in Echallens eine Diakonissenanstalt, die 1852 nach St. Loup verlegt wird.

1844

In Bern beginnt SOPHIE VON WURSTEMBERGER die Arbeit in einem Krankenasyl. Daraus wird das Diakonissenhaus Bern. Pater THEODOSIUS FLORENTINI und Schwester BERNARDA HEIMGARTNER gründen in Menzingen, Kanton Zug, die Lehrschwesternschaft vom Heiligen Kreuz.

1850

«Am 28. Mai trat ich, von den Meinigen bis zum Bahnhof geleitet, diese meine grösste Reise an, welche bis zum 5. September dauerte, durch keinen Unfall getrübt war und mir so reichen Genuss und schöne Erinnerungen bereitete.» Der das schreibt, ist GEORG RUDOLF ZIMMERMANN, geboren 1825, seit vorigem Jahr Vikar am Fraumünster in Zürich. Die Reise führt ihn über Basel und Freiburg nach Strassburg, weiter nach Heidelberg, Frankfurt am Main, Wiesbaden, Mainz, Koblenz bis Bonn. Hier hört er auf einer Provinzialkonferenz unter anderen Pfarrer FLIEDNER über die Innere Mission, besonders an Gefangenen, *«sehr interessante Mitteilungen»* machen. Zimmermann reist weiter nach Köln, Elberfeld und Düsseldorf. Von dort aus *«fuhren wir nach Kaiserswerth, die grossartigen Anstalten zu besehen. Im Krankenhaus wird etwa die Hälfte der Patienten unentgeltlich gepflegt, die Anderen bezahlen etwas, Kinder 3 Groschen (zirka 40 Cts.) täglich. Eben wurde auch eine Anstalt für weibliche Irre gebaut, wozu der König ein Kasernengebäude geschenkt hatte.»* Zum Mittagessen sind Zimmermann und seine zwei Weggefährten bei Pfarrer Fliedner eingeladen.

Was Zimmermann hier, vorher in der Rettungsanstalt Düsseltal und später in Bremen, sah, machte ihm grossen Eindruck. Er wird dabei auch an die verrufenste Gegend Zürichs, das «Chratzquartier», gedacht haben, das zum Gemeindegebiet des Fraumünsters gehörte.

1852

CHRISTIAN FRIEDRICH SPITTLER gründet in Riehen bei Basel ein Diakonissenhaus.

1856

Anstoss aus Kaiserswerth

Seit vier Jahren ist GEORG RUDOLF ZIMMERMANN Pfarrer am Fraumünster. Vor drei Jahren hat er geheiratet; zehn Monate später ist seine Frau nach der Geburt des ersten Kindes gestorben.

Am 21. Juli 1856 heiratet Zimmermann wieder. Seine zweite Frau, MARIA EMMA FINSLER, ist die Tochter des Zürcher Obergerichtspräsidenten und Schülerin des Herrnhuterinstituts Montmirail im Neuenburgischen. Die Hochzeitsreise führt das Paar an einige Stationen der Reise von 1850, so auch nach Kaiserswerth. In der erneuten Begegnung mit FLIEDNER erhält Zimmermann den Anstoss, sich für die Gründung eines Diakonissenhauses in Zürich einzusetzen. Immerhin gibt es solche Häuser inzwischen ja schon im waadtländischen St. Loup, in Bern und in Riehen.

Am 7. September ist Jahresversammlung der «Fünferkollekte», einer Einrichtung der in den 30er-Jahren gegründeten Evangelischen Gesellschaft. Zimmermann erzählt von dem, was er gesehen hat und was ihn seither nicht loslässt. Er erfährt, dass auch das Komitee der Evangelischen Gesellschaft die Gründung einer Diakonissenanstalt erwägt. Also schreibt Zimmermann am 12. Oktober an eines der Mitglieder, Stadtrat Meyer-Rahn: *«Auf unserer Hochzeitsreise besuchte ich mit meiner lieben Frau das Diakonissenhaus zu Kaiserswerth und brachte dort eine Stunde mit Pastor Fliedner zu. Dieser setzte mir den hohen Wert und die Notwendigkeit derartiger Anstalten so eindringlich auseinander und band es mir zugleich so sehr auf das Gewissen, in Zürich nach Kräften dafür zu wirken, dass ich diese Sache seither oft im Nachdenken und Gebet überlegt habe.»*

Das Krankenhaus in Kaiserswerth

Georg Rudolf Zimmermann

27. November. Das Komitee der Evangelischen Gesellschaft tagt bei alt Regierungsrat HANS KONRAD PESTALOZZI-HOFMEISTER im «Schönbühl». Anwesend sind neben andern der Pfarrer am Neumünster, alt Antistes JOHANN JAKOB FÜSSLI, Bezirksrat DIETHELM SALOMON HOFMEISTER und Stadtrat MEYER-RAHN. Meyer-Rahn gehört auch zu den treibenden Kräften, die dafür sorgten, dass seit Kurzem zwei Diakonissen aus Riehen in der Stadt arme Kranke pflegen. Traktandum ist der Brief von Pfarrer ZIMMERMANN mit dem Vorschlag, es seien ein Krankenhaus und zugleich eine Ausbildungsstätte für Diakonissen zu errichten. Man beschliesst vorerst, eine Kommission einzusetzen.

30. November. Alt Antistes Füssli hält ein Blatt in der Hand, das im Kirchenbeutel des Neumünsters lag. Oben klebt die silberne Münze, die zum Reformationsjubiläum 1819 an die Schüler verteilt worden ist, darunter steht ein Gedicht:

> *In meinem Herzen hab' ich Christi Stimm' vernommen,*
> *Er sagt: Tu gläubig heut, was du dir vorgenommen;*
> *Sieh nur, noch liegen ja an deinem Wege,*
> *Entbehrend Obdach, Trost und liebevolle Pflege,*
> *Elende, hilflos, krank und bleich, Sei du dem Samariter gleich!*
>
> *Drum, weil ja Gott der Armen Scherflein doppelt segnet,*
> *Hab ich getrost dies kleine Steinchen hingeleget!*
> *Wird Gott nur erst der Reichen Herzen auch erweichen,*
> *Dass sie zur Hilfe liebreich ihre Hände reichen;*
> *So glaub ich fest, es wächst daraus*
> *Einst ein Diakonissenhaus.*
>
> *Es braucht ja keine hohen weiten Hallen,*
> *Und sollte Gott und Menschen dieses wohlgefallen,*
> *Und könnten wir dem Christkind einst die Gabe weih'n,*
> *So müssten sich die Engel droben selber freu'n.*
> *Dann steige froh mein Dank zum Himmel auf,*
> *Nähm man nur Eine, Eine Seele darin auf.*

Das Blatt mit Münze und Gedicht hängt noch heute im Büro des Stiftungsdirektors. Wer die Verfasserin oder der Verfasser war, ist unbekannt geblieben.

Das Mutterhaus und Asyl am Hegibach

1857

Nägel mit Köpfen

16. Februar 1857. An einer ausserordentlichen Versammlung beschliesst die Evangelische Gesellschaft gemäss dem Antrag des Komitees die Errichtung «*eines Asyles mit christlicher Krankenpflege für solche Kranke, welche weder im Spital Aufnahme noch im Hause die erforderliche Pflege finden, in oder um Zürich.*» Das «Asyl» ist also in erster Linie für Arme gedacht. Ihrer sollen sich die Diakonissen annehmen, deren Ausbildung ebenfalls beschlossen wird.

Nicht mehr als 13 Sitzungen sind nötig, bis die «Kranken- und Diakonissenanstalt Neumünster» gründungsreif ist. Der Name geht übrigens auf einen Vorschlag der künftigen Oberschwester zurück und soll den Zweck des Werkes präzis umschreiben. Es ist nämlich zu Beginn nicht ganz klar, was im Vordergrund stehen wird, die Heranbildung christlicher Krankenpflegerinnen oder die Pflege von Patienten. Der Name macht klar, dass Krankenpflege der Hauptzweck ist; in ihrem Dienst geschieht die Ausbildung der Schwestern.

Kein Jammertal

Nicht nur in den Sitzungen geht die Arbeit speditiv vonstatten, auch beim Bau der Anstalt selbst. Als Standort ist ein Areal im Rötel vorgesehen, das über dem Oerlikonertunnel liegt. Es wird von der Eisenbahndirektion ersteigert und das darauf stehende Kosthaus der Eisenbahnarbeiter dem Bauunternehmer abgekauft. Maurermeister BAUR hat auch schon Pläne und eine Kostenberechnung erstellt.

Da kommen der Kommission Bedenken, die Anstalt werde zu abgelegen sein. Vielleicht spielt ja auch der Name des Ortes eine Rolle. «Rötel» kommt von «Reuental», was «Jammertal» heisst und im späten Mittelalter eine ironische Bezeichnung für geringe Güter war. Soll das neue Krankenhaus nicht im Jammertal stehen? Wie auch immer: Das Areal samt Kosthaus wird alsbald wieder verkauft und an der Langgasse, der heutigen Forchstrasse, in Hirslanden, den Gebrüdern WETLI ein Stück Land von etwas mehr als 5000 Quadratmetern abgekauft, der Quadratfuss zu fast 20 Rappen, wie ein Chronist noch nach 50 Jahren merklich beeindruckt festhält.

Der Beschluss fällt am 18. August. Gleichentags erhält Maurermeister Baur den Auftrag für den neuen Bauplan. Dieser liegt am 10. September vor und wird genehmigt. Ebenso der Kostenvoranschlag von 36 295 Franken. Wenige Tage später beginnen die Erdarbeiten, und am 21. November 1857 ist der Bau unter Dach.

Bis die Anstalt bezugsbereit ist, vergeht freilich noch ein Jahr. Hinter dem Haupthaus wird ein Ökonomiegebäude mit Waschraum, Glättestube und Knechtskammer errichtet und, da auf dem Grundstück keine Quelle sprudelt, ein Sodbrunnen gegraben. Der füllt viele Jahre lang ein Reservoir im Dachstock und versorgt von da aus die ganze Anstalt.

Im Übrigen

wird das Kloster der Barmherzigen Schwestern in Ingenbohl, gegründet 1855 von Pater THEODOSIUS FLORENTINI und Schwester MARIA THERESIA SCHERER, von Menzingen unabhängig

Hans Konrad Pestalozzi-Hofmeister

Johann Jakob Füssli

Diethelm Salomon Hofmeister

1858

Die führenden Köpfe

Am 30. November – genau zwei Jahre, nachdem im Kollektenbeutel des Neumünsters die Zwinglimünze mit dem Gedicht gefunden wurde – ist die Einweihung der Kranken- und Diakonissenanstalt Neumünster im «Asyl» am Hegibach. Keine grosse Festivität, nur eine bescheidene Feier mit wenigen geladenen Gästen. Ansprachen halten Antistes FÜSSLI als Präsident und Pfarrer ZIMMERMANN als Vizepräsident der Direktion. Diese ist Anfang Oktober durch das Komitee der Evangelischen Gesellschaft bestellt worden. Neben Füssli und Zimmermann gehören ihr an

- Gemeindepräsident BLEULER
- Schulpräsident HOFMEISTER als Aktuar
- Stadtrat MEYER-RAHN
- Bürgermeister MOUSSON
- Notar MEYER-USTERI
- Direktor PESTALOZZI-HOFMEISTER als Quästor

Ebenfalls Mitglied der Direktion und zugleich ärztlicher Leiter der Anstalt ist Dr. A. L. CLOËTTA-LOCHER.

Die Statuten wurden schon am 3. Juni genehmigt. In jener Sitzung wählte das Komitee der Evangelischen Gesellschaft auch eine aus den «Frauen Vorsteherinnen» bestehende Kommission zur Beratung und Unterstützung der Oberschwester. Sie besteht aus

- Frau Direktor PESTALOZZI-HOFMEISTER
- Frau Notar MEYER-USTERI
- Frau RAHN-IRMINGER

Als Oberschwester und damit eigentliche Leiterin des Werkes konnte Schwester Nanny Sieber gewonnen werden.

Die erste Oberschwester

ANNA SIEBER ist am 8. April 1827 geboren. Sie stammt aus einer angesehenen Fabrikantenfamilie in Hirslanden. Ihre Kindheit ist überschattet vom Tod dreier Geschwister; als sie elf Jahre alt ist, stirbt ihr Vater. Nach der Schulzeit verbringt sie ein Jahr im Institut der Brüdergemeine im neuenburgischen Montmirail, wo sie den Konfirmandenunterricht besucht. Zurück in Hirslanden richtet sie im Haus ihrer Mutter eine Sonntagsschule ein, steht Armen und Kranken bei und engagiert sich in sozialen Werken. Als 1855 die Hauseltern der Kinderbewahrungsanstalt Freienstein wechseln, versieht NANNY SIEBER neun Monate lang die Stelle der Hausmutter.

Nanny Sieber, die erste Oberschwester

Der Besuch der Riehener Oberschwester TRINETTE BINDSCHEDLER führt sie zum Entschluss, Diakonisse zu werden. Einen Monat bevor die Evangelische Gesellschaft in Zürich die Gründung einer Diakonissenanstalt beschliesst, schickt Nanny Sieber ihren Lebenslauf nach Riehen. Am 5. März 1857 tritt sie dort als Schwester ein.

Schon im November kommt aus Zürich das Gesuch, die Probeschwester auf Mitte 1858 dem neugegründeten Diakonissenhaus am Hegibach zu überlassen. In Anwesenheit zweier Mitglieder der künftigen Direktion wird Nanny Sieber am 16. Juni 1858 in Riehen eingesegnet. Darauf besucht sie verschiedene Diakonissenhäuser in Deutschland und der Schweiz, und im Herbst übernimmt sie, zusammen mit einer zweiten Riehener Schwester, der Aargauer Pfarrerstochter Julie Kienast, die Stelle in Zürich und trifft die letzten Vorbereitungen, bevor das Asyl am 30. November seine Tür öffnet.

Im Paragraf 20 der Statuten heisst es: *«Im Vertrauen auf den Herrn stützt sich die Anstalt für die ökonomische Existenz auf die Liebe und Barmherzigkeit, welche der Apostel 1. Petr. 4,10 den Christen empfiehlt.»* Dort steht: *«Wie jeder eine Gnadengabe empfangen hat, so dient damit einander als gute Haushalter der mannigfaltigen Gnade Gottes!»*

Im Übrigen
___

- gehen bis zur Eröffnung der Anstalt an Gaben Fr. 52 832.30 ein
- beträgt die Baurechnung inklusive Mobiliar Fr. 75 751.86
- kostet eine Person, Gesunde und Kranke zusammengezählt, im ersten Rechnungsjahr pro Tag weniger als einen Franken

Hirslanden, den 19ten August 1858.

Ihre Mitglieder, in dem diakonischen Comite in Zürich!

Ich habe nun von der Ober-Schwester, Jungfrau Sieber den Auftrag erhalten, Sie in Kenntniß zu setzen, über meinen Lebenswandel, von der Schule an bis auf diesen Augenblick.

Den 6ten September 1828 wurde Ich geboren, Mein Vater ist gewesen Johannes Bodmer, und meine Mutter Elisabetha Syli auf dem Wyßhof in der Berggemeinde Zollikon.

In meinem 6ten Lebensjahre wurde Ich in die Schule aufgenommen aber bis ins 12 Jahr weiß Ich nicht viel von geistigen und weltlichen Verrichtungen zu schreiben. Ich habe einen schlechten Unterricht gehabt, was Ich gewußt habe, habe Ich meistens von meiner Mutter gelernt, das Neue Testament und die Bibel haben wir nicht in die Schule nehmen müßen, dieses hat meine Eltern tief geschmerzt.

Als Ich 12 Jahre alt war, hat mich meine Schwester das Seidenweben gelernt, Sie hat aber schon Ihr ganzes Leben mit Krankheit durchgebracht, hat eine austehrende Lunge gehabt, und wenig gesunde Tage dabei genoßen. Und meine Mutter hat auch beinahe 4 Jahre an der Abzehrung und dem engen Athem gelitten, und Ich habe Ihnen beiden verpflegt, bis zu Ihrem Tode.

Im Jahr 1843 starben beide, zuerst die Schwester an der Lungenentzündung, dabei hat es noch viele Mühe und schlaflose Nächte gekostet. Darauf aber in 6 Wochen meine Mutter, aber Sie hat einen ringen Tod gehabt.

Wenige Jahre hernach ist meine Schulgefährtinn zu mir gekommen, Luise Weber, früher hat es im Salzrieth gewohnt, dieselbe hat den bösen Grind auf dem Kopf gehabt, und Ich habe 4 Wochen Ihnen verpflegt.

Im Jahr 1850 kam Ich zu meinem Schwager Kaspar Hardmeier in

andere Leute dort gewesen waren, so sind wir in größten Sachen nur durch die Hände gelaufen.

Im Jahr 1851 mußte Ich 3 Wochen unter Vernachläßigung anderer Personen das Bett hüten, wobei Ich durch ärztliche Hülfe wieder hergestellt wurde, vorher und nachher weiß Ich von keiner Krankheit.

Ueber die leiblichen Gegenstände habe Ich Dir in Kurzem gesetzt, jetzt aber will Ich Dir auch noch über die geistigen Gegenstände berichten. Ich wurde im Jahr 1845 auf das heilige Osterfest Confirmirt aber mit weinenden Augen und mit betrübtem Herzen muß Ich auf dieselbe Zeit zurückblicken, daß Ich so wenig Fortschritte im Guten gemacht habe, in meiner Jugend habe Ich wenig Fortschritte im Guten gemacht, theils wegen Mangel an Lehrern in der Schule, theils wegen Mangel eines guten Pfarrers.

Der Allmächtige Gott hat mir durch seine Gnade den Confirmations= Unterricht, und dessen Predig, und namentlich das heilige Abendmahl erst nachher zu erkennen gegeben, was für ein wichtiges Gelübde Ich dem Heiland abgelegt habe, da Ich Ihm ewig Treue geschworen habe. Gottes Hand hat mich immerdar geleitet, und mir Gnade geschenkt, mich in einem stillen und eingezogenen Leben zu befleißen. Und nun fühle Ich mich immer je länger je mehr gedrungen zu der Vollführung dieses Versprechens.

Ich weiß wohl, man kann auch noch auf manche andere Weise das Versprechen halten, aber Ich hoffe durch Gottes Gnade bin Ich dazu berufen. Der Herr hat mir von meiner Jugend an, schon den Trieb und die Liebe zu den kranken Personen geschenkt, wenn sie auch schon krank waren.

Je schwerer man mir diesen Beruf vorstellt, und je schwieriger Ich Ihn selbst überdenke, desto größere Freude habe Ich in meinem Herzen, und dazu immer einen innerlichen Trieb zu diesem zu gelangen! so

1859

Am 19. August 1858 schreibt Susanna Bodmer aus Hirslanden:

«Theure Mittglieder, in dem Diakonissen Comite in Zürich!

Ich habe nun von der Ober-Schwester, Jungfrau Sieber den Auftrag erhalten, Sie in Kentniss zu setzen, über meinen Lebenswandel, von der Schule an bis auf diesen Augenblick.

Den 6ten September 1828 wurde Ich geboren. Mein Vater ist gewesen Johannes Bodmer, und meine Mutter Elisabetha Egli auf dem Wylhof in der Berggemeinde Zollikon.

In meinem 6ten Lebensjahre wurde Ich in die Schule aufgenommen aber bis ins 12. Jahr weiss Ich nicht viel von geistigen und weltlichen Verrichtungen zu schreiben. Ich habe einen schlechten Unterricht gehabt, was Ich gewusst habe, habe Ich meistens von meiner Mutter gelernt, das Neue Testament und die Bibel haben wir nicht in die Schule nehmen müssen, dieses hat meine Eltern tief geschmerzt.

Als Ich 12 Jahre alt war, hat mich meine Schwester das Seidenweben gelernt, Sie hat aber schon Ihr ganzes Leben mit Krankheit durchgebracht, hat eine ansteckende Lunge gehabt, und wenig gesunde Jahre dabei genossen. Und meine Mutter hat auch beinahe 4 Jahre an der Abzehrung und dem engen Athem gelitten, und Ich habe Ihrer beiden verpflegt, bis zu Ihrem Tode.

Im Jahr 1843 starben beide, zuerst die Schwester an der Lungen-Entzündung, dabei hat es noch viele Mühe und schlaflose Nächte gekostet. Darauf aber in 6 Wochen meine Mutter, aber Sie hat einen ringen Tod gehabt.

Wenige Jahre hernach ist meine Schulgefährtinn zu mir gekommen, Luisa Weber, früher hat es im Balgrist gewohnt, dasselbe hat den bösen Grind auf dem Kopfe gehabt, und Ich habe 7 Wochen seiner verpflegt.

Im Jahr 1850 kam Ich zu meinem Schwager Kaspar Hardmeier in Zumikon an die Kost, derselbe hatte eine fremde Hausfrau, diese ist bei Ihnen gestorben, an der Gallen-Ruhr. Weil auch noch andere Leute dort gewesen waren, so sind nur die gröbsten Sachen mir durch die Hände gelaufen.

Im Jahr 1851 musste Ich 3 Wochen unter Verpflegung anderer Personen das Bett hüten, wobei Ich durch ärtzliche Hülfe wieder hergestellt wurde, vorher und nachher weiss Ich von keiner Krankheit.

Ueber die leiblichen Gegenstände habe Ich Sie in Kenntnis gesetzt, jetz aber will Ich Sie auch noch über die geistigen Gegenstände berichten. Ich wurde im Jahr 1845 auf das heilige Osterfest Confirmiert aber mit weinenden Augen und mit betrübtem Herzen muss Ich auf dieselbe Zeit zurück blicken, dass Ich so wenig Fortschritte im Guten gemacht habe, in meiner Jugend habe Ich wenig Fortschritte im Guten gemacht, theils wegen Mangel an Lehrern in der Schule, theils wegen Mangel eines guten Pfarrers.

Der Allmächtige Gott hat mir durch seine Gnade den Confirmations-Unterricht, und dessen Predig, und namentlich das heilige Abendmahl erst nachher zu erkennen gegeben, was für ein wichtige Gelübde Ich dem Heiland abgelegt habe, da Ich Ihm auf ewig Treue geschworen habe. Gottes Hand hat mich immerdar geleitet, und mir Gnade geschenkt; mich in einem stillen und eingezogenen Leben zu befleissen. Und nun fühle Ich mich immer je länger je mehr gedrungen zu der Vollführung dieses Versprechens.

Ich weiss wohl, mann kann auch noch auf manche andere Weise das Versprechen halten, aber Ich hoffe durch Gottes Gnade bin Ich dazu berufen. Der Herr hat mir von meiner Jugend an, schon den Trieb und die Liebe zu den kranken Personen geschenkt, wann Sie auch schon fremd waren.

Je schwerer mann mir diesen Beruf vorstellt, und je schwieriger Ich Ihn selbst überdenke, desto grössere Freude habe Ich in meinem Herzen, und dazu immer einen innerlichen Trieb zu diesem zu gelangen! So dass Ich mich jetzt fest entschlossen habe, mich in dieser Beziehung dem Heiland unter seine Füsse zu werfen, wann es schon durch allerlei Verwüstungen, und Trübsale geht, so will Ich mich mit Geduld zu meinem lieben Heiland und Erlöser wenden, und dabei zu gedenken, was für viel grössere Leiden Er wegen mir armen Sünder ausgestanden hat, Ich der Ich nur Staub und Asche bin, und nicht werth bin, der grossen Barmherzigkeit die Er an mir gethan hat.

Der Allmächtige Gott wolle mich fernerhin in Gnaden führen und leiten, und mir Gehorsam schenken, mich im Gebet und Flehen vor Ihm zu demütigen, und meinen obliegenden kranken Schwestern und Brüdern, mit einem guten und gottesfürchtigen Wandel vorangehen zu können, damit auch Sie erkennen was Gut und Böse ist, und Ich auch dabei meinen Obern gehorche, wann Sie mich zu recht weisen.

Ich verlasse mich in der besten Hoffnung auf den Herrn meinen Erlöser, Er ist ja der gute Hirte, Er weidet Alle, die Ihn erkennen, auf grüner Aue, und führet Sie zu stillen Wassern, und erquiket Ihre Seelen mit dem Lebensthau seiner Gnade.

Wenn Ich schon schwach bin im Guten, so bin Ich doch der besten Zuversicht dass des Herren Kraft in den Schwachen mächtig ist, Er lässt sich alles erbeten, wann mann Ihm nur die Ehre giebt, denn Alle gute Gabe und Alle vollkommenen Geschenke kommen von oben herab, von dem Vater der Lichter, bei welchem keine Veränderung noch ein Schatten der Abwechslung ist. O! Der Geist Gottes wolle immerdar in meinem Herzen regieren, dass Ich mich durch keine Abewege lasse vom Heiland abführen.

Ich hoffe der liebe Gott lasse sein Ja und Amen in Ihre Herzen kommen dass Sie mir diese meine herzliche Bitte gewähren, dann der Glaube muss durch die Werke bewiesen sein, sonst ist der Glaube todt.
In allen Dingen, nicht mein Wille geschehe, sondern dein Wille geschehe, o Gott.

Mit der freundlichsten Annehmlichkeit
Grüsse Ich alle Mittglieder von Herzen

Ihre Freundin Susanna Bodmer.»

Aus den Wünschen sollte nichts werden. Auf dem Umschlag, der den Lebenslauf und das Empfehlungsschreiben enthält, steht: Bodmer Susanna. Austritt: 20. Juni 1859.

Im Übrigen

treten bis Ende 1859 acht Schwestern in das Mutterhaus ein; drei von ihnen treten wieder aus erhalten die Schwestern regelmässig medizinischen Unterricht durch Dr. CLOËTTA, den Hausarzt, auch «*Anleitung in der praktischen Krankenpflege und Verbandlehre*». Dazu kommt der religiöse Unterricht mit Heilslehre, Bibelkunde und Seelsorge. Er wird erteilt durch die Pfarrer FÜSSLI und ZIMMERMANN

Johann Jakob Füsslis Neumünster

1860

Der erste Präsident

Seit der Gründung der Kranken- und Diakonissenanstalt Neumünster war JOHANN JAKOB FÜSSLI der Präsident ihrer Direktion. Im Ehrenamt natürlich, denn im Hauptamt war er Pfarrer am Neumünster. Der Bau dieser ersten Kirche seit der Reformation ausserhalb der alten Stadtmauern war nicht zuletzt seiner Initiative zu verdanken. Daneben war er Kirchenrat, Kantonsrat, Erziehungsrat, Mitgründer der Kirchenzeitung für die Schweiz, Leiter der Bibel- und Missionsgesellschaft, des Protestantisch-kirchlichen Hülfsvereins, Mitglied der Leitung der Evangelischen Gesellschaft des Kantons Zürich und der Gemeinnützigen Gesellschaft. Und, nicht zu vergessen, seit 1837 Antistes (griechisch «Vorsteher»), wie der Vorsitzende des Kirchenrates und der Zürcher Kirche seit den Zeiten von Zwinglis Nachfolger HEINRICH BULLINGER hiess. Übrigens war er der erste Antistes, der nicht zugleich erster Pfarrer am Grossmünster war. 1839, im selben Jahr, da seine neugebaute Kirche eingeweiht wurde, protestierte er an vorderster Front gegen die Berufung von DAVID FRIEDRICH STRAUSS als Theologieprofessor nach Zürich. Dieser hatte vier Jahre vorher in seinem Buch *Das Leben Jesu* ungefähr alles in Zweifel gezogen, was traditionelle Lehre über Jesus war. Der Widerspruch der konservativen Pfarrerschaft war der Beginn eines Volksaufstandes. Der «Züri-Putsch» vom 6. September 1839 fegte die liberale Regierung hinweg. Das verziehen die Freisinnigen dem Antistes nicht. Als sie zehn Jahre später wieder am Ruder waren und er wiedergewählt werden musste, wurde er nicht bestätigt.

Mit den andern Mitgliedern der Direktion gehörte Füssli zu den führenden Leuten einer sich allmählich herausbildenden kirchlich-theologischen «Richtung»: konservativ biblisch, verbunden mit persönlicher Erweckung, dazu sozial engagiert. Man kann ihn wohl einen gemässigten Pietisten nennen. Die «Richtung» hiess später die «Positiven», im Gegensatz zu den «Liberalen».

Am 3. Juni 1860 starb alt Antistes Johann Jakob Füssli in seinem 68. Lebensjahr. Auf seinem Kranken- und Sterbebett gepflegt hatten ihn Neumünsterschwestern, allen voran Oberschwester NANNY SIEBER. Das, obwohl die Direktion sie unlängst gebeten hatte, sich nicht zu überfordern und keinen Küchendienst und keine Nachtwachen mehr zu übernehmen. Nanny Sieber liess sich nicht ausreden, dass auch das zu ihrer Rolle als Vorbild im Dienen gehöre.

Im Übrigen

kehrt die Oberschwester Mitte August von einer kurzen Erholungsreise schwer krank statt erholt zurück. Am 9. September stirbt sie an Typhus. Ihre Nachfolgerin wird JULIE KIENAST

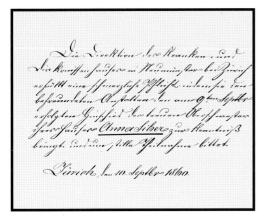

Nanny Siebers Todesanzeige

Julie Kienast, die neue Oberschwester

1861

Kein offizielles Briefpapier, kein gedruckter Briefkopf, nichts dergleichen. Zuoberst bloss «Zurich, 26. Juli 1861.» Zweieindrittel Seiten in DIETHELM SALOMON HOFMEISTERS, des Aktuars und Quästors, eiliger, sensibler Handschrift. Man merkt: Da schreibt einer, der die Dinge ebenso zügig wie sachlich erledigt und sich bei Förmlichkeiten nicht lange aufhält. Darum nicht einmal eine richtige Anrede, weder «hochverehrter, lieber Herr Pastor» noch gar «lieber Bruder Fliedner», sondern: *«Herrn Pastor Fliedner in Kaiserswerth»* und auf der nächsten Zeile ein trockenes *«Tit.»*

Kaiserswerth, das erste evangelische Diakonissenhaus der Neuzeit, wird 25 Jahre alt. Der Gründer will sich eine Übersicht über die Diakonissen-Mutterhäuser verschaffen, die seither nach dem Muster von Kaiserswerth entstanden sind, und verschickt darum Fragen. Hofmeister betont in der Antwort der Zürcher Direktion, dass das hiesige Werk erst 1858 eröffnet wurde und noch so klein ist, dass ihm *«der Name eines Mutterhauses noch nicht in vollem Sinne des Wortes zukommen kann»*.

Die Zürcher sind dankbar, dass auch sie an die bevorstehende Konferenz in Kaiserswerth eingeladen sind, *«denn es kann ja für die Direktion einer jungen Anstalt nur lehrreych seyn, solchen beyzuwohnen.»* Jedoch: *«Wir bezweifeln möchten, dass es eigens einem der Mitglieder unserer Direktion, die alle viel beschäftigte Männer sind, möglich seyn wird, die Reise zu machen, und für unsere Oberschwester, Julie Kienast, wäre vollends unter den gegenwärtigen Anforderungen an ihre Wirksamkeit die nöthige Zeit nicht zu erübrigen. Inzwischen genehmigen Sie die Versicherung unserer aufrichtigen und herzlichsten Segenswünsche. Namens der Direktion der Kranken- und Diakonissenanstalt Neumünster – D. Hofmeister.»*

Im Übrigen

- übernimmt Diakonisse LISETTE HUBER als erste Neumünsterschwester einen Dienst ausserhalb des Asyls, nämlich die Stadtkrankenpflege von Zürich
- wird an der Konferenz in Kaiserswerth die «Kaiserswerther Generalkonferenz der Diakonissen-Mutterhäuser» gegründet

Medizinischer Unterricht

1862

An der Jahresfeier vom 30. November werden drei Schwestern eingesegnet: ANNA BARBARA FREI von Regensdorf, BARBARA STRÄSSLER von Eglisau und BERTHA BIEDERMANN von «Thalweil». So besteht die Schwesternschaft nun aus acht eingesegneten Diakonissen, fünf Probeschwestern und zwei Gehilfinnen in der Vorprobe.

Drei Schwestern, unter ihnen die Oberschwester, dazu der Hausknecht, erkranken am «Nervenfieber». Einige Schwestern bekommen «Schleimfieber». Obwohl das Nervenfieber die Kranken dem Tod nahe bringt, werden alle wieder gesund. Während der Krankheit der Oberschwester springt ihre leibliche Schwester ein und leitet den Haushalt.

Im Lauf des Jahres werden im Asyl 230 Kranke gepflegt, eine Person mehr als im Jahr vorher. Als geheilt können 91 entlassen werden, als gebessert 69. 17 Kranke werden nicht gesund, 28 sterben. Hauptsächlichste Erkrankung ist die der «Respirationsorgane». 19 Fälle von Typhus kommen vor. 201 Kranke sind Erwachsene, 29 Kinder. 192 Patienten sind reformiert, 38 katholisch.

Im Übrigen

werden als Folge der Konferenz in Kaiserwerth vom Jahr zuvor, an der niemand aus Zürich teilnahm, in der Diakonissenanstalt Neumünster zwei wichtige Neuerungen eingeführt. Vor der Einsegnung verbringen die Schwestern eine Rüstzeit von 14 Tagen. Und alle Schwestern erhalten zu ihrer Erholung jährlich zwei Wochen Ferien

ordnet die Direktion Unterrichtsstunden an, da einzelne Schwestern nur mangelhafte Schulkenntnisse haben. *«Ein dem Hause befreundetes Frauenzimmer hat sich auf die verdankenswertheste Weise anerboten, wöchentlich zwei solcher Stunden im Asyl zu ertheilen und ihre aufopfernden Bemühungen sind nicht ohne erfreulichen Erfolg geblieben.»*

1863

Pflege von Körper und Seele

Im fünften Jahresbericht, «erstattet von der Direktion im November 1863», ist zu lesen: «*Zum ersten Mal glauben wir auch das Gebiet der Seelenpflege näher berühren zu dürfen, denn für die Freunde unsers Hauses bietet es ein wesentliches Interesse dar. Wenn die Hebung oder Linderung körperlichen Leidens der Hauptzweck jeder Krankenpflege ist, so stellt sich der Dienst christlicher Diakonissen zugleich die Aufgabe, den Kranken das Wort Gottes mit seinen himmlischen Tröstungen nahe zu bringen. Zu dieser Arbeit an den Seelen bedürfen sie aber einer sorgfältigen Vorbereitung, und es hat sich daher der Geistliche des Hauses, Herr Pfr.* FLURY, *angelegen sein lassen, den Schwestern die nothwendige Belehrung zu ertheilen. Nachdem er aus der Geschichte der christlichen Kirche und aus dem Bedürfniss der Gemeinde die Berechtigung evangelischer Diakonissen nachgewiesen hatte, an der Krankenseelsorge mitzuarbeiten, und zwar unbeschadet dem verordneten Dienste am Wort von Seiten des bestellten Geistlichen, setzte er die Aufgabe und das Endziel einer solchen Seelsorge näher auseinander. Hiebei kamen der Reihe nach zur Behandlung: 1) Das Wesen der Krankheit in seinem Verhältniss zur Sünde; 2) die geistliche Diagnose, d.h. die zu einer weisen Seelenpflege unentbehrliche Kenntniss des Kranken nach seiner eigenthümlichen leiblichen und geistigen Beschaffenheit, wobei namentlich in Betracht kommen: Alter und Geschlecht, der Seelenzustand des Kranken, der Grad seiner Erkenntniss und seine Stellung zu den Heilswahrheiten des Christenthums; 3) die Seelenpflege je nach Verschiedenheit der Krankheiten, und insbesondere bei Gemüths- und Geisteskranken.*»

Man vergleiche damit, was JULIUS DISSELHOFF, Theodor Fliedners Schwiegersohn und Nachfolger in der Leitung von Kaiserswerth, 1905 in seinem *Wegweiser für Diakonissen* schreibt: «*Wie Jesus Christus selbst der Seele und dem Leibe gedient hat, so haben seine Apostel in ihrer Person anfänglich das Amt am Wort und das Amt zu Tische zu dienen, vereinigt. Die Not der Gemeinde und die Beschränktheit der menschlichen Leistungsfähigkeit haben die Apostel gedrungen, aus ihrem Amte das ‹Amt zu Tische zu dienen› auszusondern… Während das Amt am Wort nur von Männern bekleidet werden kann, ist ‹das Amt zu Tische zu dienen› schon zu der Apostel Zeit auch den Frauen anvertraut…*»

Und bei HERMANN BEZZEL, von 1891 bis 1909 Leiter des Mutterhauses im bayerischen Neuendettelsau, heisst es im *Einsegnungs-Unterricht* 1909: «*Wie weit darf eine Diakonisse Seelsorgerin sein? Hier steht für mich ein Wort, das St. Petrus gesprochen hat, und das Wort soll allen gegenüberstehenden Meinungen zum Trotz bleiben bis ans Ende: Der wortlose Wandel ist die beste Seelsorge, so im Allgemeinen wie im Besonderen. So hat das Geschlecht, dem der Herr aus lauter Gnade die Behütung vor dem Wort in Seinem Wort gegönnt hat, die hohe Pflicht wortlos zu predigen. Es ist nicht bloss die Empfindung eines stark ausgeprägt männlichen Gefühls, sondern es ist der christliche Takt, den der Herr dem Manne gibt, wenn er mit unverhohlenem Misstrauen auf alle seelsorgerliche Art der Frau hinschaut.*»

Merkwürdig, Disselhoff wie Bezzel waren Kenner der Schriften JOHANN GEORG HAMANNS (1730–1788), jenes Königsberger Packhofverwalters, der sich als Christ zur Freiheit des Wortes berufen wusste und einer der überzeugendsten Vertreter des Allgemeinen Priestertums in der Geschichte der evangelischen Kirche war. Man sollte annehmen, er habe seine beiden Bewunderer gelehrt, welche Bedeutung die Worte der Pflegerin für den Kranken haben können. Im Neumünster merkte man etwas von dieser Bedeutung.

Im Übrigen

kommt am 22. März in Olten ANNA HEER zur Welt. Sie wird von 1899 bis 1918 die erste Chefärztin des Frauenspitals der Schweizerischen Pflegerinnenschule sein

1864

Das Stadtspital Chur

Am 4. Oktober stirbt THEODOR FLIEDNER in Kaiserswerth. Hier hatte er 28 Jahre vorher die erste Diakonissenanstalt gegründet. Inzwischen umfasst sie über 400 Schwestern, die in Kaiserswerth und weitern 79 Stationen in Preussen, sieben im übrigen Deutschland, vier in andern europäischen Staaten arbeiten. Vier Stationen unterhält Kaiserswerth in Asien, in Alexandria gibt es ein Krankenhaus und im amerikanischen Pittsburg ein Diakonissenhaus.

Demgegenüber nimmt sich die Zürcher Anstalt bescheiden aus: 17 Schwestern, zwölf davon eingesegnet. Jedoch sind die Schwestern neben der Arbeit im eigenen Spital auch für die Armenkrankenpflege der Stadt Zürich unverzichtbar. Der Direktor der Poliklinik betont vor allem auch ihren wohltätigen moralisch-religiösen Einfluss auf Unheilbare und Schwerkranke. Zehn Personen wird in der Privatkrankenpflege während 616 Pflegetagen Hilfe geleistet; für mehr reichen die Kräfte nicht. Jedoch wird die erste auswärtige Station übernommen im Stadtspital Chur.

Und die Verhältnisse drängen immer stärker zu einer Erweiterung der eigenen Anstalt. Wenn *«das mildthätige Publikum in entsprechendem Masse seine Unterstützung»* gewährt, soll ein Neubau entstehen.

Ein Rückschlag ist das Entlassungsgesuch der Oberschwester JULIE KIENAST. Im Dezember 1860 wurde sie zur Nachfolgerin ihrer verstorbenen Freundin Nanny Sieber eingesetzt. Die Aufgabe ist schwer. Dazu sind die Schwestern in der Pflege gesundheitlich gefährdet. Fast jede, so stellt die Direktion selbst fest, erkrankt in der ersten Diakonissenzeit ernstlich. Schutz vor Ansteckung gibt es kaum.

Als Julie Kienasts Gesundheit sichtlich immer stärker leidet, spricht der Vater ein Machtwort und bewegt die Tochter zum Rücktritt. Im Jahresbericht steht zu lesen: *«Durch seltene Geschicklichkeit in Behandlung der Kranken, durch warme Liebe für ihren schönen Beruf und das ihrer Leitung anvertraute Haus, hat sie den ausgesprochenen Dank der Vorsteherschaft in vollem Masse verdient. Möge der Aufenthalt in einem stillen und glücklichen Familienkreise ihr die Kräftigung und Ruhe, deren sie so sehr bedurfte, wieder verschaffen.»* Julie Kienast wird sich so weit erholen, dass sie 1871 mit zwei weitern Schwestern nach Nancy fahren kann, um in einem Lazarett Kriegsverwundete zu pflegen. Zu ihrer Nachfolgerin wird ANNA HOFFMANN aus dem Diakonissenhaus Riehen berufen.

Im Übrigen

treten in diesem Jahr zwei Schwestern aus, um zu heiraten. Der Jahresbericht:
«Solche Erfahrungen konnten in einem Zeitpunkt, wo man sich ernstlich mit einer bedeutenden Erweiterung der Anstalt beschäftigte, nicht ermuthigend wirken, indessen gewährten bald vermehrte Anmeldungen zum Diakonissendienst die Beruhigung, dass die Liebe zum Heiland noch in vielen Herzen mächtig sei und auch dieses Werk nicht werde sinken lassen.»
Werden hier Ehestand und Liebe zum Heiland gegeneinander ausgespielt?

Der Neubau

Ein Schwesternzimmer

1865

Die erste Erweiterung

Was im Jahr vorher noch blosser Wunsch war, ist inzwischen an die Hand genommen und realisiert. Im Herbst 1865 steht der Rohbau des zweiten Hauses am Hegibach. Die Direktion rechnet bis zur Fertigstellung mit Kosten von 70 000 Franken, inklusive Mobiliar. Diese werden wie folgt aufgebracht: 20 000 Franken bares Anstaltsvermögen, 7700 Franken Gaben für ein Altersasyl, 25 000 Franken haben die Erben des ehemaligen Direktionsmitglieds Pestalozzi-Hofmeister vermacht, und 17 300 Franken müssen aufgenommen werden.

Das Erdgeschoss des Neubaus enthält das Altersasyl, nämlich Räume für die Haushaltung, das Diakonissenzimmer mit zwei Betten, eine Wohnstube und vier Zimmer. Hier sollen *«fünf bejahrte Frauenspersonen ein stilles Plätzchen für ihre alten Tage finden»*. Von der Wohnstube durch eine bewegliche Wand getrennt gibt es eine grössere für allgemeinen Gebrauch; zusammen können sie als Festsaal benützt werden. Ebenfalls im Erdgeschoss befindet sich ein Badezimmer.

Im ersten Stock sind vier Zimmer mit fünf Betten für Privatkranke, der Kindersaal mit neun Betten und ein Saal für acht unheilbar Kranke, dazu drei Zimmer für je zwei Schwestern, eine kleine Küche, die zugleich Baderaum ist, und ein Reservezimmer. Von einem Männersaal wurde abgesehen; dafür hätte männliches Pflegepersonal angestellt und der ärztliche Dienst verstärkt werden müssen.

«Auf dem Dachboden endlich befinden sich ein Saal mit 9 und ein Zimmer mit 2 Betten für Diakonissen, sowie ein solches für einen Patienten.»

«Wir stehen bei Eröffnung des neuen Gebäudes in finanzieller Beziehung gerade auf demselben Punkte, wie beim Beginn des ganzen Unternehmens; nur mit dem Unterschied, dass wir für eine weit grössere Zahl von Personen in Zukunft zu sorgen haben. Die Verpflegungsgelder, mit Inbegriff derjenigen für Krankenbesorgung in Privathäusern, mögen dem Drittel der Jahresausgaben entsprechen; für alles Übrige sind unsre Pflegbefohlenen auf die werkthätige Hülfe ihrer Brüder in Christo angewiesen. Aber wir wollen, gestützt auf die bisherigen freudigen Erfahrungen, nicht sorgen für den andern Tag, sondern nach dem Gebot der Herrn (Matth. 6,25 – 34) auf Ihn vertrauen, der die Vögel des Himmels nährt und die Lilien des Feldes kleidet.»

Im Übrigen

betragen die Einnahmen der Kranken- und Diakonissenanstalt vom 1. September 1864 bis 31. August 1865 Fr. 32 677.81, die Ausgaben Fr. 20 482.56

Im Garten des Mutterhauses

1866

Samariterdienst im Krieg

Der preussische Kanzler Bismarck bricht einen Krieg gegen Österreich und den Deutschen Bund um die Vorherrschaft in Deutschland vom Zaun, der in der Geschichtsschreibung der Deutsche Krieg heissen wird. Er ist am 3. Juli in der Schlacht bei Königgrätz mit dem Sieg Preussens über Österreich und Sachsen entschieden und im August mit dem Frieden von Prag besiegelt. Fortan gibt Preussen in Deutschland den Ton an.

Eine junge Frau, AMALIE LULEY, von Heiligenthal in Preussen, wohnhaft in Zürich, fährt nach Deutschland, um bei der Pflege der Kriegsopfer zu helfen. Von ihren Erlebnissen wissen wir nichts, aber sie muss gesund aus dem Krieg zurückgekommen sein, denn vier Jahre später bewirbt sie sich um Aufnahme in die Diakonissen-Schwesternschaft Neumünster.

Dannzumal bricht, wiederum unter Bismarcks Regie, der Deutsch-Französische Krieg aus, und von Amalie Luley steht im Jahresbericht von 1870: *«Letztere, in den Kreis unserer Schwestern aufgenommen, und eben bereit, in denselben einzutreten, wurde von lebhaftem Verlangen ergriffen, an der Pflege ihrer im Kriege verwundeten Landsleute Theil zu nehmen, wie es schon im Feldzuge von 1866 geschehen war, und wir willfahrten ihrem Wunsche um so lieber, als diess der einzige Samariterdienst war, den unsere von den nächsten Bedürfnissen stark in Anspruch genommene Anstalt auf dem fernen Schlachtfelde leisten konnte. Sie steht gegenwärtig noch in einem Lazareth in Nancy.»* Wir werden sehen, dass sie dort doch noch Hilfe aus Zürich bekam.

Und im Jahresbericht von 1879 wird zu lesen sein, dass Amalie Luley aus der Neumünster-Schwesternschaft ausgetreten ist, um einer Verwandten in Deutschland beizustehen.

Im Übrigen

kann am 2. Oktober 1866 das zweite Hauptgebäude der Kranken- und Diakonissenanstalt Neumünster bezogen werden

Arnold Cloëtta

1867

«Cholera: Sich zeitweise seuchenhaft ausbreitende ansteckende Darmkrankheit, hervorgerufen durch den 1883 von Robert Koch entdeckten Cholerabazillus, ein kommaförmiges Stäbchen, das besonders durch Gebrauchs- und Trinkwasser übertragen wird.» So das dtv-Lexikon.

1867 weiss man vom Cholerabazillus noch nichts. Die Erkrankten werden in Absonderungshäuser gebracht, wo viele schnell sterben. Ein Heilmittel gegen die Krankheit gibt es nicht. Wer sie überlebt, hat Glück.

Im Sommer treten in Zürich und Umgebung erste Cholerafälle auf; schnell verbreitet sich die Krankheit und nimmt Seuchencharakter an. Der Gemeinderat Hirslanden und die Cholerakommission der Gesamtgemeinde Neumünster fragen an, ob die Diakonissenanstalt ein Lazarett zur Verfügung stellen könnte, natürlich ist gemeint: mitsamt den nötigen Pflegerinnen. Das Ökonomiegebäude eignet sich dazu, und sämtliche Schwestern sind bereit, die Pflege zu übernehmen. Zuerst müssen die jüngern zurücktreten, da die Ansteckungsgefahr für Leute unter 40 grösser ist. Unter den ältern Diakonissen entscheidet das Los. Es trifft die Schwestern EMMA HUBER, MARIE BOLLINGER und LINA STRÄSSLER. Sie pflegen im Monat September 30 Cholerakranke. 19 von ihnen sterben. Auch Schwester Lina bekommt Cholera, überlebt aber.

Anderswoher werden für den Fall, dass die Seuche noch stärker werden sollte, ebenfalls Schwestern aus dem Neumünster angefordert, so vom Absonderungshaus des Zürcher Kantonsspitals, vom Evakuationslokal in der Tonhalle und von der städtischen Cholerabaracke hinter der Kaserne. Die Helferinnen werden zugesagt, brauchen aber mit Ausnahme von Schwester MAGDALENA MARKWALDER in der Cholerabaracke nicht anzutreten. Die Seuche erlischt so schnell, wie sie gekommen ist.

Das «Wäldli»

1868

Der zehnte Jahresbericht «über die Kranken und Diakonissen-Anstalt der evangelischen Gesellschaft in Neumünster» beginnt mit einem Rückblick. Darin heisst es: *«Längst hatte die evangelische Kirche sich aufgerafft, in der äussern Mission gegen die, welche draussen sind, eine grosse Liebesschuld abzutragen, eine schöne Ehrenpflicht zu üben. Allein immer noch lastete eine Schmach auf unsrer Kirche gegenüber der römischen, die tiefe Schmach, als ob die feinere oder gröbere Werkgerechtigkeit mehr Früchte zu schaffen, mehr Herzen zur Hingabe an den Dienst christlicher Liebe zu bewegen vermöge, als der Dank für die empfangene freie Gnade. Diese Schmach zu heben, eine grosse Liebesschuld und schöne Ehrenpflicht abzutragen an den Hülfsbedürftigen in ihrem eignen Schoosse, hat die evangelische Kirche sich aufgerafft in den Werken der innern Mission. Einen wichtigen Zweig derselben bildet die Diakonissensache. Nachdem dieselbe auf Anregung des seligen Fliedner wieder ins Leben gerufen worden war, erwachte auch unter uns das Verlangen, den Segen, welchen dies Werk anderwärts brachte, unserm Volke zuzuwenden.»*

Krankenpflege war das Eine. Wie der Brief einer ungenannten Verfasserin an die Evangelische Gesellschaft vom Juni 1861 zeigt, kam alsbald als Zweites die Fürsorge für Alte und Gebrechliche hinzu: *«Da mich schon längst der Gedanke beschäftigt, dass zum Krankenasyl sich mit der Zeit ein Altersasyl verbinden liesse, d. h. eine Anstalt, worin alte, schwächliche und überhaupt solche Personen weiblichen Geschlechts, älter oder jünger, die gebrechlich und der Hülfe bedürftig, aber als Hauskind im Spital oder Spanweid nicht können aufgenommen werden, Aufnahme finden gegen Ersatz eines gewissen Kostgeldes; vielleicht wünschte etwa eine alt gewordene Dienstbotin ihren Lebensabend auch darin zuzubringen; in Betracht nun, dass es manchmal nur eines Anhaltspunktes bedarf, um eine solche Anstalt mit der Zeit in's Leben zu rufen, mache es mir zur freudigen Pflicht, zu Handen der verehrten evangelischen Gesellschaft Fr. 3000 zu übersenden, welche Summe dieselbe bis zur geeigneten Epoche nach Gutdünken verwenden kann.»*

Der mit dem Geschenk gegründete Fonds wuchs bis 1866 auf über 9000 Franken. Das Geld wurde beim Bau des zweiten Haupthauses eingesetzt, denn darin gab es im Sinn der Stifterin fünf Plätze für sogenannte Pfründnerinnen.

Ein Weihnachtsgeschenk

Da aber schenkt kurz vor der Weihnacht 1868 die Familie Schulthess-von Meiss der Evangelischen Gesellschaft ihr Landgut «Wäldli» in Hottingen mit der Auflage, es sei darin ein Asyl für alte Personen männlichen und weiblichen Geschlechts, vornehmlich aus den Gemeinden Hottingen und Zürich, und für Rekonvaleszenten und ruhebedürftige Diakonissen einzurichten. Die Schenkungsurkunde ist begleitet von 20 000 Franken zum Betrieb der Anstalt. Am Weihnachtstisch wird den Diakonissen die freudige Nachricht überbracht. Am 1. Juni 1869 ziehen die ersten Bewohnerinnen und Bewohner im «Wäldli» ein, und am 6. Juni ist die Einweihung.

Heinrich Mousson

1869

Die Anstalt beklagt eine treue Freundin: «KAROLINE HOTZ von Hottingen, geb. 1851, vater- und mutterhalb früh verwaist, kam im Juni 1868 als Patientin ins Asyl; als sie hergestellt war, suchte die Waisenpflege Neumünster, die für sie sorgte, ein ihren Kräften angemessenes Plätzchen zu bekommen, aber es wollte sich keines finden; inzwischen behielten wir sie und verwendeten sie zu häuslichen Geschäften; hatte sie als krankes Pflegekind einen aufrichtigen, demüthigen, dankbaren und wahrhaft heilsbegierigen Sinn an den Tag gelegt, so erwies sie jetzt ihre Dankbarkeit durch Fleiss, Treue und rührende Dienstwilligkeit, und wie es der Anstalt vergönnt gewesen war, ihr durch Gottes Gnade zum Segen zu werden, so wurde sie hinwiederum der Anstalt eine nützliche Gehülfin, den Schwestern eine Freundin und liebe Mitarbeiterin; sie hatte ein inniges Verlangen, einst als Mitschwester in ihren Kreis einzutreten und dem Herrn in den Kranken zu vergelten, was Er an ihr gethan. Aber Er hatte es anders beschlossen. Im September wurde sie vom Nervenfieber ergriffen, und in der Nacht vom 17./18. Oktober erging der Ruf an sie: Wohl, du gute und getreue Magd, du bist über Weniges treu gewesen, ich will dich über Vieles setzen; gehe ein in die Freude deines Herrn.»

Im Übrigen

stirbt am 26. Dezember der Präsident der Direktion, alt Bürgermeister und Stadtpräsident HEINRICH MOUSSON. Geboren 1803 in Lonay bei Morges, war er von 1828 bis 1833 eidgenössischer Staatsschreiber, liess sich in Zürich nieder, wurde 1834 Grossrat, war 1839 bis 1845 Regierungsrat, 1840 bis 1845 Bürgermeister von Zürich, 1845 Präsident der Tagsatzung, 1847 Stadtrat und Stadtpräsident von 1863 bis zu seinem Tod. Heinrich Mousson gehörte zu den Gründern der Anstalt; seit dem Tod von alt Antistes Füssli 1860 war er Präsident der Direktion. Sein Nachfolger wird DIETHELM SALOMON HOFMEISTER

stirbt im Februar in Kaiserswerth GERTRUD REICHARDT, die erste evangelische Diakonisse der Neuzeit

gründet die Evangelische Gesellschaft in Zürich das Evangelische Lehrerseminar Unterstrass

1870

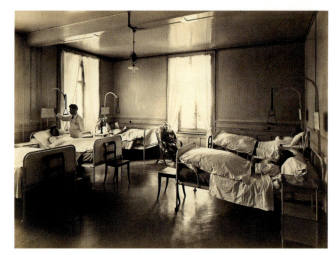

Der Männersaal in der Krankenanstalt

Der spanische Thron war verwaist. Fürst Leopold von Hohenzollern-Sigmaringen sollte ihn einnehmen. Das missfiel dem französischen Kaiser Napoleon III. Er übermittelte dem preussischen König Wilhelm, der in Bad Ems zur Kur weilte, durch seinen Botschafter Bedingungen, die der König nicht akzeptierte. Preussens Kanzler Bismarck in Berlin wurde durch eine Depesche aus Ems am 13. Juli 1870 über den Abbruch der Verhandlungen unterrichtet. Am Tag darauf veröffentlichte er die Depesche in gekürzter Fassung, wodurch die königliche Ablehnung sehr verschärft erschien. Das offizielle Frankreich war darüber so empört, dass es am 19. Juli Preussen den Krieg erklärte. Genau das hatte Bismarck gewollt.

Am 2. September wurde Kaiser Napoleon III. in der Schlacht von Sedan durch die Preussen gefangen genommen. Der Krieg schien verloren. Jedoch entschied in Paris die neue republikanische Regierung, den Kampf fortzusetzen.

Für die Anstalt Neumünster ist dieses Jahr, «*das für benachbarte Länder mit den Schrecknissen des Krieges erfüllt*» ist, eines «*in Frieden und Segen*». Zu den bisherigen Aussenstationen, der Armenkrankenpflege in Zürich, der Pfrundanstalt Zürich, dem Stadtspital Chur, der Armenkrankenpflege St. Gallen, kommt neu das Krankenasyl Herisau hinzu, wo zwei Schwestern stationiert sind.

In der Krankenanstalt selbst wird ein Männersaal eröffnet.

Im Übrigen

_____ beträgt die durchschnittliche Aufenthaltsdauer der Patienten im Asyl 57 Tage
_____ melden sich auf eine Pfründnerstelle im Altersasyl 30 Bewerberinnen und Bewerber
_____ wird die Anstalt an die städtische Wasserleitung angeschlossen, was umso erfreulicher ist, als das Wasser aus dem Sodbrunnen nie ganz einwandfrei war

1871

Pflege im Kriegslazarett

Am 18. Februar wurde im Schloss von Versailles der preussische König Wilhelm zum deutschen Kaiser ausgerufen. Für Frankreich war der Krieg so gut wie verloren. Am 1. Februar hatten fast 90 000 Mann der Armee des französischen Generals Bourbaki mit 12 000 Pferden und mehr als 200 Geschützen die Schweizer Grenze bei Les Verrières im Jura überschritten. Sie wurden zur Internierung auf die Kantone verteilt. Viele der Soldaten waren verwundet oder sonst krank. Deshalb musste beispielsweise in Zürich ein Notlazarett in der Predigerkirche eingerichtet werden. Neumünster-Diakonissen scheinen hier nicht zur Pflege aufgeboten worden zu sein, im Gegensatz zur Ostschweiz. *«Nach Herisau mussten wir eine dritte Schwester schicken, um Pockenkranke, besonders internierte Franzosen zu pflegen; diese Pflege dauerte 108 Tage.»*

Aber auch im Kriegsgebiet selbst pflegten Diakonissen aus Zürich Verwundete beider Parteien. Am 31. Januar 1871 reisten ELISE GRÖBLI und ANNA GUJER, denen sich die frühere Oberschwester JULIE KIENAST anschloss, nach Frankreich ab. Begleitet wurden sie von einem Mitglied der Direktion, vermutlich Bezirksrat Hofmeister. Ziel waren die Lazarette von Nancy, wo schon Schwester AMALIE LULEY arbeitete. Die vier Frauen pflegten verwundete Soldaten, Deutsche und Franzosen. Es war ein Arbeitsfeld, *«auf welchem sie in kurzer Zeit so vieles erleben sollten»*, heisst es im Jahresbericht sehr zurückhaltend.

Quartier fanden die reformierten Schweizerinnen in einem nahen Dominikanerinnenkloster. *«Diese Klosterfrauen»*, schrieb eine der Diakonissen, *«sind so gut und freundlich, wie wenn wir ihre eigenen Schwestern wären»*. Am 22. März 1871 kehrten die Diakonissen zurück, *«ohne bleibenden Nachteil für ihre Gesundheit, voll Lob und Dank gegen den Herrn»*.

Im Übrigen

____ sind die drei Neumünster-Schwestern nicht die einzigen Schweizer im Deutsch-Französischen Krieg. Französischer Stadtkommandant von Lyon ist alt Bundesrat ULRICH OCHSENBEIN im Rang eines französischen Brigadegenerals

____ erscheint im Evangelischen Kirchenblatt des Pastors VIETOR in Bremen ohne Verfasserangabe die Novelle *Ein Blatt auf Vronys Grab*. Sie beginnt so: *«Als ich in den Septembertagen von den Bergen nach der Stadt zurückkehrte, war mein erster Gang hinaus nach dem Krankenhause vor der Stadt, wie auch vor der Abreise das mein letzter Gang gewesen war. Schon an der Pforte trat mir die wohlbekannte Diakonissin entgegen und nach der nahegelegenen Kirche hinweisend, sagte sie: ‹Sie schläft schon drüben.›»* Vrony war einst eine Schulkameradin der Erzählerin, kam aus armen Verhältnissen und hungerte nach Leben. In diesem Hunger heiratete sie einen Mann, der sich als Trinker und schrecklicher Tyrann erwies. Die Erzählerin schreibt: *«Ich lebte seit Jahren in der Stadt, wo ich mit besonderem Interesse das Gedeihen des kürzlich gegründeten Diakonissenhauses verfolgte. Eines Tages sagte mir eine der Schwestern, es sei eine Kranke gebracht worden vom Berge herunter aus der Nähe meiner Heimat. Ich ging gleich nach dem Krankensaale. Da sass auf einem der Betten, an hohe Kissen angelehnt, eine völlig abgemagerte Gestalt, so bleich und elend, dass ich erschrak, aber gleich darauf erkannte ich die grauen Augen, die über den verlittenen Zügen aufleuchteten, da ich mich näherte. Vrony hatte mich auch erkannt.»* Im darauf folgenden Gespräch fragt die Erzählerin, da von der Kranken «ein Hauch stiller Grösse» ausging: *«Vrony, bist Du glücklich mitten in Deinem Leiden?»* Vrony antwortet mit leuchtendem Gesicht: *«Das bin ich.»* Und: *«Nach der Erde frage ich nichts mehr, ich habe keinen Wunsch mehr, als dass die Schmerzen bald mein Hüttlein zerfressen haben, dass ich heimgehen kann zu meinem Herrn, der mir so viel Leid abgenommen und so grosse Freude geschenkt hat, dass ich mich immer ganz laut freuen möchte.»* Die Wende in Vronys Leben hat eine Predigt des Pfarrers ihres Heimatdorfes gebracht. Darin war die Rede vom verlorenen Schaf, *«wie der gute Hirte es sucht»*. *«Auf einmal hiess es in meinem Herzen: das Schaf bin ich! Das geringe verlorene Schaf bin ich! Der Hirte sucht mich, ihm ist an mir gelegen!»* Ein Blatt auf Vronys Grab ist die erste Novelle JOHANNA SPYRIS. Die Autorin ist mit der Diakonissenanstalt Neumünster nicht zuletzt durch Antistes Füssli verbunden, von dem sie 1843 konfirmiert worden ist

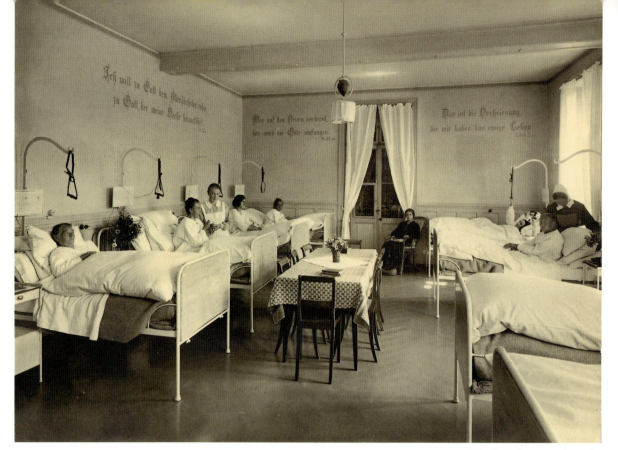

Wandsprüche im Krankensaal

1872

Am 24. Februar 1871 kommt in Unterägeri ein Knabe zur Welt und wird zwei Tage später da getauft. Seine Mutter, die aus dem Thurgau stammt, soll am 20. Juli 1871 in Rapperswil plötzlich verstorben sein. Der Vater, ein aus dem Kanton St. Gallen gebürtiger herumziehender Krämer, übergibt das Kind am 18. Oktober auf der Reise durch den Kanton Zürich einer mitleidigen Frau und lässt sich von da an nicht mehr blicken. Alle Nachforschungen bleiben vergeblich. Schliesslich kann sich die selbst unbemittelte Frau nicht weiter um das Kind kümmern und wendet sich an das Statthalteramt. Dieses übergibt den Knaben am 14. November der Kranken- und Diakonissenanstalt Neumünster. Während das Kind hier gepflegt wird, streiten die Heimatgemeinden von Vater und Mutter darüber, wer für den Unterhalt aufkommen muss. Beide weigern sich, ihre Verpflichtungen anzuerkennen, weil die Ehe der Eltern ohne Bewilligung geschlossen worden sei. *«Es sollte keine Heimat finden auf Erden, aber der Herr nahm es auf; leise nahte sich am 3. Januar 1872 dem lieblichen Kinde der Engel des Todes und geleitete es in die Heimat, wo unsere wahre Bürgerschaft ist.»*

Ein Zweiglein am grossen Baum

Am Tag vorher ist im fränkischen Neuendettelsau WILHELM LÖHE gestorben, der in der dortigen Missionsanstalt 1854 ein Diakonissenhaus gegründet hatte, wo jetzt 151 Schwestern tätig sind. In Kaiserswerth und seinen 151 auswärtigen Stationen arbeiten 553 Schwestern. Eine europaweite Übersicht zählt 48 Diakonissenhäuser mit 2657 Diakonissen und 648 auswärtigen Stationen.

«An diesem weit ausgebreiteten, gesegneten Baume bildet unsere Kranken- und Diakonissenanstalt ein kleines Zweiglein. Wir haben keine grossen Dinge, keine rasche Entfaltung, keine hervorragenden Ereignisse aufzuzeigen. Aber wenn der Herr uns nicht in auffallenden Erscheinungen, nicht in Stürmen, nicht in Erdbeben, nicht in Feuer besucht hat, so durften wir doch je und je das sanfte, stille Säuseln seines Geistes ver-

spüren.» «Welche Fülle von Erfahrungen, von Leiden und Erquickungen, von Gericht und Gnade schliesst der Jahreslauf eines Krankenhauses in sich! Wir berühren nur wenige. Es braucht kaum erwähnt zu werden, dass manche Patienten sich weder mit der über sie gekommenen Heimsuchung, noch mit dem Geist unseres Hauses befreunden können, dass es Andere gibt, welche bald die Sprache Kanaans sich aneignen, aber ohne eine wahrhafte Sinnesänderung zu suchen und zu finden, und dass deren nicht wenige sind, welche nach jedem Strohhalm haschen, um Verlängerung ihres zeitlichen Daseins zu erzielen, und unter dieser Sorge den Gedanken an Gott, Ewigkeit und Gericht ersticken. Wir wollen nicht in einzelne Beispiele eintreten. Verweilen wir lieber bei den erfreulicheren Bildern.»

1873

«Wenn der Herr die Gefangenen Zions erlösen wird, so werden wir sein wie die Träumenden.
Dann wird unser Mund voll Lachens und unsre Zunge voll Rühmens sein.
Da wird man sagen unter den Heiden: Der Herr hat Grosses an ihnen getan!
Der Herr hat Grosses an uns getan; des sind wir fröhlich.
Herr, bringe wieder unsre Gefangenen, wie du die Bäche wiederbringst im Mittagslande.
Die mit Tränen säen, werden mit Freuden ernten.
Sie gehen hin und weinen und tragen edlen Samen und kommen mit Freuden
und bringen ihre Garben.»

Mit dem 126. Psalm beginnt der Jahresbericht 1873. Konnte im Jahr vorher noch mitgeteilt werden, dass die Zahl der Diakonissen von 40 auf 44 gestiegen sei, so sind es jetzt nur noch 41, obwohl vier neue Schwestern eingetreten sind. Ihnen stehen drei Austritte und vier Todesfälle gegenüber.

Gestorben sind die Diakonisse REGULA WILD, 1865 eingetreten, und die Probeschwestern ANNA BRANDENBERGER, BABETTE SCHÜEPP und MAGDALENA ARTER, alle drei 1872 eingetreten. 1872 ist Anna Brandenbergers Schwester ebenfalls als Probeschwester gestorben. Von Magdalena Arter kennen wir das Geburtsjahr: 1848. Ihre beiden Mitschwestern werden etwa gleich alt gewesen sein, junge Frauen um die 25 Jahre, in der Pflege angesteckt oder überanstrengt.

«In weiten Kreisen», schreibt der Berichterstatter, *«blieben die vielen Krankheits- und Todesfälle unserer Diakonissen nicht unbesprochen; es fehlte nicht an rügenden Bemerkungen und Fragen: Was macht Ihr doch, dass Euere Schwestern so dahinsterben? Ihr muthet ihren Kräften zu viel zu, u.s.w. Darauf lassen Sie uns offen antworten. Wohl dürfen wir voraussetzen, es werde Niemand uns zutrauen, dass wir mit Wissen und Willen oder aus hartem Sinn unsere Schwestern über ihre Kräfte anstrengen; wir anerkennen es als Pflicht, die Kräfte der Schwestern zu schonen, soweit ihr Beruf es gestattet; wir haben auch das Bewusstsein, die Anordnungen, welche unsere beiden einsichtsvollen Ärzte im Interesse der Gesundheit der Schwestern je und je nothwendig finden, immer mit Bereitwilligkeit befolgt zu haben. Aber trotzdem können Umstände zusammentreffen, welche für längere oder kürzere Zeit erhöhte Anstrengungen erfordern. In solchem Zusammentreffen sehen wir nicht Zufall, für den Christen gibt es keinen Zufall, sondern wir erkennen darin die Hand des allweisen und gnädigen Gottes, der in allen seinen Führungen Gedanken des Friedens und nicht des Leides über uns hat; und wenn dann das Schmerzliche eintrifft, dass über den erhöhten Anstrengungen Schwestern erkranken und dahin sterben, so geschieht es im Dienste des Herrn, dem sie Leib und Leben geweiht haben, und dessen Verheissung auch ihnen gilt: Wer sein Leben verliert um meinetwillen, der wird es gewinnen.»*

Nähstube und Küche am Hegibach

1874

REGULA KUESER von Küsnacht pflegte über 40 Jahre lang in der sogenannten Bruderstube des alten Spitals in Zürich Kranke und Elende. Das alte «Spital zum Heiligen Geist» stand auf dem heutigen Zähringerplatz vor der Predigerkirche. Der Platz hat seinen Namen von den Herzögen von Zähringen, die das Spital bauten, als sie im 11. Jahrhundert Reichsvögte von Zürich waren.

Die Verhältnisse in einem solchen «Spital» während des Mittelalters und lang darüber hinaus können wir uns kaum drastisch genug vorstellen. Eine Mischung aus Versorgungsanstalt, Irrenhaus, Armen- und Altersasyl, Akutspital und Bordell, war das Haus die letzte Station der Elendesten in der Gesellschaft. Die Institution und die darin untergebracht waren oder arbeiteten hatten einen schlechten Ruf; das Pflegepersonal war ohne Ausbildung und bestand grösstenteils selbst aus Gestrandeten und alten Prostituierten. Das besserte sich erst, als Leute wie Regula Kueser sich diese Pflege zur christlichen Pflicht machten. Sie war Mitglied der Brüdersozietät, also Herrnhuterin.

1866, mit 76 Jahren, trat sie als Pfründnerin ins Krankenasyl ein, machte sich in Haus und Küche nützlich und bewahrte bis ins hohe Alter ihre geistige Regsamkeit und Gewandtheit im Umgang mit den Leuten. Wenn der Husten und die Engbrüstigkeit sie nicht schlafen liessen, sass sie die ganze Nacht am Tisch und betete die Lieder aus dem Brüdergesangbuch, die sie auswendig wusste. Am 20. Juni 1874 erklärte sie, morgen werde sie sterben. Sie rief ihre Vertrauten ans Bett, um Abschied zu nehmen, bestimmte, wer zu ihrem Begräbnis besonders einzuladen sei. Der letzte Satz, den sie sprach, hiess: *«Ich lasse dich nicht, du segnest mich denn.»* Anderntags kamen Leute aus der Brüdersozietät, deren ältestes Mitglied sie war, sangen an ihrem Bett. Dann starb Regula Kueser, wie sie es vorhergesagt hatte. Als Predigttext an ihrer Abdankung wählte der Prediger der Brüdergemeine 1. Samuel 3,4: *«Und der Herr rief: Samuel! Er aber antwortete: Siehe, hier bin ich!»*

Im Übrigen

____ treten neun neue Schwestern ein, so viele wie noch nie seit Bestehen der Anstalt, eine freudige Überraschung nach der Klage über den Rückgang der Schwesternzahl im Jahr vorher
____ werden sieben Schwestern eingesegnet, ebenfalls mehr als je
____ kauft die Direktion, obwohl die Legate im Vergleich mit den Vorjahren zurückgingen, die nächst benachbarte Liegenschaft des Krankenasyls, bestehend aus einem dreistöckigen neuen Haus, einem Ökonomiegebäude, Garten, Wiese, Obstbäumen und Reben
____ kostet ein Krankheitstag im Asyl durchschnittlich Fr. 1.89

Küchendienst

1875

Im Februar erhielt Oberschwester ANNA HOFFMANN die Mitteilung, dass eine Diakonisse im Baselbiet auf den Tod krank geworden sei. Obwohl selbst krank, reiste sie sogleich ab, um die Mitschwester zu besuchen und zu pflegen. Nach drei Tagen war sie derart entkräftet, dass sie sich zu ihrer Familie nach Sissach zurückziehen musste. Das Neumünster schickte eine der Schwestern hin, die für sie sorgte. Aber erst im Juli war es möglich, sie in ein Erholungshaus aufs Land zu bringen. Am 19. Oktober kehrte sie genesen und gestärkt nach Zürich zurück.

«Der Pflichtenkreis der Oberschwester einer Kranken- und Diakonissen-Anstalt ist ein sehr dehnbarer; es liegt daher die Gefahr nahe, dass gerade eine eifrige und treue Oberschwester die Grenzen ihrer Kräfte überschreite, und es ist vor Allem eine gewisse Selbstbeschränkung nöthig, um sie vor dieser Gefahr der Überanstrengung zu bewahren. Gleichwohl haben wir es auch unserseits, zumal bei der fortschreitenden Ausdehnung unseres Werkes, für Pflicht erachtet, neuerdings eine festere Abgrenzung und Vertheilung der Geschäfte anzuordnen, und insbesondere darnach zu trachten, dass die Besuche und Audienzen, welche so viele Zeit und Kraft der Oberschwester in Anspruch nahmen, auf bestimmte Tagesstunden beschränkt werden.»

Im Übrigen

- sind in den letzten Jahren als Aussenstationen hinzugekommen: das Krankenasyl Zofingen, das Spital Liestal, die Armenkrankenpflege Liestal, die Armenkrankenpflege Winterthur, das Armen- und Krankenhaus Glarus und das Spital Niederuzwil
- erteilt Pfarrer ANDREAS FLURY, der Hausseelsorger, den Diakonissen auch in diesem Jahr Unterricht über die Seelsorge am Krankenbett. Professor ARNOLD CLOËTTA, seit 1858 Chefarzt und Direktionsmitglied, veranstaltet für die jüngern Schwestern einen Kurs über die Funktionen des menschlichen Körpers in Gesundheit und Krankheit
- sind die Erkrankungen der Respirationsorgane im Krankenasyl am häufigsten. Von den 65 Todesfällen sind 24 dadurch verursacht, «und unter diesen fordert die Lungenschwindsucht immer die meisten Opfer»

1876

Im November 1875 wird Diakonisse E M M A H U B E R von der Direktion nach Kaiserswerth geschickt. Sie soll die Einrichtungen dieses grossen Mutterhauses genauer kennenlernen. Bei der Abreise in die Fremde ist ihr ein wenig bang, über die freundliche Aufnahme am nördlichen Rhein ist sie jedoch hocherfreut und fühlt sich unter den Kaiserswerther Schwestern bald so wohl, dass sie gern noch länger bliebe. Aber im Februar muss sie zurückkehren. Auf der Heimfahrt schreibt sie nach Zürich: *«So liegt denn eine liebliche, freundliche Zeit hinter mir; sie wird mir mein ganzes Leben hindurch einen äusserst angenehmen Eindruck hinterlassen; meine herzliche Bitte nach dem Empfang so vieler unverdienter Liebe ist, nun auch gegen Alle, mit welchen ich in Berührung kommen werde, liebender, freundlicher und gefälliger zu sein, als es bis dahin geschehen ist, ebenso ist meine Bitte, dass durch diesen Aufenthalt unserm lieben Mutterhaus ein Segen erspriessen möchte; möge Gott es segnen!»*

Am 14. Februar kommt Schwester Emma gesund zurück. Doch Ende Juni *«befiel sie plötzlich ein Unwohlsein, das rasch in eine ernste Krankheit überging, und nach wenigen Tagen sank sie in einen bewusstlosen Zustand, aus dessen Banden sie der Todesengel am 4. Juli sanft erlöste»*.

Emma Huber war am 16. September 1843 als Tochter eines Arztes in Stammheim geboren worden. Hier besuchte sie Primar- und Sekundarschule. Früh betätigte sie sich in der Apotheke des Vaters. Nach der Schulzeit verbrachte sie ein Jahr in der welschen Schweiz. Innere Kämpfe und eine schwere Krankheit liessen den Wunsch in ihr reifen, Diakonisse zu werden. 21-jährig meldete sie sich im Mutterhaus Neumünster an. Am 16. Dezember 1864 trat sie ein, am 5. Mai 1867 wurde sie eingesegnet. Sie wurde 33 Jahre alt.

Im Übrigen

___ wurden in der Krankenanstalt seit ihrer Eröffnung 5292 Patientinnen und Patienten gepflegt. Angemeldet werden wöchentlich zehn bis zwölf Pflegebedürftige, es sind aber nur jeweils drei oder vier Plätze frei

___ wohnten im Altersasyl Wäldli mit seinen 22 Plätzen bisher 212 Pfründnerinnen, Pfründner und Rekonvaleszentinnen. Auf der Warteliste stehen 75 Anwärterinnen und Anwärter

___ *«werden wir öfters um statistische Angaben über unsere Anstalt ersucht; in einem solchen Fragenzirkular aus jüngster Zeit war auch die Frage enthalten: Ist die weitere Ausdehnung von Diakonissenanstalten wünschbar oder nöthig? Wer mitten im Diakonissenwerke steht, wundert sich, dass diese Frage nur gestellt werden kann»*

___ ergeben die 40 Legate dieses Jahres 22 550 Franken

Im Wäldli

1877

Rezession

Im Frieden von Frankfurt, der 1871 den Deutsch-Französischen Krieg beendete, wurde dem unterlegenen Frankreich eine Kriegsentschädigung von fünf Milliarden französischen Francs auferlegt. Der Kapitalzufluss und der einfache Zugang zu Krediten bewirkten im Deutschen Reich eine Welle von Unternehmensgründungen, die zum Teil finanziell auf sehr wackligen Füssen standen. Die deutschen «Gründerjahre» hatten auch Auswirkungen auf die Schweiz; in der Schweiz wurden in dieser Zeit 1000 Kilometer neue Eisenbahnstrecken gebaut.

Die Goldgräberstimmung hielt kaum zwei Jahre an; dann kam's zum «Krach» und es begann eine lange Depression in der ganzen industriellen Welt. Sie sollte bis in die 90er-Jahren dauern. In der Schweiz war die Rezession bei den Eisenbahngesellschaften am stärksten. Dividenden konnten nicht mehr bezahlt werden; viele Leute verloren Geld. Ein anderes Beispiel: Zwischen 1872 und 1877 ging der Uhrenexport um drei Fünftel zurück.

Die Diakonissenanstalt bekommt die Rezession zu spüren. *«Wir wissen, dass unser Land von schweren Vermögenseinbussen heimgesucht ist, dass das Leben immer theurer wird.»* Gleichzeitig wachsen die Ansprüche an die christliche Wohltätigkeit. Die Direktion hatte einen Anbau an das Altersasyl Wäldli geplant, doch der Gemeinderat von Hottingen erhob Einspruch. Für das Zweckmässigste, einen Neubau, fehlen die Mittel. *«Einen besondern Aufruf an die christliche Wohlthätigkeit zu erlassen, verhinderten uns bis anhin die ungünstigen Zeitverhältnisse und die Rücksicht auf andere im Entstehen begriffene Anstalten der Barmherzigkeit; wir warten also geduldig, bis die Stunde für die alten, verlassenen Leute kommt, deren Zahl viel grösser und deren Loos oft viel schlimmer ist, als man bei unserer fortgeschrittenen Kultur erwarten sollte.»*

1878

Auf der Rückseite des Titelblattes des Jahresberichts – in diesem Jahr ist es der 20. – werden jeweils die «Vorsteher der Anstalt» aufgeführt. Es sind gegenwärtig

«Herr a. Präsident Bleuler in Riesbach»

HANS KONRAD BLEULER, 1808–1886, ein hervorragender Forst- und Landwirt, ist Mitglied des Kantonsrates und Präsident der Gemeinde Riesbach. Er führt von 1836 bis zu seinem Tod eine Chronik über die Kreuzgemeinden, also die drei politischen Gemeinden Hottingen, Hirslanden und Riesbach, die seit 1834 eine Kirchgemeinde bilden.

«Herr Professor Dr. Cloëtta»

ARNOLD CLOËTTA, 1828–1890. In Triest als Sohn eines Bündner Grosshändlers geboren, kommt er mit seinen Eltern nach Zürich, wo sein Vater eine Bank gründet. Hier studiert Arnold Medizin, arbeitet dann in Würzburg unter dem berühmten Virchow und in Paris bei Bernard. 1854 wird er Dozent für allgemeine Pathologie und gerichtliche Medizin in Zürich, 1857 ausserordentlicher Professor für diese Fächer, dann ordentlicher Professor für Arzneimittellehre. Daneben lehrt er auch Balneologie (Bäderkunde) und Medizingeschichte. Seit der Gründung 1858 ist er Chefarzt der Krankenanstalt Neumünster.

«Herr Pfarrer Flury»

ANDREAS FLURY, 1825–1912, wird 1850 zum Pfarramt ordiniert und ist Pfarrer in Schiers, 1858 in Sternenberg. 1862 kommt er als Seelsorger an die Diakonissenanstalt Neumünster und ist seit 1867 auch Pfarrer am Pfrundhaus zu St. Jakob. 1883 geht er als Pfarrer nach Kyburg, wo er 1903 vom Amt zurücktritt.

«Herr Grob-Zundel»

KARL FÜRCHTEGOTT GROB-ZUNDEL, 1823–1893, in diesem Jahresbericht zum ersten Mal aufgeführt, stammt aus einfachen Verhältnissen in der Gemeinde Riesbach. Durch geschickte Geschäfte kann er Beteiligungen an Tabakplantagen auf Sumatra erwerben. Nach elf Jahren kehrt er als reicher Mann aus dem Fernen Osten nach Hause zurück und lässt sich zwischen 1883 und 1885 von den Architekten Chiodera und Tschudy die ebenso luxuriöse wie ausgefallene Villa Patumbah bauen, die als erstes Privathaus in Zürich eine elektrische Beleuchtung hat.

Karl Fürchtegott Grob gehört der Vorsteherschaft nicht lange an. Im 20. Jahresbericht erscheint er zum ersten Mal, schon der 24. Jahresbericht erwähnt ihn nicht mehr. In der Liste der Vorsteher im Jubiläumsbuch von 1908 ist er vergessen worden. Zwei Jahre später ruft ihn ein grossartiges Geschenk in Erinnerung.

«Herr Bezirksrath Hofmeister, Präsident»

– ihn haben wir bereits kennengelernt und werden ihn noch näher kennenlernen.

«Herr Meyer-Usteri, Vicepräsident»

Der Notar FRANZ MEYER-USTERI ist schon bei der Gründung 1858 dabei und bleibt es bis zum Tod 1879, seit 1870 als Vizepräsident. In seinem Nachruf wird darauf hingewiesen, *«was unsere Evangelische Gesellschaft und insbesondere die Stadtmission, die seine Schöpfung war, an ihm verloren hat»*.

«Herr Mousson-v. May, Quästor»

RUDOLF EMMANUEL HEINRICH MOUSSON, Bankier, ist der Sohn des Gründungsmitglieds, damaligen Stadtrats und spätern Stadtpräsidenten Heinrich Mousson, der seit 1860 Präsident der Direktion war. Nach dessen Tod 1869 übernimmt der Sohn 1870 den Sitz in der Direktion, zunächst als Quästor, dann bis 1890 als Aktuar. Auf ihn wird, wenn auch nicht direkt, 1929 sein Sohn, Regierungsrat Dr. Henri Mousson, folgen.

«Herr Pestalozzi-Bodmer»

HEINRICH PESTALOZZI, 1818–1896, ist Seidenfabrikant im Haus zum Steinbock. Zu Recht heisst er Pestalozzi-Bodmer, denn seine erste Frau (gestorben 1845) und seine zweite sind geborene Bodmer. Sein Schwiegersohn, Oberst Eduard Usteri-Pestalozzi, wird nach Heinrich Pestalozzis Tod Nachfolger in der Direktion und ist von 1899 bis zu seinem Tod 1928 Präsident.

Heinrich Pestalozzis Sohn, Dr. med. Emil Pestalozzi, sorgt 1882 in Zürich für einen gesellschaftlichen Skandal; er tritt zum Katholizismus über und heiratet 1883 die Luzernerin Adèle Pfyffer von Altishofen. Später wird er medizinischer Chefarzt des katholischen Zürcher Privatspitals Theodosianum.

«Herr Emil Pestalozzi»

CONRAD EMIL PESTALOZZI, «im Hinteren Pelikan», 1843–1903, ist bei Drucklegung des Jahresberichts noch nicht verheiratet, holt das aber, gemäss dem Familienbuch der Pestalozzi, in diesem Jahr noch nach, was erst der übernächste Jahresbericht zur Kenntnis nimmt. Fortan heisst er, wie es damals der Brauch ist, «Pestalozzi-Escher». Er ist Präsident der Bank in Zürich und Oberst.

«Herr Ludwig Pestalozzi, Diakon»

LUDWIG HEINRICH PESTALOZZI, 1842–1909, wird nach Studium und Ordination Vikar in Andelfingen, im Jahr darauf Vikar am Grossmünster, 1871 hier Diakon und 1881 Pfarrer. Er ist Präsident des Seminars Unterstrass; während 40 Jahren redigiert er das *Evangelische Wochenblatt*, dem er, wie das Zürcher Pfarrerbuch schreibt, *«den Stempel seiner originellen Persönlichkeit aufdrückte»*. Daneben veröffentlicht er 1878 das Buch *Der christliche Glaube* und zwischen 1884 und 1902 drei Bände *Die christliche Lehre*.

«Herr Dekan Zimmermann»

Aus einer Pfarrerfamilie stammend, wächst GEORG RUDOLF ZIMMERMANN in Wipkingen auf, studiert ebenfalls Theologie und wird 1848 Vikar in Fischenthal, 1849 Vikar und drei Jahre später Pfarrer am Fraumünster. Von 1866 bis 1897 ist er Dekan des Kapitels Zürich. 1898 wird er als Fraumünsterpfarrer nicht mehr wiedergewählt. Er regt die Gründung des Diakonissenhauses an, von 1876–1893 ist er Präsident der Evangelischen Gesellschaft, viele Jahre auch Präsident des Zürcher Missionskomitees. Zimmermann publiziert zahlreiche theologische und theologiegeschichtliche Werke.

Im Übrigen

- steht unter der Liste der Vorsteher klein gedruckt: *«Gaben für die Kranken- und Diakonissenanstalt und für das Altersasyl werden von Herrn Mousson-von May im Thalegg und in den Depots der evangelischen Gesellschaft in Zürich und Winterthur in Empfang genommen.»*
- versorgt das Werk in seinen Häusern täglich 160 Personen. Sie sollen aber nicht nur leiblich gesättigt werden, sondern auch *«Speise empfangen, die ins ewige Leben bleibt»*
- sind Neumünster-Diakonissen in 15 Aussenstationen tätig

Der Neubau des Altersasyls Wäldli

1879

Aus der Diakonissenschaft stirbt ANNA SCHINDLER, geboren 1845, seit 1875 in der Schwesternschaft, eingesegnet 1878. Kurz vor ihrer Einsegnung wandert ein Teil ihrer Familie, darunter auch die Mutter, nach Amerika aus, und Schwester Anna steht vor der Entscheidung, mitzugehen oder hier zu bleiben. Sie bleibt und arbeitet in der Kinderpflegeanstalt St. Gallen. Dort befällt sie im Februar ein Lungenkatarrh, der nicht bessern will. Sie wird ins Mutterhaus zurücktransportiert; auch eine Kur in Weissenburg bringt keine Heilung. *«Die Lungenschwindsucht machte unaufhaltsame Fortschritte.»* Am 14. November stirbt sie. Ist sie ein Opfer des Heimwehs nach ihrer ausgewanderten Familie, die sie, auch wenn sie am Leben geblieben wäre, wohl nie wiedergesehen hätte?

Im Übrigen

___ stirbt am 6. November alt Notar FRANZ MEYER-USTERI, Vizepräsident der Direktion, geboren 1801, der zu den Gründen der Diakonissenanstalt gehörte. Seiner Initiative war auch die Gründung der Zürcher Stadtmission – mit der Evangelischen Gesellschaft als Trägerin – zu verdanken

___ bekommt die Krankenanstalt eine Totenkammer und einen Sezierraum. Dafür sind 5000 Franken veranschlagt

___ wird ein Neubau des Altersasyls Wäldli erwogen. Das bisherige Haus soll betagten Diakonissen als Alterssitz dienen. Das Werk kommt in die Jahre; die ersten Diakonissen müssen sich altershalber zur Ruhe setzen

Der Speisesaal im neuen Wäldli

1880

Im letzten Jahresbericht war's erst ein Plan. Im Herbst 1880 sind Haupthaus und Ökonomiegebäude des neuen Altersasyls Wäldli in Hottingen bereits unter Dach. Bis der Innenausbau fertig ist, wird es noch ein Jahr dauern. Der Neubau ist *«für 10 männliche und 30 weibliche Greise aus der Arbeiterklasse bestimmt»*.

Die entsprechende Rechnung des Baufonds weist für das laufende Jahr Schenkungen und Gaben von Fr. 92 926.25 aus. Mit dem Saldo der vorigen Rechnung und den Zinsen stehen Fr. 166 489.85 Einnahmen Fr. 42 750 Ausgaben als Zahlungen an Unternehmer gegenüber.

Die Einnahmen des Krankenasyls betragen in diesem Jahr Fr. 89 031.95; die Ausgaben Fr. 66 301.31.

Im Übrigen

entdeckt LOUIS PASTEUR die Strepto-, Staphylo- und Pneumokokken

Vor dem neuen Wäldli

1881

«Mitwirkung an Gottes Liebesabsicht»

Im Jahresbericht steht zu lesen: *«Die Krankenpflege sowol als die Diakonie sind Früchte am Baume des Christenthums; diesen Ursprung können und sollen sie nicht verläugnen.*

Das Christenthum lehrt die Krankheit als eine Heimsuchung betrachten, welche der himmlische Vater sendet, nicht um die Menschen zu plagen, auch nicht um die ärztliche Kunst an ihnen zu erproben, sondern um sie näher zu sich zu ziehen. Zur Erreichung dieser göttlichen Liebesabsicht mitzuwirken, gehört zur Aufgabe der christlichen Krankenpflege und insbesondere des Diakonissenberufes.

Aus Dankbarkeit gegen den, der unsere Krankheiten getragen und unsere Schmerzen auf sich genommen hat, wählen christliche Jungfrauen den Diakonissenberuf; in treuer Pflege der kranken Brüder bezahlen sie dem den Dank, der hinwiederum ihren Dienst als ihm gethan betrachten will, und weisen die ihnen anvertrauten Pfleglinge durch liebevolle Behandlung ohne Wort, und wenn Zeit und Gelegenheit sich bieten, auch mit Worten auf den Retter und Helfer hin, in welchem sie ihr Heil gefunden haben und der will, dass allen Menschen geholfen werde. Indem sie in dieser Weise Leib und Seele, die äussere Heilung und das innere Heil der ihnen Anvertrauten sich angelegen sein lassen, folgen sie den Fussstapfen ihres Meisters nach und stehen in dieser Nachfolge auf gutem Grunde.»

Verfasser ist vermutlich der Präsident der Direktion, alt Bezirksrat DIETHELM SALOMON HOFMEISTER, studierter Theologe.

Im Übrigen

- wird am 23. Oktober der Neubau des Altersasyls Wäldli in Hottingen eingeweiht
- bekommt die Krankenanstalt Gasbeleuchtung
- stirbt am 7. April in Hamburg JOHANN HINRICH WICHERN, Gründer des «Rauhen Hauses» und der «Inneren Mission»
- entdeckt der dänische Arzt und Direktor des Pflegestiftes für Leprakranke in Bergen, ARMAUER GERHARD HENRIK HANSEN, den Erreger der Lepra
- entwickelt LOUIS PASTEUR die Schutzimpfung gegen Tollwut

Walter Bion

1882

LISETTE MÜLLER, von Krillberg-Sirnach im Kanton Thurgau, geboren am 20. Februar 1852, trat am 28. Januar 1874 in die Neumünster-Diakonissenschaft ein. Sie wurde am 3. September 1876 eingesegnet.

«Nach kurzer Erstlingsarbeit in einer Privatpflege, sowie zur Aushülfe in hiesiger Pfrundanstalt und im Kantonsspital Liestal, erfüllte sie ihren Beruf vom 18. September 1870 an im Stadtspital zur Biene in Chur mit einer nur im Sommer 1880 durch Krankheit einige Wochen unterbrochenen Hingebung. Nachdem ein Glied einer typhuskranken Familie dieser Krankheit erlegen, die übrigen genasen, wurde Schwester Lisette, welche sie auf's Treueste verpflegt, selber von der Krankheit erfasst und starb am 13. Januar laufenden Jahres.»

Typhus gehört zu den häufigsten Todesursachen, auch im Krankenasyl Neumünster. Er befällt vorwiegend jüngere Leute; 10 bis 20 Prozent sterben daran.

Im Übrigen

gründet WALTER BION (1830–1909), Pfarrer an der Zürcher Predigerkirche und Zentralpräsident des Schweizerischen Vereins für freies Christentum, mit Freunden das Schwesternhaus vom Roten Kreuz in Zürich-Fluntern, aus dem das Rotkreuzspital mit seiner Schwesternschule und schliesslich, 2004, die Stiftung Careum werden sollte

«Eine männliche Autorität» 1883–1932

Carl Brenner-Burckhardt

1883

Der Herr Inspektor

Für Oberschwester ANNA HOFFMANN ist es nicht leicht. Bisher war sie unbestritten die Autorität im Haus. Eine schwesterliche Autorität eher als eine mütterliche, obwohl vom «Mutterhaus» geredet wird und von der «Mutterhausdiakonie». Die Schwestern sind nicht ihre Kinder, schon gar nicht ihr unmündigen Kinder. Sie sind auch für die Oberschwester Schwestern, und die Oberschwester ist die erste unter vielen Schwestern.

Das war von Anfang an so, unter NANNY SIEBER, unter JULIE KIENAST und seit 1865 unter Anna Hoffmann. Kaiserswerth hält es anders und die andern Schweizer Diakonissenhäuser auch. In Kaiserswerth war Pfarrer THEODOR FLIEDNER Gründer, Hausvater und Autorität.

In Zürich wirkten bei der Gründung vor allem zwei Pfarrer mit, alt Antistes JOHANN JAKOB FÜSSLI und Pfarrer GEORG RUDOLF ZIMMERMANN. Der eine war am Neumünster, der andere am Fraumünster, und keiner dachte daran, die Stelle aufzugeben und Hausvater am Hegibach zu werden.

Die Direktion kommt ein paar Mal im Jahr zusammen; das Damen-Komitee beschränkt sich auf Ratschläge fürs Praktische und tätige Mithilfe. So lag die Leitung des Werks bisher weitgehend in den Händen der Oberschwester.

Die Schwesternzahl steigt, die Aufgaben wachsen, die Arbeitsfelder werden immer zahlreicher. Deshalb findet der Präsident der Direktion, DIETHELM SALOMON HOFMEISTER, man sei nicht mehr eine Familie, sondern ein grosses Haus. Und also brauche es auch im Neumünster, wie in allen andern grossen Diakonissenhäusern, eine «*mehr anstaltsmässige Organisation*». Gemeint ist: Ein Mann muss her! *«Eine direkt mitwirkende männliche Kraft und Autorität.»* Und das kann – nach dem Vorbild von Kaiserswerth – nur «ein Geistlicher» sein. Die Stelle eines Inspektors wird geschaffen.

So beschreibt es im Rückblick 25 Jahre später der erste Stelleninhaber. Auch für ihn ist es das Selbstverständlichste von der Welt, dass es einen Mann braucht, wenn die Verhältnisse grösser werden. Und zwar eben einen Geistlichen. Als wären die Schwestern, wenn reformatorische Erkenntnis ernst genommen werden soll, nicht selbst geistlich. Und als wäre nicht überhaupt jeder getaufte Christenmensch geistlich.

Sie meinen es gut. Das merkt Oberschwester Anna. Der neue Inspektor wird der Hausvater sein und sie die beigeordnete Hausmutter. Die Hauptverantwortung wird in Zukunft der Mann tragen. Für sie wird es eine Entlastung sein. Schwester Anna weiss es. Trotzdem fällt es ihr nicht leicht. *«Nicht nur aus Gehorsam, sondern in christlicher Demut»* hätten sie und die Schwestern sich *«in die neue Ordnung der Dinge gefügt»*, schreibt der Inspektor, und hörbar kratzt dabei seine Feder.

Einfach ist es nicht. Denn es ist wirklich eine neue Ordnung, neuer als der neue Inspektor und der alte Junggeselle von Präsident erkennen. Oberschwester Anna erkennt es.

Am 7. Oktober 1883 wird Pfarrer CARL BRENNER ins Amt des Inspektors eingesetzt. Am 25. November feiert die Kranken- und Diakonissenanstalt Neumünster das 25-jährige Bestehen – und den Beginn der neuen Ordnung.

1884

Ein Jahr der Krankheiten. Im Frühling bricht in Zürich und Umgebung eine Typhusepidemie aus. Während von Anfang Jahr bis Mitte März vier Fälle ins Krankenasyl aufgenommen werden, sind es von Mitte März bis zum August 78. Drei Krankensäle und mehrere Privatzimmer müssen für die Typhuskranken geräumt werden. Von den 82 Kranken sterben sechs. Am häufigsten tritt die Krankheit bei jungen Leuten auf. 22 Patienten sind zwischen 14 und 20 Jahre alt, 41 zwischen 20 und 30. Als Grund der Epidemie wird allgemein der Genuss des Brauchwassers der Stadt Zürich vermutet. Sechs Schwestern und eine Gehilfin erkranken ebenfalls. Alle sieben werden wieder gesund. Insgesamt ist in diesem Jahr ein Drittel der Schwesternschaft kürzer oder länger krank und arbeitsunfähig. Mehrere junge Schwestern erkranken an Diphtherie, erholen sich aber bald wieder davon.

Seit Anfang des Jahres ist auch die Oberschwester, ANNA HOFFMANN, krank. Ist es Zufall, dass ihre Erschöpfung sich gerade jetzt bemerkbar macht, da ihr ein Inspektor in etwas unklarer Kompetenzverteilung neben- oder wohl eher übergeordnet worden ist? Wie es damit steht, zeigt das übliche Verzeichnis der Vorsteher am Anfang des Jahresberichts. Seit dem von 1883 ist darin auch der Name des Inspektors aufgeführt; derjenige der Oberschwester fehlt.

Ein neues Haus

Die Einrichtung des Inspektorenamtes *«soll uns aber neuen Muth für die Zukunft geben»*. Und so wird denn mitten in der Typhusepidemie, am 23. April, der Bauplan eines Gebäudes für heilbare Kranke genehmigt, um im neuern der bisherigen Häuser Raum für Chronischkranke zu schaffen. Das älteste Haus dient fortan als eigentliches Mutterhaus der Diakonissen. Am 10. Juli beginnen die Fundamentarbeiten, und vor Ende Oktober ist das Haus unter Dach. Es wird 44 Kranken und dem Pflegepersonal Platz bieten. Ein Aufruf an nähere Freunde des Werkes hat 63 000 Franken ergeben; die Kosten, ohne Inneneinrichtung, belaufen sich auf 160 000 Franken. Der ganze Bau wird schliesslich 287 000 Franken kosten, von denen rund 100 000 Franken durch Spenden gedeckt sind.

Im Übrigen

___ lehrt insbesondere die Typhusepidemie, dass es viel zu wenig Pflegerinnen gibt. Darum kommt der Gedanke auf, ob *«freier gestellte Jungfrauen»*, die nicht Diakonissen werden möchten, zu Pflegerinnen ausgebildet werden könnten, ein Gedanke, der Ende des Jahrhunderts zur Gründung der Schweizerischen Pflegerinnenschule führen wird. ANNA HEER, die die Initiative ergreifen und die erste Chefärztin werden wird, befindet sich gegenwärtig in ihrem zweiten Jahr als Medizinstudentin in Zürich

___ teilt Ende Juli die Direktion der Gotthard-Bahn mit, die Konferenz schweizerischer Eisenbahnen habe beschlossen, dass bis auf Weiteres die Diakonissen der schweizerischen Mutterhäuser für Fahrten zur Krankenpflege nur die halbe Taxe bezahlen müssten

___ entdecken in diesem Typhusjahr GEORG GRAFFKY den Typhuserreger, FRIEDRICH AUGUST LÖFFLER den Diphtherieerreger und ROBERT KOCH den Choleraerreger

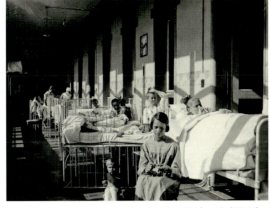

Das Kinderspital Zürich

1885

Aus dem ärztlichen Bericht des Chefarztes, Prof. Dr. Arnold Cloëtta:

«Vom 1. September 1884 bis 31. August 1885 wurden in's Krankenhaus Neumünster 272 Patienten, 224 weibliche und 48 männliche, aufgenommen. Vom vorigen Jahre sind 40 herübergenommen worden, sodass die Zahl der Verpflegten 312 ausmacht.

Von diesen sind geheilt entlassen worden 117

- 68 gebessert
- 26 ungeheilt
- 64 gestorben

In Behandlung bleiben 37

Unter den Gestorbenen kommen 28 Fälle, also nahezu die Hälfte, auf Lungenschwindsucht. Die einzelnen Krankheitsfälle vertheilen sich folgendermassen:

- 79 Krankheiten der Athmungsorgane
- 67 Krankheiten der Verdauungsorgane
- 46 Krankheiten der Gelenke und Knochen
- 20 Krankheiten des Gehirns
- 20 Krankheiten der Haut
- 19 Krankheiten der Nerven
- 18 Krankheiten des Herzens und der Gefässe
- 14 Infektionskrankheiten (Typhus)
- 13 Krankheiten der Geschlechtsorgane
- 6 Krankheiten der Drüsen
- 7 Krankheiten der Harnorgane
- 3 Krankheiten des Blutes

Von grösseren Operationen, welche im verflossenen Jahre ausgeführt worden sind, erwähnen wir: Zwei Amputationen, eine des Oberschenkels und eine des Unterschenkels; beide sind tödlich verlaufen; die Wunden heilten gut, die Patienten starben nachher, der eine an Erschöpfung, der andere an rasch verlaufender Lungenschwindsucht. Fünf Operationen der Brustdrüse, vier sind geheilt, eine Patientin starb an einem Rückfall; zwei Ovariotomien, eine verlief günstig, der andere Fall endigte tödlich; zwei Bruchoperationen bei weiblichen Patienten, welche genasen. Ausserdem kamen mehrere kleinere Operationen vor.»

Im Übrigen

_____ brechen in Zürich die Pocken aus, zuerst im Kinderspital

Die Kapelle der Diakonissenanstalt

1886

Die Pflege im eigenen Krankenasyl und in verschiedenen Spitälern ist der eine Tätigkeitszweig der Neumünster-Diakonissen. Der andere sind die Privatpflegen und die Gemeindepflegen. Wer es sich leisten kann, fordert im Krankheitsfall eine Neumünster-Schwester an. Die Anfragen sind sehr zahlreich und übersteigen meistens die Möglichkeiten des Mutterhauses. 30 Schwestern sind in diesem Jahr für Privatpflegen abgeordnet. In 1956 Pflegetagen betreuen sie 75 Kranke, was pro Tag mindestens fünf Pflegen ergibt.

Privatpflege ist für die Schwestern im Allgemeinen angenehm, nicht weniger für die Kasse der Anstalt. Von den Fr. 79 417.04 Einnahmen dieses Jahres stammen Fr. 5201.65 aus der Pflege in Privathäusern. Das ergibt pro Pflegetag etwa Fr. 2.65.

Die Anfragen für Privatpflegen nehmen in den folgenden Jahren deutlich ab. Der Rückgang wird mit der auf die Gründerjahre folgenden Rezession in Zusammenhang stehen. Privatpflege wird für immer mehr Leute zu teuer. Dazu ist es je länger desto weniger eine Frage des Vermögens, ob jemand bei Krankheit in ein Spital eintritt.

Die Privatpflege ist für die Wohlhabenden, die Gemeindepflege für die Armen. Darum hiess sie ursprünglich auch meistens «Armenpflege». 1886 unterhält das Neumünster acht verschiedene Gemeindepflegen, in denen immer neun bis zehn Schwestern *«ihrer oft schweren, aber schönen Aufgabe nachgehen»*. Sie können *«meist ruhig und ungestört mancher Not abhelfen und manche Leiden lindern. Aber freilich mehr als einmal wollte es ihnen auch angst und bange werden, wie rathen und wie helfen, wenn ihnen neben der drückenden Armuth und neben dem Elend der Krankheit noch je und da arge sittliche Verkommenheit und schreckliche Gottentfremdung entgegentraten, so dass sie dazu ein doppeltes Mass von Kraft und Weisheit von Oben erflehen mussten und auch unserer Fürbitte immer wieder bedürfen»*.

Im Übrigen

____ kann am 15. Juni das zweite Krankenhaus bezogen werden. *«Die beiden Krankenhäuser sind nun auf's Bequemste durch gedeckte Galerien untereinander und mit der zwischen ihnen liegenden freundlichen Kapelle verbunden, welche so recht eigentlich wie den Mittelpunkt, so auch den Schlussstein unseres ganzen Werkes bilden möchte.»* Die Einweihung ist am 11. Juli

____ beantwortet der Regierungsrat des Kantons Zürich das Gesuch der Anstalt um völlige Steuerbefreiung in Anbetracht ihrer Zwecke positiv

____ leiden von den 297 behandelten Patienten dieses Jahres 66 an *«Krankheiten der Athmungsorgane»*. Bei 16 von 42 Gestorbenen ist Lungenschwindsucht die Todesursache

____ feiert die Diakonissenanstalt von Kaiserswerth ihr 50-jähriges Bestehen

1887

Ein Diakonissenleben

Wir erinnern uns: 1871 fuhren drei Diakonissen, begleitet von einem Mitglied der Direktion, nach Nancy, um bei der Pflege verwundeter Soldaten zu helfen. Eine von ihnen war ELISE GRÖBLI.

Im Jahresbericht von 1887 heisst es über sie: *«Schwester Elise Gröbli von Henau, Kt. St. Gallen, geboren am 30. Juli 1839, war schon in frühester Jugend namentlich von ihrer stillen, gottesfürchtigen Mutter zu Jesu dem Kinderfreund gewiesen und zugleich tüchtig zu häuslicher Arbeit angehalten worden. Als sie so, als 10-jähriges Mädchen, einmal das Essen bereitete, geriethen ihre Kleider in Brand und nur durch ein Wunder blieb sie fast völlig unverletzt. Auch in verschiedenen Krankheiten durfte sie manche wunderbare Lebensbewahrung erfahren. Das Alles richtete immer mehr ihre Gedanken und Blicke auf die innersten Bedürfnisse ihres Herzens. Seit ihrem dreizehnten Jahre suchte sie ihren Verdienst in einer Spinnerei und später in einer Zettlerei, wobei es, wie sie selbst bezeugte, nicht ohne Prüfungen und Züchtigungen abging. Aber je mehr sie auch darin Gottes Gnade erkennen lernte, desto lebhafter wurde ihr schon durch eigene Krankheiten geweckter Wunsch, dem Herrn in seinen Elenden zu dienen. So trat sie am 24. Mai 1862 in unser Haus und wurde als eine körperlich und geistig gleich begabte Schwester schon am 29. November 1863 zum Diakonissenberufe eingesegnet. Ihr Wahlspruch, Phil. 4,13: ‹Ich vermag alles durch den, der mich mächtig macht, Christus!› bewährte sich in ihrer ganzen Diakonissenlaufbahn.*

Nachdem sie gleich im ersten Jahre im Mutterhaus noch einen schweren Typhus und eine Unterleibsentzündung über alles Erwarten rasch und glücklich überstanden, wurde sie zuerst in Gemeinde- und Privatpflegen verwendet. Unter schwierigen Verhältnissen wirkte sie sodann 1½ Jahre im alten Stadtspital in Chur, worauf sie die Krankenpflege im hiesigen Pfrundhaus übernahm. Zwischenein brachte sie, während des Deutsch-Französischen Krieges, 2½ Monate in einem Feldlazareth in Nancy zu. Nachdem sie sodann 2 Jahre die Stadtpflege in St. Gallen besorgt hatte, trat sie im März 1875 zur Hilfe ihrer Eltern, welche das Krankenhaus in Nieder-Utzwyl zu verwalten hatten, in die dortige Krankenpflege ein, bis sie nach dem Tod derselben, im November 1883, eine ähnliche Aushilfsstelle bei ihren Geschwistern im Armenhaus Wattwyl übernahm.

Da sie aber hier wie dort in ihrer Lebhaftigkeit sich nie genug thun konnte, musste sie in Folge immer heftiger auftretender Engbrüstigkeit und anderer Leiden ins Mutterhaus zurückkehren, wo sie sich bald wieder soweit erholte, dass sie als leitende Schwester in die Arbeit eintreten durfte. Vor einem Jahre legte sie eine Anschwellung der Schilddrüse auf ein schweres Krankenlager, indem sie an heftigen Hustenanfällen zu leiden hatte. Wohl ging es noch durch manche bange Stunde hindurch, bis sie auch innerlich ganz stille und ergeben in Gottes Willen geworden war. In den letzen Tagen wurde sie ruhig und durfte am heiligen Abend den 24. Dezember 1886, nachdem ihr noch ein Christbaum geleuchtet, ganz sanft zu der Ruhe eingehen, die verheissen ist dem Volke Gottes, wo das ewige Licht ihr nun scheinen wird.»

Im Übrigen

verzeichnet die Krankenanstalt für das Berichtsjahr 47 233 Pflegetage

Das Schwesternhaus in Obermeilen

1888

«Je mehr wir aber im letzten Jahr wieder erfahren durften, dass seine Güte alle Morgen neu war über uns und seine Treue unaussprechlich gross, um so mehr wollen wir das Bekenntnis des Psalmes (146) auch zu dem unsrigen machen: ‹Ich will den Herrn loben, so lange ich lebe, und meinem Gott lobsingen, so lange ich bin.› Darnach möchten wir wenigstens täglich uns selber prüfen und richten, ob wir unsere Arbeit im rechten Sinn und Geist, im Namen des Herrn und für Ihn thun, aus Dank und Liebe gegen Den, der uns zuerst geliebet und uns so viel Gutes gethan hat und thut alle Tage.

Zu solch dankbarer Erkenntniss und zu solch lobpreisendem Bekenntniss möchten wir darum auch alle unsere Pfleglinge anleiten, welche Krankheit, Alter und Schwachheit in unsere Häuser führt, und zwar suchen wir es zu thun, indem wir ihnen mit Wort und That zu bezeugen trachten: Wohl dem, dess Hülfe der Gott Jakobs ist, dess Hoffnung auf den Herrn, seinen Gott, stehet. Darum können wir sie nur immer auf's Neue hinweisen zu unserem Gott und Heiland, der will, dass Allen geholfen werde und Alle zur Erkenntniss der Wahrheit kommen.»

Schon im Jahr vorher hatte es geheissen: «Sind doch alle Spitäler und Krankenhäuser nichts anderes als ein thatsächliches Zeugniss der christlichen Kirche, dass sie den Trost für's Leben und für's Sterben, den sie in Christo Jesu gefunden, vor Allem auch ihren armen und leidenden Gliedern durch den Erweis herzlicher Barmherzigkeit und treuer Pflege bieten möchte.

Freilich, mit der Linderung und Minderung der äussern Noth ist es nicht gethan, wie gar Viele wähnen, wenn nicht zugleich das mannigfache innere Elend erkannt wird, das so viele Menschen unglücklich und trostlos macht; und darum ist eben auch mit aller äusseren Hülfe nicht wahrhaft geholfen, wenn man nicht zugleich innerlich sich will helfen und erlösen lassen von der Schuld der Sünde, die der Übel grösstes ist. Daran

Im Garten in Obermeilen

möchte ja Gott uns Menschenkinder gerade mahnen durch Noth und Tod, und wo Er einkehrt mit seinen Züchtigungen und Heimsuchungen, uns bedenken lehren, was zu unserem wahren Frieden und ewigen Heile dient. Wie köstlich ist es darum, dass wir unsere Kranken mitten in ihren Leiden und Schmerzen, vor allem, wo die Hoffnung des Lebens zusammenbricht, hinweisen können und dürfen auf den wahren ewigen Trost, der uns in der Liebe Gottes durch Christum Jesum angeboten ist, dass Alle, die an Ihn glauben, nicht verloren werden, sondern das ewige Leben haben sollen.»

Krankheit und Leiden als Heimsuchungen Gottes – ein Leitgedanke in den Jahresberichten bis weit ins 20. Jahrhundert hinein, bis mit dem Neubau im Zollikerberg aus dem «Asyl» endgültig ein modernes Spital geworden ist.

Im Übrigen

ist die uns bereits bekannte AMALIE LULEY – 1866 auf die Schlachtfelder des Deutschen Krieges ausgerückt, 1870 auf diejenigen des Deutsch-Französischen Krieges, und, kaum zurückgekehrt, zu ihrer Schwester nach Deutschland gezogen – wieder im Mutterhaus

haben Dr. CONRAD FERDINAND MEYER und seine Frau in Kilchberg ein Asyl für «Reconvaleszentinnen» gestiftet und sich zu dessen Führung eine Diakonisse erbeten

wird in Obermeilen eine Liegenschaft als Feierabendhaus für nicht mehr dienstfähige und als Ferienhaus für ruhebedürftige Schwestern übernommen

gründet die Evangelische Gesellschaft in Zürich das Freie Gymnasium

Ein Schwesternzimmer am Hegibach

1889

Wieder beginnt der Jahresbericht mit einem Versuch, das Leiden theologisch zu deuten. «*Wohl Jedem von uns ist schon da und dort als Zimmerschmuck das sinnige Bild mit dem Blumenkranz in die Augen gefallen, welcher das Wort: Leiden umschliessend auf einem dadurch geschlungenen Spruchband die vier bedeutungsvollen Worte: ‹Ich soll, ich will, ich kann, ich darf leiden› zu ernster Prüfung und Erwägung uns an's Herz legte. – Und gewiss auch wenn wir selber nicht gerade in der Schule der Leiden uns befinden, führt es eine ernste Sprache; vor Allem aber für die Kranken wird es zur gewaltigen Predigt, der ein Jeder, er mag wollen oder nicht, stille halten muss. Es kommt eben für einen jeden Einzelnen nur darauf an, ob er von seinem göttlichen Herrn und Meister sich schon bei Zeiten in diese Schule nehmen lässt, in der Er uns für sein Himmelreich vorbereiten und erziehen möchte.*

Aber ach! Dass so viele Menschen sogar in der Schule der Trübsale nichts mehr hören und lernen wollen von dem Herrn, der auch alle ihre Lebensschicksale ordnet, und darum Freud und Leid, Glück und Unglück, Gesundheit und Krankheit zu seinen Erziehungsmitteln bei uns Menschenkindern machen möchte. Denn bei wie wenigen heisst es doch sogleich in Leiden und Trübsalen wie bei Hiob: ‹Haben wir Gutes empfangen von Gott und sollten das Böse nicht auch annehmen? Der Herr hat's gegeben, der Herr hat's genommen, der Name des Herrn sei gelobt.›» Dass Hiob wenig später den Tag seiner Geburt verflucht und in einer Weise mit Gott hadert, dass einem die Ohren gellen, wird verschwiegen.

Im Übrigen

- ____ tritt Oberschwester ANNA HOFFMANN nach 24 Jahren aus Krankheitsgründen in den Ruhestand. Sie habe, schreibt der Jahresbericht bewegend, das Werk auf priesterlichem Herzen getragen
- ____ grassiert im Winter 1888 auf 1889 in Zürich eine Grippeepidemie. Die meisten Schwestern werden angesteckt; alle überstehen die Krankheit
- ____ stirbt Frau PESTALOZZI-HOFMEISTER, ältestes Mitglied der weiblichen Vorsteherschaft und Schwester des Präsidenten der Direktion

1890

Oberschwester Grit Bollinger

Wege zur Diakonie

Ausser im Kanton Zürich unterhält das Mutterhaus Neumünster die grösste Zahl seiner 28 Stationen in der Ostschweiz. Trotzdem kommen von dort die wenigsten Eintritte. Aus den Kantonen Appenzell, Glarus, Graubünden, St. Gallen und Thurgau zusammen sind es weniger als aus dem Kanton Aargau oder Baselland, und nur einer mehr als aus dem Kanton Schaffhausen.

Auf welchen Wegen junge Frauen zur Krankenpflege gelangen, zeigt der Bericht über die heftige Typhusepidemie des Sommers 1890 in Liestal und Umgebung. Sie beginnt in Lupsingen, breitet sich nach Liestal und mit vereinzelten Fällen in weitere Gemeinden aus. Das allgemeine Krankenhaus in Liestal, wo Neumünsterschwestern arbeiten, ist schnell überfüllt. Viele Patienten haben nur noch in den Korridoren Platz. Schliesslich wird ein Hilfsspital eröffnet. Das Mutterhaus schickt drei zusätzliche Schwestern, auf die Bitte des Gemeinderates hin auch noch zwei Schwestern als Verstärkung der Gemeindepflege. Von diesen übernimmt eine den Dienst im Hilfsspital. Im Krankenhaus werden von Ende Juni bis im Spätherbst 132 Typhusfälle gezählt, 24 aus Lupsingen, dessen Bevölkerung zu einem Drittel erkrankt, dazu 25 Mann aus der Kaserne Liestal. Obwohl es viele Rückfälle gibt, sterben insgesamt *«gottlob nur»* zehn Patienten. Eine Diakonisse und drei Gehilfinnen werden ebenfalls krank, genesen aber wieder. Eine dieser Gehilfinnen und eine Patientin sprechen nach der Heilung den Wunsch aus, selbst Diakonissen zu werden. *«So dass wir hoffen, diese Heimsuchung werde im Verborgenen auch sonst noch manche friedsame Frucht der Gerechtigkeit reifen lassen.»*

Im Übrigen

- zählen die vier schweizerischen Diakonissenhäuser St. Loup, Bern, Riehen und Neumünster zusammen 615 Diakonissen
- stirbt am 11. November Professor Dr. ARNOLD CLOËTTA, Chefarzt der Krankenanstalt und Mitglied der Direktion seit der Gründung. Sein Nachfolger wird Professor Dr. FRIEDRICH ERNST
- wird GUSTAV VON SCHULTHESS RECHBERG, seit diesem Jahr Ordinarius für Systematische Theologie an der Universität Zürich, in die Direktion aufgenommen
- tritt im November die am 26. Januar eingesetzte Oberschwester FANNY BÄRLOCHER zurück. Die Direktion hoffte, mit ihr jemanden *«aus einem etwas höheren Bildungskreise gewinnen zu können»*. Schon nach wenigen Monaten will sie jedoch wieder ins angestammte Lehramt zurückkehren. Versuchsweise wird Diakonisse GRIT BOLLINGER, leitende Schwester im Krankenhaus Liestal, zur Oberschwester berufen

1891

Aus den *Statuten für das Krankenasyl (Kranken- und Diakonissenanstalt) der Evangelischen Gesellschaft in Neumünster*:

«Bestimmungen hinsichtlich der Diakonissen.

§ 9. Zur Aufnahme in den Diakonissendienst ist erforderlich:
   a. Ein Alter nicht unter 18 und nicht über 40 Jahren;
   b. Gesundheit des Leibes und Heiterkeit der Seele;
   c. Kenntniss in den Elementarfächern und in den gewöhnlichen häuslichen Arbeiten.

Neben den nöthigen Ausweisschriften wird ein selbstverfasster Lebenslauf, ein Bericht des Seelsorgers und ein ärztliches Zeugniss verlangt; auch soll sich die Gemeldete wo immer möglich persönlich stellen.

§ 10. Für alle Gemeldeten findet eine Vorprobe und nach derselben die eigentliche Probezeit von 1–2 Jahren statt.

Die Probeschwestern haben eine anständige Ausrüstung an Kleidern und Weisszeug mitzubringen, werden aber im Übrigen frei gehalten.

§ 11. Nach wohlbestandener Probezeit erfolgt die förmliche Aufnahme (Einsegnung) in den Diakonissendienst. Dabei verpflichtet sich die Diakonisse auf's Neue, dem Herrn in den Kranken zu dienen, jedoch so, dass weder für sie noch für die Anstalt mit diesem Akte eine äussere Verpflichtung betreffend die Dauer des Dienstes verbunden ist.

Die Diakonissen tragen gleiche, einfache Kleidung, die ihnen nach Ablauf des ersten Jahres der Probezeit von der Anstalt gereicht wird.

§ 12. Die Probeschwestern und Diakonissen erhalten vom Hausarzt Unterricht in den nothwendigen Kenntnissen der Medizin und niedern Chirurgie.

§ 13. Sie werden durch einen Geistlichen in wöchentlichen Stunden in der Kenntniss der Bibel, der christlichen Heilslehre und Seelsorge gefördert.

§ 14. Sie fördern einander selbst durch gemeinsame Hausandachten, mit denen sie ihre Arbeit beginnen und schliessen, und leiten die Andachten in ihren Krankenzimmern.

§ 15. Sie werden, wenn sie genugsam vorgebildet sind, und ihre Anzahl hinreicht, auch zur Privatkrankenpflege und auf Aussenstationen verwendet; über solche Verwendungen entscheidet die Direktion oder in ihrem Namen die Aufsichtskommission.

§ 16. Sie empfangen für ihre Leistungen weder in der Anstalt noch in der Privatkrankenpflege oder auf Aussenstationen Lohn; auch dürfen sie keinerlei Geschenke annehmen. Die Vergütung für Privatkrankenpflege und allfällig nicht abzuweisende Geschenke fallen der Anstalt zu.

Dagegen wird von der Anstalt für die Diakonissen in gesunden und kranken Tagen gesorgt, und wenn sie in ihrem Dienst unfähig geworden sind, so wird die Anstalt nach Kräften auf ihre Versorgung und Verpflegung bedacht sein.»

Im Übrigen

___ wird am 21. Juni GRIT BOLLINGER als Oberschwester eingeführt

___ findet in Kaiserswerth die 10. Generalkonferenz der 62 darin verbundenen Mutterhäuser statt. Auf 2776 Arbeitsfeldern sind 8486 Diakonissen tätig. Die Zahl der Diakonissen in den vier schweizerischen Mutterhäusern ist in den letzten zehn Jahren von 306 auf 769 gestiegen

___ gibt es in der Schweiz erst in 29 Orten eine Gemeindepflegestation

1892

Das «Asile Evangélique» in Mailand

Am Pfingstmontag wird unter zahlreicher Beteiligung der protestantischen Fremdenkolonie das «Asile Evangélique» in Mailand eingeweiht. Die pflegerische Leitung liegt bei einer Neumünster-Diakonisse, der nach kurzer Zeit eine zweite beigesellt wird. Es ist die erste Auslandstation neben den 35 Aussenstationen in der Schweiz, nämlich

in der Stadt Zürich:
    Kinderspital Eleonorenstiftung in Hottingen
    Stadtpflege
    Pfrundhaus St. Leonhard
    Gemeindepflege Aussersihl
    Gemeindepflege Neumünster
    Marthahaus

im Kanton Zürich:
    Krankenasyl Wädenswil
    Krankenasyl Richterswil
    Krankenasyl Männedorf
    Krankenasyl Thalwil
    Krankenasyl Wetzikon
    Krankenasyl Rüti
    Krankenasyl Uster
    Krankenasyl Wald
    Gemeindepflege Winterthur
    Gemeindepflege Uster
    Gemeindepflege Wädenswil
    Rekonvaleszentenstation Kilchberg

im Kanton Baselland:
    Krankenhaus Liestal
    Armenkrankenpflege Liestal
    Gemeindepflege Sissach

im Kanton Appenzell:
    Krankenhaus Herisau
    Gemeindepflege Herisau

im Kanton St. Gallen:
    Kleinkinderbewahranstalt St. Gallen
    Bürgerspital, weibliche Krankenabteilung
    Evangelisches Arbeiterinnenheim
    Gemeindepflege St. Gallen

im Kanton Graubünden:
    Stadtspital Chur
    Privatspital auf Sand
    Gemeindepflege Chur
    Altersasyl «Zur Zufriedenheit» Chur

im Kanton Aargau:
    Krankenasyl Zofingen
    Gemeindepflege Zofingen

im Kanton Thurgau:
    Gemeindepflege Amriswil

In allen Aussenstationen zusammen arbeiten 75 Schwestern.

Im Übrigen

wird ANNA HEER an der Universität Zürich summa cum laude zum Dr. med promoviert mit der Dissertation *Über Schädelbasisbrüche*, «vorgelegt der Hohen Medizinischen Fakultät der Universität Zürich von Anna Heer, Prakt. Ärztin in Zürich. Genehmigt auf Antrag des Herrn Prof. Krönlein.»

1893

Am 6. Mai stirbt DIETHELM SALOMON HOFMEISTER, von 1858 bis 1870 Aktuar und Quästor, seit 1870 Präsident der Direktion der Kranken- und Diakonissenanstalt Neumünster, der «Herr Bezirksrat», wie er genannt wurde. Obwohl ordinierter Theologe, wurde er nie Pfarrer. Vordergründig wegen labiler Gesundheit. Im Hintergrund stand aber vielleicht auch, was er noch kurz vor seinem Tod einem Vertrauten gegenüber beklagte, dass es ihm nämlich nicht gelungen sei, rationalistische Zweifel ganz zu überwinden.

Der Mann, der auf einen Verdienst nicht angewiesen war und mit seiner Mutter zusammen lebte, übernahm öffentliche Ämter. 31 Jahre lang war er Bezirksrat, von 1861 bis 1874 präsidierte er die Stadtschulpflege Zürich, 1859 bis 1893 war er Präsident der Blinden- und Taubstummenanstalt Zürich. Er war Aktuar der Evangelischen Gesellschaft und manches andere mehr. Während 22 Jahren war er an jedem kirchlichen Feiertag im Gottesdienst des Altersasyls Wäldli. Nicht um zu predigen, denn öffentliche Auftritte liebte er nicht, aber um bei der Austeilung des Abendmahls zu helfen.

Das war typisch für ihn, der in jungen Jahren nicht ohne deprimierten Unterton bemerkte, aus ihm werde jedenfalls nichts. Auf eine nach aussen hin erfolgreiche Karriere bezogen, hatte er Recht. Die Nachrufe bescheinigen ihm bedauernd, dass er durchaus das Zeug zu einem Regierungsmann gehabt hätte. War er von etwas überzeugt, setzte er es auch durch. Ihm wird zum grossen Teil zu verdanken sein, dass die Gründung der Kranken- und Diakonissenanstalt so zügig vor sich ging. In der Evangelischen Gesellschaft war er zwar nur der Aktuar, aber bei ihm liefen alle Fäden zusammen. Dabei bevorzugte er vor direkten die diplomatisch diskreten Wege, was ihm manchmal sogar den Vorwurf eintrug, *«ein Jesuit»* zu sein.

Er war es, der die Kranken- und Diakonissenanstalt entscheidend prägte, schon bevor er deren Präsident wurde. Er war es auch, der ihr nach 25 Jahren einen männlichen Vorsteher verordnete. Aber Diethelm Salomon Hofmeister hatte auch, was kaum jemand wusste, den *Evangelischen Hausschatz* zusammengestellt, das während eines halben Jahrhunderts beliebteste Andachtsbuch im Kanton Zürich. Das andere, noch verbreitetere Andachtsbuch, das Losungsbüchlein der Herrnhuter Brüdergemeine, begleitete ihn sein Leben lang. Am 15. Februar 1893, seinem 79. Geburtstag, stand darin als Lehrtext (also als neutestamentlicher Text nach der alttestamentlichen Losung): *«Lass dir an meiner Gnade genügen, denn wenn ich schwach bin, bin ich stark.»*

Gedeihen heisst Erweiterung

Hofmeisters Tod war das Ende einer Epoche. Die Kranken- und Diakonissenanstalt Neumünster schien endgültige Gestalt gewonnen zu haben. Auf dem Areal an der Forchstrasse standen jetzt das Schwesternhaus, zwei Krankenhäuser, die Kapelle, zwei Wohnhäuser und zwei Ökonomiegebäude. Die Verhältnisse wurden bereits als etwas zu eng empfunden.

Einige Wochen, nachdem der Herr Bezirksrat gestorben war, kam Pastor FRIEDRICH VON BODELSCHWINGH, Leiter der nach ihm genannten Anstalten in Bethel bei Bielefeld, nach Zürich. Beim Besuch im Mutterhaus am Hegibach habe er auf das dahinter liegende Gelände geblickt und gesagt: *«Diese Wiesen müssen Sie haben, denn ohne die Möglichkeit einer Erweiterung kann eine Anstalt nicht gedeihen.»*

Im Übrigen

übernehmen Neumünster-Diakonissen auch die Leitung des evangelischen Mädchenheims in Mailand

Personalien
und
Ansprache
gehalten bei der Gedächtnißfeier

des unvergeßlichen Präsidenten

der Direction des Diaconißenhauses Neumünster

Herrn a. Bezirksrath

Diethelm Sal. Hofmeister

in der Kapelle des Krankenasyls

Neumünster,

am Himmelfahrtstag,

den 11. Mai 1893,

von

Carl Brenner, Pfarrer.

HOFER & BURGER ZÜRICH.

1894

Die Krankenpflege war bisher vornehmlich eine Tat christlicher Nächstenliebe und fast ein Monopol sogenannter pietistischer Vereinigungen wie etwa der Evangelischen Gesellschaft. Nun beginnen sich immer stärker weitere Kreise und auch der Staat um diese Aufgaben zu kümmern. Pfarrer CARL BRENNER, der Inspektor der Kranken- und Diakonissenanstalt, kommt in seinem Bericht über das Jahr 1894 darauf zu sprechen.

Die Zeit sei von sozialen Fragen aller Art mächtig bewegt und erfinderisch in neuen Plänen und Versuchen, der materiellen Not und dem leiblichen Elend zu steuern. *«In edlem Wetteifer geht man von allen Seiten daran, immer neue Mittel und Wege ausfindig zu machen, um je länger desto umfassender soviel als möglich Hilfe zu bieten. Auf der einen Seite arbeitet man an einem Bundesgesetz über Krankenversicherung und unternimmt und unterstützt von Staats wegen alle möglichen Vorsichtsmassregeln und Einrichtungen für das leibliche Wohl der Bevölkerung, während von privater Seite durch Samariterkurse und Gemeindepflegen nicht weniger eifrig für eine rationellere allgemeine Krankenpflege gewirkt wird und neuerdings vor allem Sanatorien für Lungenkranke in Angriff genommen werden. Indem wir alle diese Bestrebungen und Einrichtungen unserer Zeit mit Freuden begrüssen, fahren wir in gewohnter Weise fort, soviel uns möglich ist, in aller Stille an dieser Liebesarbeit mitzuwirken.»*

«Unser Kranken- und Altersasyl möchte freilich nicht nur eine Zufluchtsstätte für Leidende und Gebrechliche sein und ihnen bloss leibliche Pflege bieten; es möchte für alle unsere Pfleglinge ein rechtes Bethesda, d.h. ein Haus der Gnade werden, wo unser Herr Jesus Christus ihnen in seiner Heilandsliebe mit seiner Gnadenkraft sich offenbaren kann.» *«Deshalb freuen wir uns, wo uns Gelegenheit geboten wird, unseren Kranken nicht nur äussere Heilmittel und leibliche Pflege bieten zu können, sondern sie zugleich auf den letzten Heilszweck hinweisen zu dürfen, den Gott in allen Leiden und Trübsalen bei uns Menschenkindern verfolgt und so ihnen den göttlichen Heilsweg ans Herz zu legen, der allein zum wahren Frieden und zur vollen Freude führt.»*

Sollte das eine Reaktion auf Pläne von «Frl.» Dr. ANNA HEER für eine Ausbildungsstätte freier Pflegerinnen sein? Ihre Spitalpatienten behandelt Anna Heer im Schwesternhaus vom Roten Kreuz. Hier arbeitet IDA SCHNEIDER als Krankenschwester; sie wird Anna Heers engste Mitarbeiterin in der Pflegerinnenschule werden.

Im Übrigen

- treten 20 junge Frauen in die Vorprobe ein
- wird am Hegibach ein neuer Operationssaal mit einer Dampfheizung gebaut. Diese treibt auch eine Dampfwaschmaschine an und erwärmt die Wasserreservoirs, sodass nun beide Krankenhäuser heisses Wasser haben
- übernehmen Neumünster-Diakonissen die Leitung der Martinstiftung im Landhaus Mariahalde in Erlenbach. Hier sollen etwa 20 geistig und körperlich schwache, arme und verlassene Kinder vom sechsten Altersjahr an bis zur Konfirmation ein Heim finden, wo sie gepflegt und erzogen werden. Gegründet wurde die Stiftung im Jahr vorher von LOUISE ESCHER-BODMER, der Frau eines Zürcher Bankiers, in Erinnerung an ihren Sohn Martin
- bekommt die Anstalt ein Chalet auf dem Uetliberg geschenkt, wo sich künftig Diakonissen erholen können
- wählt die Direktion Dekan GEORG RUDOLF ZIMMERMANN, das letzte Gründungsmitglied in ihrer Mitte, als Nachfolger Hofmeisters zum Präsidenten

1895

Das Conradstift in Kilchberg

Es ist Mai, ein schöner Tag. GEORG RUDOLF ZIMMERMANN, Pfarrer am Fraumünster und Dekan, seit einem Jahr Präsident der Direktion der Kranken- und Diakonissenanstalt Neumünster, derselbe, dem Fliedner auf seiner Hochzeitsreise die Gründung eines Diakonissenhauses in Zürich ans Herz gelegt hat, lässt sich nach Kilchberg kutschieren. Früher wäre er zu Fuss gegangen, aber man ist nicht mehr der Jüngste. In 14 Tagen feiert der Dekan seinen 70. Geburtstag.

Sein Besuch gilt einem, der heuer auch 70 wird, dem Schulkameraden CONRAD FERDINAND MEYER. Im vorgerückteren Alter haben sie eine alte Freundschaft wieder aufleben lassen. Sie tut vor allem dem Dichter gut. Dessen geistige Gesundheit war schon immer labil; es ist noch nicht lange her, dass ein Kuraufenthalt in der Anstalt Königsfelden nötig war, nachdem Meyer im Verfolgungswahn ein weit gediehenes Manuskript ins Feuer geworfen hatte. Neben der menschlichen Anteilnahme interessiert Zimmermann auch, wie weit Meyer in seiner Beschäftigung mit Luther und Paul Gerhardt gekommen ist. Und bei der pietistischen, wenn auch etwas düsteren, Frömmigkeit von Frau MEYER-ZIEGLER fühlt der Dekan sich wohl. Ihr ist es zu verdanken, dass in Kilchberg seit acht Jahren jeden Sommer erholungsbedürftigen Frauen die Dienste einer Neumünsterschwester zugute kommen. Auch privat haben sich Meyers von Neumünsterschwestern pflegen lassen.

Der Dichter begrüsst den Freund an der Tür und führt ihn durchs Haus in die offene Gartenlaube. Zimmermann stellt einmal mehr fest, wie gut Meyer der Klinikaufenthalt in Königsfelden getan hat; er ist fröhlich, geradezu aufgeräumt. Nur als der Dekan auf die Arbeiten des Gastgebers zu sprechen kommen will, winkt dieser ab. Der Dekan sieht den Schatten der Resignation auf dem Gesicht des Freundes. Da kommt die Dame des Hauses. *«Reden wir von etwas anderem!»*, ruft Meyer und nickt seiner Frau zu. Als sie sich zu ihnen gesetzt hat, sagt er zu Zimmermann: *«Wir möchten dir nämlich eine Mitteilung machen. Bisher waren ja jeden Sommer ein paar Frauen zur Erholung im Haus da drüben. Nun dachten wir, es wäre gut, wenn einige Chronischkranke immer dort gepflegt werden könnten, und natürlich wie bisher im Sommer einige auch vorübergehend. Zu diesem Zweck möchten wir der Diakonissenanstalt das Haus übergeben. Was hältst du davon?»*

Zimmermann bedankt sich. Er weiss, was Einrichtung und Unterhalt einer solchen Pflegestation kosten. *«Ich werde die Angelegenheit der Direktion unterbreiten»*, sagt er. Meyer merkt die Zurückhaltung. *«Was ich noch anfügen wollte»*, sagt er, *«selbstverständlich richten wir euch das Haus mit allem Nötigen ein, und der Betrieb geht auf unsere Kosten. Einzige Bedingung ist, dass Schwester* CAROLINE HIESTAND *die Leitung übernimmt; sie hat uns, als ich krank war, ausgezeichnete Dienste geleistet. Glaubst du, dass deine Direktion zustimmt?»* Zimmermann schluckt vor Überraschung zweimal leer, bevor er sagt: *«Ich bin sicher.»*

Im Januar 1896 wird das Conradstift in Kilchberg eingeweiht und von acht Chronischkranken und ihren Pflegerinnen bezogen. Weder Conrad Ferdinand Meyers Schriften zu Luther und Paul Gerhardt noch seine andern Pläne werden vollendet. Am 28. November 1898 stirbt er in seinem Arbeitszimmer in Kilchberg.

Im Übrigen

zählt die Anstalt in diesem Jahr 120 eingesegnete Diakonissen

benötigt die Martinstiftung in Erlenbach statt bisher drei neu fünf Schwestern

kauft die Direktion das letzte freie Stück Land in unmittelbarer Nachbarschaft am Hegibach

wird das neue Krankenhaus um ein Stockwerk erhöht

Anna Heer

1896

Von Frauen für Frauen

September. Dr. med. ANNA HEER reist von Zürich nach Genf an den «Schweizerischen Kongress für die Interessen der Frau», der im Rahmen der Schweizerischen Landesausstellung stattfindet. Sie wird dort einen Vortrag halten unter dem bescheidenen Titel «Die Ausbildung in Krankenpflege».

Anna Heer ist 33 Jahre alt. Seit 1888 ist sie Ärztin; vor vier Jahren erwarb sie an der Zürcher Universität den medizinischen Doktortitel. In Tübingen bildete sie sich in Frauenheilkunde weiter. Ihrer Kollegin, Dr. med. MARIE HEIM-VÖGTLIN, der ersten Schweizer Ärztin, steht sie bei, als sie ihr erstes Kind zur Welt bringt. Erst an der Talgasse, dann an den Unteren Zäunen führt sie ihre Praxis. Bald spezialisiert sie sich auf Frauenkrankheiten und Geburtshilfe.

Die Diakonissenanstalt Neumünster und das Schwesternhaus vom Roten Kreuz vermögen nicht genug Krankenpflegerinnen auszubilden. Der Bedarf wächst stark, je grössere Fortschritte die Medizin macht. Die Ärztin trifft überall auf den Mangel. Der Plan einer Ausbildungsstätte für Krankenpflegerinnen, die mit einem Spital verbunden sein müsste, beschäftigt sie und ihre Freundinnen schon lang. Dem Genfer Kongress soll er vorgelegt werden.

«Welcher Anteil am Aufschwung des Krankenpflegewesens kommt der Frau zu, deren zarten Hand von Alters her die Krankenpflege anvertraut worden ist! Haben wir das schöne Arbeitsfeld im Interesse der Leidenden und Pflegenden genügsam bebaut und aus dem Beruf des Wohltuns, der wie wenig andere ein Frauenleben würdig und beglückend auszufüllen vermag, das Mögliche gemacht?» «Das Amt der Pflegerin ist so wichtig und verantwortungsvoll, dass wir die höchsten Anforderungen an ihren Charakter wie an ihr berufliches Wissen

Die Chalets auf dem Uetliberg

und Können stellen möchten.» «Wo aber finden wir bei uns solche allseitig und gründlich ausgebildeten Pflegerinnen?» Die kleinen Kurse des Zentralvereins des Roten Kreuzes genügen nicht. Es bedarf einer gründlichen und kontrollierten beruflichen Erziehung. *«Ich verlange mit meinen Forderungen gar nicht mehr, als was die praktische englische Nation längst gutgeheissen hat.»* Darum soll eine Schweizerische Pflegerinnenschule mit dazu gehörendem Spital gegründet werden. *«Öffnen Sie Herz und Hand, wenn unser Aufruf an Sie ergehen wird, unsere Arbeit gelte unsern Kranken, den Müttern und den Kleinsten. Sie dienen einem edlen Frauenberufe und verschaffen ihm die Bedeutung und Achtung, die er verdient.»*

Es ist die Initialzündung. Statt, wie von anderer Seite vorgeschlagen, ein Denkmal für GERTRUD STAUFFACHER zu errichten, bestimmt der Frauenkongress ein Initiativkomitee, das die Gründung der Pflegerinnenschule vorbereiten soll.

Im Übrigen

steigt die Zahl der Patienten der Krankenanstalt Neumünster in einem Jahr von 501 auf 725
hat sich die Zahl der Operationen innert acht Jahren auf 171 verdreifacht
bekommen die Diakonissen zu Weihnachten 1895 auf dem Uetliberg ein zweites Chalet geschenkt; 63 Schwestern erholen sich im Lauf des Jahres dort
stirbt am 14. Juli in Kaiserswerth JULIUS DISSELHOFF, Schwiegersohn und Nachfolger Theodor Fliedners, nachdem er zuletzt noch ein Waisenhaus für Armenier in Smyrna gegründet hat

Ferien auf dem Uetliberg

1897

«Ausnahmsweise», wie Pfarrer Brenner sich zu betonen beeilt, wird die Schwesternschaft «von mancherlei und zum Teil schweren und langwierigen Krankheiten heimgesucht» und hat zwei Todesfälle zu beklagen.

Schwester ANNA ALTORFER wurde 40 Jahre alt. In ihrer Probezeit bewährte sie sich in der schweren Typhusepidemie des Jahres 1884. Dann arbeitete sie sechs Jahre lang in der Kleinkinderbewahranstalt St. Gallen, 1891 bis 1895 als Gemeindepflegerin in der Stadt Zürich und in Aussersihl. Im Herbst 1895 übernahm sie die Leitung der neuen Kinderkrippe im Kreis III. Nach anderthalb Jahren jedoch musste sie das Amt aufgeben. *«Als sie nämlich hier zum zweiten Mal von einer heftigen Gesichtsneurose ergriffen wurde, stellte sich infolge dessen eine Nierenentzündung ein, welche verbunden mit einem Herzleiden ihr heftige Bangigkeit verursachte und ihre Kräfte bald aufzehrte. Still und geduldig ertrug sie ihre schweren Leiden, bis sie am 5. Mai vom Glauben zum Schauen eingehen durfte.»*

Schwester BABETTE NÜSSLI war hauptsächlich in Privatpflegen tätig, während 17 Jahren in mehr als 100 Familien. *«Später jedoch führte sie der Herr durch mancherlei Leiden, welche eine zweimalige Operation nötig machten, in eine langwierige Glaubensprobe und Geduldschule, bis sie der Herr endlich doch noch schneller, als sie es selber gedacht, durch eine mit heftigen Kopfschmerzen verbundene Lähmung im Alter von achtundvierzigeinhalb Jahren zu sich rief.»*

Von den Schwestern erkrankten viele, «namentlich an Magen- und Darmkrankheiten (Typhus, Blinddarmentzündung u.s.w.), welche zudem meist einen sehr langwierigen Verlauf nahmen und vielfach gerade jüngere Schwestern an der Arbeit hinderten». Zudem musste sich die Oberschwester nach dreimonatigem Krankenlager wegen eines sehr schmerzhaften Fussleidens einer Operation unterziehen.

Fahrt auf den Uetliberg

Georg Ebinger

«Möchten wir nur alle aus diesen Erfahrungen die Lehre für uns ziehen, dass es eben nicht liegt an jemandes Wollen und Laufen, sondern einzig und allein an Gottes Erbarmen.» Denn *«so lange die Sünde in der Welt herrscht, und darum auch noch Not und Elend in dieser Zeit sich findet, so lange werden die Menschen immer wieder, ihrer Ohnmacht und Friedlosigkeit bewusst, fragend ausschauen nach Hülfe und Heil»*.

Sind Krankheit und Elend also letztlich Massnahmen Gottes, um die Menschen zur Suche des Heils zu bewegen? In der ärztlichen Statistik wird das Elend beziffert. Darunter steht: *«Die Fälle mit ungünstigem Ausgange betrafen fast alles tuberkulöse Affektionen.»*

Im Übrigen

- hat sich der Titel «Inspektor» für den die Anstalt leitenden Pfarrer nie richtig durchgesetzt. Er wird immer öfter und schliesslich nur noch «Vorsteher» genannt; Pfarrer BRENNER schreibt selbst hin und wieder «Anstaltsgeistlicher» oder «Erster Anstaltsgeistlicher»
- bekommt der Vorsteher in Prediger GEORG EBINGER von der Stadtmission einen Helfer für die Seelsorge an den Kranken
- treten zwei eingesegnete Diakonissen aus; die Gründe sind nicht bekannt
- treten 19 junge Frauen als Probeschwestern ein
- zählt die Anstalt 198 Schwestern
- belaufen sich die Kosten im Spital pro Tag und Patient auf Fr. 3.33

1898

***Bedingungen betreffend Aufnahme von Kranken
in das Krankenasyl (Kranken- und Diakonissen-Anstalt) in Neumünster***

1. Die Meldungen von Kranken sind mit einem ärztlichen Zeugnis zu begleiten und haben anzugeben:
   a) den Vor- und Geschlechtsnamen;
   b) das Geburtsdatum;
   c) Heimat- und Wohnort, bei Frauen den Heimatort des Mannes;
   d) Stand und Beruf;
   e) die Vermögensverhältnisse des Empfohlenen.
   Meldungen mit mangelhaften Angaben werden unter Umständen unberücksichtigt gelassen.
2. Von der Aufnahme sind ausgeschlossen:
   Gebärende, Blatternkranke, Krätzige, Syphilitische und Wahnsinnige.
3. Die Meldungen sind frankiert zu richten an die «Aufnahmekommission des Krankenasyls Neumünster».
   Die regelmässige Aufnahmesitzung findet mittwochs von 10 bis 11 Uhr statt.
4. Die Verpflegungsgelder werden in jedem einzelnen Falle nach folgender Skala bestimmt:
   a) für Kranke in den Sälen Fr. 1 – 1.50 per Tag;
   b) für Kranke in Zimmern mit 4 – 5 Betten Fr. 1.50 – 2 per Tag;
   für Kranke in Zimmern mit 2 Betten Fr. 2 – 3 per Tag;
   c) für Kranke in Zimmern mit 1 Bett Fr. 3.50 – 6 per Tag;
   d) für Privatkranke Fr. 6 – 10 per Tag.
   Für Kinder tritt eine entsprechende Ermässigung der Taxe ein (Minimum Fr. 5 per Woche).
   Für ganz arme Personen bestehen einige Freiplätze, zwei davon für die Stadt Zürich, einer für Neumünster.
   Ausser dem Kanton wohnende Nichtkantonsbürger der Klassen a – d bezahlen die höhere Taxe.
   Die Wäsche und die Beerdigungskosten werden besonders bezahlt.
   Das Kostgeld ist durch annehmbare Bürgschaft zu garantiren oder für je 4 Wochen voraus zu bezahlen.
5. Die Kleiderausstattung, welche die Kranken der Klassen a und b mitzubringen haben, besteht in
   2 Hemden, 2 Schlutten, 2 Nachthauben, 1 Paar Strümpfen, 1 vollständigen Kleidung.
6. Die Anstalt behält sich das Recht vor, arbeitsfähige Kranke der Klassen a und b für das Haus zu beschäftigen.

Im Übrigen

_____ stirbt HEINRICH SCHULTHESS-VON MEISS, Bankier, Philanthrop und Kunstmäzen. «Seine Verdienste als Gründer und Stifter des schönen Altersasyls zum Wäldli sind uns allen bekannt; aber auch das Krankenasyl ist ihm für alle Zeiten zu grösstem Dank verpflichtet, denn von ihm flossen s. Z. hauptsächlich die Mittel zum Bau des jetzigen neuen Krankenhauses, zuerst in Form eines Kapitalanleihens, das dann der Verstorbene schon vor Jahren in aller Stille zu einer Schenkung umwandelte.» Auch das Schweizerische Landesmuseum, das Kupferstichkabinett der ETH und das Kunsthaus Zürich verdanken ihm wertvolle Schenkungen _____ besteht die Diakonissenschaft aus 155 eingesegneten Schwestern, 39 Probeschwestern und 16 Vorprobeschwestern, insgesamt 12 Schwestern mehr als im Vorjahr

Heinrich Schulthess-von Meiss

Eduard Usteri-Pestalozzi

Georg Rudolf Zimmermann

1899

Nach fünf Jahren tritt alt Dekan GEORG RUDOLF ZIMMERMANN vom Präsidium zurück, der letzte von den Gründern. Er erlebte kurz vorher eine grosse Enttäuschung. Der alte Herr stellte sich mit 73 noch einmal der Wahl als Fraumünsterpfarrer und wurde nicht bestätigt – nach 46 Jahren. Im Juni 1900 stirbt er.

Zimmermanns Nachfolger wird EDUARD USTERI-PESTALOZZI, gelernter Notar, Hypothekarverwalter und schliesslich Verwaltungsratspräsident der Bank Leu & Co., Oberst und Kommandant eines zürcherischen Infanterieregiments, zünftig auf der Stube der Vereinigten Zünfte zur Gerwe und zur Schuhmachern und während 40 Jahren deren Zunftmeister, Schildner zum Schneggen, Mitglied des Grossen Stadtrates, Mitglied des Kantonsrates, Präsident der Kreisschulpflege Zürich-Altstadt, um nur die wichtigsten Ämter zu nennen. Dazu aber ist «Herr Oberst», zu dessen Vorfahren LAVATER und Antistes GESSNER gehören und dessen Familie stark von Gedanken der Brüdergemeine geprägt ist, auch Mitglied der Kirchensynode, Mitglied und Vizepräsident des Kirchenrates der Zürcher Landeskirche, Präsident der St.-Anna-Gemeinde, Präsident des Zentralkomitees der Evangelischen Gesellschaft des Kantons Zürich, wirkt mit im Vorstand der Anstalt für Epileptische, im CVJM und der Basler Mission, in der Gesellschaft zur Erstellung von Arbeiterwohnungen – und gehört eben seit 1896 der Direktion der Kranken- und Diakonissenanstalt Neumünster an, zu deren Präsident er jetzt gewählt wird.

Fast 30 Jahre lang sollte der schwere Mann mit dem grossen Schnurrbart das Werk leiten, und während dieser ganzen Zeit begeben sich der Vorsteher und die Oberschwester einmal wöchentlich in den «Neuenhof», in spätern Jahren während der Sommermonate auf den Landsitz in Rüschlikon, um mit «Herrn Oberst» die laufenden Geschäfte zu besprechen.

1900

«Asyl»

Kleine Bemerkungen sind aufschlussreich. Es war immer klar, dass Diakonissen aus dem Mutterhaus austreten können, wenn sie wollen. In den ersten Jahren geschah es hin und wieder, beispielsweise, wenn eine junge Frau beschloss, sich zu verheiraten. Und in den Jahresberichten wurde es nicht selten mit Namensnennung, guten Wünschen und ohne vorwurfsvollen Unterton vermerkt.

Im Jahr 1900 treten drei eingesegnete Diakonissen und eine Probeschwester aus. Der Kommentar dazu: «... *weil sie sich leider durch verschiedene andere Rücksichten ihrem Beruf entfremden liessen*». An dem Nebensatz ist zweierlei bemerkenswert. Erstens der Vorwurf, der im Wort «entfremden» liegt. Und zweitens das zum Ausdruck kommende Verständnis des Berufs. Als entspräche es nicht eben evangelischer Lehre vom Beruf, dass der Ruf sich wandeln kann und dass der Beruf der Ehefrau und Mutter keinen Deut weniger evangeliumsgemäss ist als die Krankenpflege. Die Tendenz zur Verengung, die sich hier andeutet, hat ihre Gründe. Es ist in den Berichten dieser Jahre mit Händen zu greifen, dass die Entstehung rein weltlicher Institutionen der Krankenpflege die Diakonie unter Legitimationsdruck setzt.

Gott allein, so heisst es im Jahresbericht 1900, «*ist der Fels, der unbeweglich bleibt in allem Wechsel und Wandel der Zeiten und Menschen. Darum soll er allein auch unsere Zuflucht bleiben für und für. Wer seinen Herrn und Gott aber selber so erfahren hat, der möchte auch Andern denselben Trost gönnen und alle hinweisen zu der einzig wahren Zuflucht. Darum hatte schon das mosaische Gesetz im heiligen Lande sechs Freistädte bestimmt, wohin alle, welche sich eines vorsätzlichen Mordes schuldig gemacht hatten, vor den Nachstellungen des Bluträchers fliehen könnten. Ebenso hatten von den ältesten Zeiten her selbst die heidnischen Völker die Tempel und Altäre ihrer Götter für alle unschuldig Verfolgten als Asyle erklärt, d.h. sie zu Zufluchtstätten vor der Willkür der Blutrache geweiht. Dieses Asylrecht war mit der Ausbreitung des Christentums in ähnlicher Weise auf die Kirchen und Klöster übergegangen und erhielt sich mit mehr oder weniger Einschränkungen durchs ganze Mittelalter hindurch, bis es in den letzten Jahrhunderten mit der Ausgestaltung einer geordneten Justiz in dem modernen Rechtsstaat ganz allmählig erlosch.*

Dafür bekam im Lauf des 19. Jahrhunderts das Wort ‹Asyl› eine wesentlich neue Bedeutung, indem es der bezeichnende Ausdruck wurde für alle diejenigen Anstalten, welcher in irgend welcher Weise Armen und Verlassenen oder auch Verwahrlosten und Gefährdeten eine Zufluchtsstätte, also für kürzere oder längere Zeit Unterkunft und die nötige Pflege bieten wollen.»

«*Wir möchten aber auch diesen Namen Krankenasyl für unser Haus wirklich immer mehr zur Wahrheit werden lassen, indem dasselbe durch Ausbildung ernst christlichgesinnter Krankenpflegerinnen nicht nur Heil-, sondern auch Heils-Zwecke verfolgt; nicht zwar, dass es in irgend welcher propagandistischen Weise seine Pfleglinge beeinflussen wollte, sondern einzig in dem Sinne, dass es schon durch die treue Pflege, auch ohne viele Worte, seine Patienten zu dem hinweisen möchte, von dem David nach seinen langen Lebenserfahrungen bekannte: ‹Der Herr ist mein Fels, meine feste Burg und mein Erretter! Gott ist mein Hort, ich will auf ihn vertrauen, mein Schild und das Horn meines Heils und meine Zuflucht! Mein Helfer, der du mir hilfst! (2. Samuel 22,2.3)›*»

Es ist ein doppelter Liebesdienst, den das Asyl seinen Pfleglingen erweisen will, «*und wir möchten alle, welche in diesem Sinn und Geiste mithelfen wollen, ermuntern, in unsere Reihen zu treten*».

Das erste Team der Pflegerinnenschule

1901

Am 30. März 1901 werden die Schweizerische Pflegerinnenschule und das dazugehörige Frauenspital mit einer «ernsten anmutigen Feier» eröffnet. Leitende Ärztin ist Dr. med. ANNA HEER; Abteilungsärztinnen sind Dr. med. MARIE HEIM-VÖGTLIN und Dr. med. JENNY THOMANN-KOLLER. Dr. med. ANNA BALTISCHWILER wird Hausärztin, IDA SCHNEIDER Oberin.

Aus den Aufzeichnungen der Oberin: *«Am 5. April, einem Karfreitag, tritt die erste Schülerin ein. Und nun wird mit Spannung die erste Kranke, natürlich wohl eine Frau zur Entbindung, erwartet. Fräulein Dr. Heer gibt für den Fall ihrer Abwesenheit alle nötigen Anordnungen, auch kleinste Einzelheiten nicht vergessend. Aber als erster Patient überschreitet nicht die erwartete Frau die Türschwelle der Schweizerischen Pflegerinnenschule mit Frauenspital in Zürich, sondern es wird ein herziges, wegen Bauchschmerzen wimmerndes Büblein hereingetragen. Auf die Diagnose: Blinddarm-Entzündung hat ‹Sofort-Operation› zu erfolgen. Welch gewaltiges Ereignis! Nun hiess es, alle Mann an Deck, mit andern Worten, alle Schwestern.»*

Interessant, dass die Oberin der Pflegerinnenschule, deren Name die Bezeichnung «Schwester» bewusst vermeidet, von Schwestern redet. «Krankenschwester» beginnt eine allgemein gebräuchliche Bezeichnung zu werden, die nicht mehr in erster Linie an Kloster oder Mutterhaus erinnert.

Im Übrigen

- hat das Mutterhaus Neumünster nun 180 eingesegnete Diakonissen
- wird im Oktober, nachdem mehrere Einsprachen abgewiesen sind, mit dem Bau des neuen Krankenhauses an der Heliosstrasse begonnen, das Platz für 135 Patienten bieten wird

Wah...

Süsett...

zum

Unser Gott mache e...
& erfülle alles Wohlg...
Werk des Glaubens...
an euch gepriesen ...
Herrn J...

...spruch

...Heberli

... v. 1902.

... würdig des Berufs,
... llen der Güte &. das
... der Kraft, auf dass
... de der Name unsers
... Christi. 2. Tess. 1. 11 &. 12.

† 30. 12. 1940

Das obere Krankenhaus

1902

Das Werk wächst. In diesem Jahr werden 25 junge Frauen zur Vorprobe aufgenommen, so viele wie noch nie. Die Patientenzahlen steigen; ein neues Krankenhaus wird gebaut. Die Verwaltungsstrukturen dagegen verändern sich kaum.

An der Spitze steht die Direktion, die gegenwärtig, mit dem Vorsteher oder Ersten Anstaltsgeistlichen, zehn Mitglieder umfasst. Alle, mit Ausnahme des Vorstehers, arbeiten ehrenamtlich. Die Direktion, die oft auch Vorsteherschaft genannt wird, kommt im allgemeinen viermal pro Jahr zu Sitzungen zusammen.

Einmal im Monat treffen sich die Frauen Vorsteherinnen, auch etwa «das Damencomitee» genannt, mit der Oberschwester. Dem Damenkomitee gehören meistens die Ehefrauen der Direktionsmitglieder an, dazu weitere Freundinnen des Werks. Sie sind für die innere Ausgestaltung der Anstalt verantwortlich.

Die Hauskommission hält wöchentlich Sitzung, beschliesst die Aufnahme der Patienten und begleitet zugleich die laufenden Geschäfte.

Im Übrigen

- _____ erlässt die Direktion im März einen Aufruf zu Spenden für das neue Krankenhaus. Bis Ende August kommen Fr. 99 097.50 zusammen, dazu vorherige Spenden von 26 000 Franken
- _____ ist am 26. Juli Aufrichte des neuen Krankenhauses
- _____ feiert das Diakonissenhaus Riehen sein 50-jähriges Bestehen
- _____ haben die vier schweizerischen Diakonissenhäuser zusammen etwa 1150 Schwestern, die auf rund 300 Stationen tätig sind

Bild Seite 76/77: Einsegnungs-Spruch

1903

Louis Rahn

Ein Jahr der Veränderungen

Am Jahresfest vom 22. November ist Einweihung des neuen Spitals, genannt «Das obere Krankenhaus». Aus dem bisherigen zweiten Krankenhaus von 1866 wird das neue Schwesternhaus.

Oberst EMIL PESTALOZZI-ESCHER, seit 1881 Aktuar, seit 1890 Quästor, stirbt. Neues Direktionsmitglied und Quästor ist Dr. HERMANN PESTALOZZI-SCHULTHESS. Aus seiner Verwandtschaft sind LUDWIG HEINRICH PESTALOZZI, Pfarrer am Grossmünster, und Oberst EDUARD USTERI-PESTALOZZI ebenfalls Mitglieder der Direktion, der Letztere als Präsident.

Frau BERTHA RIETER-BODMER aus dem Rietberg, der ehemaligen Villa Wesendonck in der Enge, tritt in den Kreis der Frauen-Vorsteherinnen ein. Frau Rieter ist 1857 geboren, war verheiratet mit dem Industriellen Karl Friedrich Adolf Rieter und ist seit 1896 verwitwet. Sie wird bis zu ihrem Tod im Jahr 1938 dem Gremium angehören.

Die Chefärzte BRUNNER und SCHULTHESS bekommen einen zweiten Assistenten. Dr. WILHELM SCHULTHESS ist übrigens schon vor einigen Jahren eine Diakonisse für seine orthopädische Klinik in der Nähe der Krankenanstalt zugestanden worden.

Im Mai wird als «zweiter Anstaltsgeistlicher» Pfarrer LOUIS RAHN, geboren 1867, bisher Gemeindepfarrer in Wallisellen, eingesetzt. Er teilt sich mit Pfarrer CARL BRENNER, seit 20 Jahren «erster Anstaltsgeistlicher», in die Aufgaben der Leitung und übernimmt von Prediger EBINGER einen Teil der Krankenseelsorge.

Im Jahresbericht 1903 ist Louis Rahns Handschrift deutlich zu merken, insbesondere bei den Überlegungen zur Krankenseelsorge. *«Die Leute, an deren Krankenbett wir treten, sind uns völlig unbekannt. Mögen in der Landgemeinde die Leute noch so spröde tun, so kennt man sie doch zum vornherein schon ein wenig und weiss etwa, wo sie der Schuh drücken möchte. Hier in unsern Krankenhäusern ist's ganz anders. Da kommen sie aus der Altstadt, aus Aussersihl, von Fluntern, vom Land, von Süd und Nord, von Ost und West. Wir sehen sie und sie sehen uns zum erstenmal. Wo sollen wir anknüpfen? Wie den Weg zu diesen Herzen bahnen? Was sollen wir bieten? Was tut not? In vielen Fällen Trost und immer wieder Trost! Aber vielleicht wäre ein Wort der Mahnung, gelegentlich des strafenden Ernstes ebensosehr, ja mehr noch not. Beim einen wär's gut, wir begännen bei unserm Gespräch so recht an der Peripherie, laufen dann aber Gefahr, nicht recht zum Zentrum zu kommen; beim andern wäre ein Kernschuss gleich der Treffer ins Schwarze. Kurz, wenn wir unsere Leute nur kennten, wie viel leichter wäre die Seelsorge!*

Wir suchen zwar wöchentlich einmal in jeden Krankensaal und in jedes Zimmer zu kommen. Aber wie wenig Zeit können wir im allgemeinen auch beim besten Willen auf die einzelnen Zimmer oder gar den einzelnen Kranken verwenden! Die Zeit drängt; so gibt's wohl etwa da und dort ein eingehendes Gespräch; bei vielen aber bleibt's, abgesehen von der kurzen Betrachtung eines Schriftwortes, die wir regelmässig halten, doch bei wenigen und oft nicht tiefgreifenden Bemerkungen.»

Im Übrigen

- gehen in der Statistik des Spitals die «Erkrankungen der Respirationsorgane» deutlich zurück
- gibt es auch im «oberen Krankenhaus» für die Männerzimmer Wärter, über deren Ausbildung man nichts erfährt

Die Probemeisterin mit ihren Schülerinnen

1904

Aus dem Kapitel über die Tätigkeit der Gemeindeschwestern: «Die Schwester trifft – es ist in der Fastnachtzeit – ein armes Würmchen von einem Kind in hohen Fiebern. Es sollten Wickel auch in der Nacht gemacht werden. Der alte Grossvater ist dazu nicht mehr imstande. Aber wo sind denn die Eltern, wo ist die Mutter? Es ist ja Sonntag! Ei, die sind auf dem Tanz, derweil zu Hause ihr Kind vielleicht mit dem Tode ringt. O, unsere Schwestern müssen in viel Not und Elend hineinsehen. – Doch schweigen wir davon! Ihre Arbeit ist ja anderseits auch eine schöne und oft recht dankbare. Da hat eine Schwester für einen armen Jungen zwei neue Kleidungsstücke erhalten und darf sie dem Frierenden mit fröhlichen Augen bringen. Wer ist wohl erfreuter, der beschenkte Junge oder die Schwester? Und dort jene Schwester? Sie hat ja keine Kinder, und doch Kinder die Menge, und an Weihnachten rüstet sie in ihrer Stube ein Bäumchen, schmückt's mit ein paar Lichtlein und Kugeln, und nun geht's zuerst ins Stübchen des alten Grossmütterleins, dann in ein Haus, in dem schon lang eine arme Näherin krank liegt, vergessen von der Welt, endlich in jene Wohnung droben im 4. Stock, wo seit Wochen der Vater keinen Verdienst mehr hat, und sie drum kein Bäumchen haben rüsten können; sie klopft an die Tür, schickt zuerst die Kinder hinaus in die Küche, dann stellt sie ihr Bäumchen ab; und hat wohl für jedes der Kinder noch ein kleines Geschenk mitgebracht, etliche Äpfel, ein warmes Halstuch, ein paar wollene Strümpfe für den Kleinen; und nun werden die Kinder gerufen: ‹Aber Mutter›, ruft der kleine Rikeli, ‹jetzt hat's Christkind uns doch nicht vergessen!›, und der Schein jenes Abends erhellt nicht nur der Armut Stüblein, sondern macht auch der Diakonissin Auge wieder leuchtend, dass sie fröhlich am Abend sich zur Ruhe niederlegt, und Gott dankt: Wir Diakonissen haben, äusserlich angesehen, wohl manchmal einen schweren Beruf, aber doch ein selig Amt!»

Die Diakonisse als Christkindlein!

Im Übrigen

schafft die Leitung der Anstalt die Stelle einer Probemeisterin, das heisst, einer Leiterin der Vorprobe- und Probezeit der Schwestern

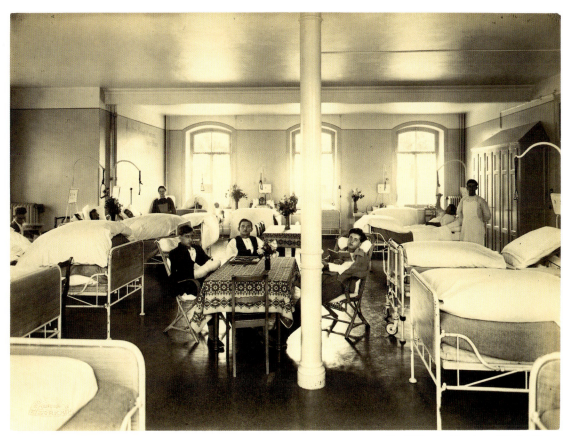

Der Männersaal im oberen Krankenhaus

1905

Seine neuen Erfahrungen lassen Pfarrer LOUIS RAHN keine Ruhe. Er kommt auf das Thema der Seelsorge zurück: «Wir stehen, je mehr wir in die Aufgabe hineinwachsen, unter dem Eindruck, dass die uns übertragene Aufgabe ‹über unsere Kraft› geht. Es ist wahr, wir hätten gern mehr getan, wenn wir mehr Zeit gehabt hätten. Die Stunden, die uns zum Besuch und zur Seelsorge bei unsern Kranken blieben, sind uns oft nur zu knapp bemessen. Ich gestehe wenigstens von mir, dass ich oft mit einem rechten Zagen in die Säle gehe, nicht weil ich mich schämte des Evangeliums, o nein, aber ob mir's gelingen werde so zu reden, dass die, die der Kirche, und was ja weit ernster ist, der Religion, unserm Gott so vielfach entfremdet sind, einen Eindruck von der Wahrhaftigkeit Gottes erhalten.»

Und dann folgt eine entscheidende Überlegung: «Vielleicht gelingt's der einsichtigen Schwester oder dem verständigen Wärter, die ja ständig um die Kranken sind und sie in ihrer Art viel eher kennen lernen können, vielleicht gelingt's ihnen leichter, etwa ein gutes Wort zur guten Stunde zu reden als uns.»

Im Übrigen

- erhält die Anstalt von ungenannter Hand 250 000 Franken mit der Auflage, bis zum 15. Oktober 1910 ein Asyl für unheilbar Kranke zu errichten. Möglich, dass der vorausgegangene Jahresbericht Auslöser der Spende war; dort wurde die Notwendigkeit eines solchen Asyls betont
- werden vom 1. September 1904 bis zum 31. August 1905 1344 Patienten gegenüber 870 im Jahr vorher «verpflegt». 513 chirurgische Eingriffe werden vorgenommen
- sind 53 Diakonissen in 44 Gemeindepflegen eingesetzt

1906

*Verzeichnis der Ausstattung für unsere Schwestern beim Eintritt in die Vorprobe
(Anhang zum Jahresbericht 1906):*

1 – 1½ Dutzend Hemden,
4 – 6 Paar Hosen,
1 – 2 Dutzend Strümpfe, darunter 3 – 4 Paar für den Winter,
½ – 1 Dutzend Waschtücher,
1 – 2 Dutzend Taschentücher,
4 Nachtjacken.
Alle Wäsche soll einfach und deutlich gezeichnet sein.

1 schwarze Sonntagsschürze,
einige Küchenschürzen,
4 – 6 dunkelfarbige Unterröcke,
1 dunkles Sonntagskleid,
1 neues schwarzes Kleid,
3 Werktagskleider, am liebsten Waschkleider.

NB. Im ersten, sogenannten Vorprobejahr dürfen die bisher gewohnten Oberkleider getragen werden; neue Kleider werden den Schwestern bei Aufnahme in die Probe, wenn gewünscht, von der Anstalt gegen billige Entschädigung gereicht. – Für Ärmere kann diese Aussteuer ermässigt werden.

Ferner:

2 – 3 Paar gute Schuhe,
1 – 2 Paar Pantoffeln,
1 Regenschirm,
1 Koffer oder Reisekorb,
1 Bibel und Gesangbuch,
1 Uhr mit Sekundenzeiger,
1 Heimatschein bezw. Ausweispapiere.

Adresse des Koffers, wie aller Frachtgüter: Diakonissenhaus Neumünster, Zürich V. Station Tiefenbrunnen-Zürich.

Im Übrigen

____ tritt Prediger GEORG EBINGER, der Krankenseelsorger, in den Ruhestand. Er wird durch Pfarrer CARL BRENNER-FRÖHLICH, den Sohn des ersten Pfarrers, ersetzt. Carl Brenner junior ist 1866 geboren und war Pfarrer in Staufberg AG und Heiden AR

____ kauft die Direktion Land an der Witellikerstrasse und plant dort den Bau des Krankenheims Realp (noch ohne h)

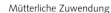

Mütterliche Zuwendung

Carl Brenner-Fröhlich

1907

Seelsorge ist nötig, aber es ist darauf zu achten, dass sie nicht in falsche Abhängigkeit führt. Seelsorge soll mündig, nicht unmündig machen. Das gilt für die Seelsorge an den Patientinnen und Patienten wie für die an den Schwestern.

«Wenn gelegentlich im Schwesternkreis unter der Hand der Wunsch nach intensiverer persönlicher Seelsorge laut geworden ist, so liegt es uns fern, Versäumnisse entschuldigen zu wollen, aber wir möchten doch auch nicht Seelsorger sein, die andere von sich abhängig machen und sie nicht mündig werden lassen. Gerade, weil Gottes Gnade, wo sie wirklich ergriffen worden ist, nicht weicht, trauen wir dem, der in einem Menschen das gute Werk angefangen hat, es auch zu, dass ER es vollende. Darum fürchten wir uns vor einer Seelsorge, die dem Einzelnen das Bewusstsein der eigenen Verantwortlichkeit abnimmt oder auch nur abschwächt. Wir glauben, dass der Apostel Paulus noch eindringlicher, als damals den Philippern, heute uns schreiben würde: Wirket ihr euer Heil mit Furcht und Zittern, und wir glauben, dass unser Herr und Heiland auch für heute den ganzen Ernst des Gleichnisses von den 10 Jungfrauen in den Worten festhalten würde: die Klugen nahmen selber Öl in ihren Gefässen samt ihren Lampen. Kein Seelsorger kann da Stellvertreter sein.

Dabei erkennen wir für uns den ganzen Ernst des Wortes Jesu an Petrus: ‹Stärke deine Brüder›, oder des apostolischen Wortes an den Engel der Gemeinde zu Sardes: ‹Stärke das übrige, das da sterben will›.»

Im Übrigen

- liegen in den Sanatorien von Wald und Davos drei lungenkranke Diakonissen
- sind im Lauf dieses Jahres drei Diakonissen an Typhus erkrankt
- beträgt die Schuldenlast des Werkes 465 000 Franken

Beilage zu einer Bewerbung als Diakonisse

Das Krankenheim Rehalp

1908

In einem Umschlag, gefunden im Archiv, stecken als Beilage zu einer Bewerbung drei vorgedruckte, im üppigen Stil der Zeit gestaltete Zeugnisse des Schweizer Hotelier-Vereins. Alle betreffen «Fräulein ROSA SCHÄTTI von Wetzikon Zürich».

Das erste lautet: «*Die Unterzeichnete bezeugt hiemit, dass die Inhaberin des Gegenwärtigen Fräulein Rosa Schätti von Wetzikon Zürich vom 6. Juni (1907) bis 6. April (1908) als Lingère nachher Köchin in unserem Dienste gestanden ist. Obige kann einer bürgerlichen Küche vorstehen, sowie kennt sie ziemlich die Arbeiten in der Lingerie, ist fleissig & willig. Horw, den 6. April 1908, A.G. Grand Hotel National – Frau E. Iselin, Waschanstalt National Horw.*»

Im zweiten Zeugnis, ausgestellt von den Hotels Thunerhof & Bellevue A.G. Thoune, unterschrieben von B.B. Diethelm am 9. September 1908, wird bestätigt, dass Rosa Schätti seit dem 21. April als Manglerin gearbeitet hat. «*Können sie als eine brave und fleissige Person empfehlen.*»

Das dritte Zeugnis kommt aus dem Montreux Palace. Hier hat Rosa Schätti vom 10. September bis 5. Oktober 1908 gearbeitet. Der Chef de buanderie schreibt: «*Je la récommande à tout le monde comme une brave et laborieuse ouvrière.*»

Rosa Schätti ist, wir wissen nicht aus welchen Gründen, nicht Diakonisse geworden. Eine gute Vorbildung, was Hotellerie betrifft, hätte sie zweifellos gehabt.

1909

Über dem Eingang der Diakonissenkapelle steht der zweite Vers des 100. Psalms: «*Dienet dem Herrn mit Freude, kommt vor sein Angesicht mit Frohlocken.*»

«Wer zu uns gehören will, muss dienen wollen, dienen den Kranken und Armen und Alten und Kindern, die wir pflegen, dienen untereinander, und in allem dienen dem Herrn. Das bildet und soll bilden den Kitt, der uns zusammenhält, und gibt unserem mannigfachen Dienen die Fröhlichkeit und Kraft zum Ausharren: wir wissen uns vom Herrn berufen, von ihm in unsere Arbeit gestellt; wir dienen ihm.» «Was uns aufrecht hält, was uns Freudigkeit gibt, trotz Schwierigkeiten und schmerzlicher Erfahrungen nicht zurückzutreten, sondern weiter zu dienen und weiter zu lieben, das macht: wir wissen uns hineingestellt von Gott.» «Unsere Klage ist immer nur die, dass nicht mehrere kommen, um mit uns zu dienen. Aber, sagt man uns, ihr seid selbst schuld, wenn ihr

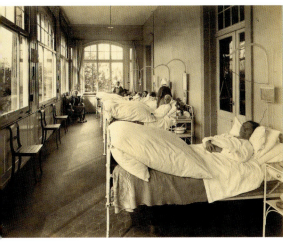 

Die «Rehalp»

über Mangel an Schwestern zu klagen habt. Die Diakonissenarbeit unserer Tage entspricht eben nicht dem Ideal, das wir uns von ihr machen. Ihr müsst, lautet der Rat auch konkreter, ihr müsst die Arbeit leichter machen; dann gewinnt ihr wieder mehr Schwestern. Und besonders richten sich die Angriffe immer wieder gegen die Kraft und Zeit aufreibende sogenannte grobe Arbeit.»

Man muss wissen, dass die Diakonissen jede Arbeit im Haus selbst erledigten, von der Pflege über die Reinigung bis zur Näherei. Nur für die allerschwersten Aufgaben gab es im Haus einen Knecht. Inzwischen gibt es auf jeder Etage des Spitals mindestens ein Dienstmädchen, das für die Reinigung des Patientengeschirrs zuständig ist, Treppen und Korridore putzt. Die Arbeit in den Patientenzimmern hingegen ist immer noch Sache der Schwestern und soll es nach dem Willen der Leitung auch bleiben. *«Denn im Diakonissenhaus heisst's sich unterziehen, heisst's gehorchen. Da muss man sich dem fremden Willen unterordnen. Man muss auf seine Selbständigkeit verzichten, so sagt man. Und dazu kommt ein weiteres; wer in den Diakonissenberuf eintritt, tut es doch, um sich mehr oder weniger fürs Leben zu binden. In andern Krankenpflegerinnen-Anstalten ist das anders. Da ist man nach etlichen wenigen Jahren wieder frei, ist wieder sein eigener Herr und Meister, und hat doch die Krankenpflege gelernt. In unserer Zeit, die so stark das Freisein betont, muss man es verstehen, wenn dann die Angst vor dem Sichbinden gross ist und manche Tochter vom Eintritt in ein Diakonissenhaus abzuschrecken imstande ist.»*

Der Widerstand gegen den angeblichen oder tatsächlichen Zeitgeist ist unüberhörbar. Man ist gewillt, an den überlieferten Formen festzuhalten, obwohl die Zeiten sich geändert haben. Waren die Diakonissenhäuser in den Anfängen Pioniere, haben sie diese Stellung inzwischen verloren, und die Furcht ist zu spüren, sie könnten ins Hintertreffen geraten. Jedoch ist man nicht bereit, das einmal gewählte Konzept zu überprüfen. Dass der Dienst der Diakonissen in militärähnlichen Befehls- und Gehorsamsstrukturen geschehen muss, ist nicht zwingend. Ein Christenmensch ist, nach Luther, wohl ein dienstbarer Knecht aller Dinge. Aber nur, weil er zuerst ein freier Herr aller Dinge ist.

Im Übrigen

___ nimmt gegen Ende des Jahres das Krankenheim Rehalp (nun mit h) den Betrieb auf. Es bietet 35 Chronischkranken Platz

___ werden im ganzen Berichtsjahr 734 Operationen durchgeführt

___ betragen die Schulden der Anstalt etwas mehr als eine halbe Million Franken

Die Villa Patumbah

Wilhelm Schulthess

1910

In der Kranken- und Diakonissenanstalt kreuzen sich viele Geschichten; Neues entsteht, Altes verändert sich. Zwei Beispiele aus diesem Jahr:

Am 1. Mai tritt der medizinische Chefarzt der Krankenanstalt, Dr. WILHELM SCHULTHESS, zurück. Sein Nachfolger wird Dr. CARL MEYER-HÜRLIMANN.

Wilhelm Schulthess, 1855 – 1917, Allgemeinpraktiker, Internist und Kinderarzt, wandte sich früh der Orthopädie zu und wurde einer ihrer Pioniere. 1883 gründete er mit einem chirurgischen Partner ein Orthopädisches Institut, das 1896 an die Neumünsterallee zog, in unmittelbare Nähe der Diakonissenanstalt. Daraus sollte die Schulthess-Klinik werden. Im Jahr zuvor hatte Schulthess die internistische Leitung der Krankenanstalt Neumünster übernommen. Er gehörte auch zu den Gründern des Schweizerischen Vereins für krüppelhafte Kinder und führte im Ruhesitz der Diakonissenanstalt die erste «Fürsorgestation für bedürftige Krüppelkinder». Diese Fürsorgestation bestand weiter «bis zur Eröffnung der in Aussicht stehenden schweizerischen Anstalt». Gemeint ist die Klinik Balgrist, die 1912 eröffnet und deren erster Chefarzt Wilhelm Schulthess wurde.

Eine andere Geschichte: Im Herbst 1910 schenken Frau GROB-ZUNDEL und ihre Töchter der Diakonissenanstalt ihre uns schon bekannte Villa Patumbah samt Park von 13 000 Quadratmetern an der Zollikerstrasse. Patumbah heisst auf Malaiisch «ersehntes Land». War Sumatra dieses ersehnte Land oder war es die Schweiz? Zu vermuten steht, dass es auf Sumatra die Schweiz gewesen ist und in der Schweiz Sumatra. Die Anstaltsgeistlichen hätten gesagt: *«Wir wissen, wo das ersehnte Land liegt.»* Aus der Villa wurde ein von Neumünster-Diakonissen geführtes Erholungs- und Altersheim.

Im Übrigen

___ tritt am 30. September Pfarrer CARL BRENNER nach 27 Jahren Tätigkeit als erster Anstaltsgeistlicher zurück. Sein Sohn Pfarrer CARL BRENNER-FRÖHLICH und Pfarrer LOUIS RAHN leiten fortan das Werk gemeinsam

___ stirbt am 2. April in Bethel bei Bielefeld Pastor FRIEDRICH VON BODELSCHWINGH, der Gründer der Bodelschwinghschen Anstalten

Bewerbungsbeilage

1911

«Jungfrauen aus den dienenden Ständen»

«Wir danken Gott, dass er uns Jahr um Jahr Töchter zuführt, die willig sind, sich zu Diakonissen erziehen zu lassen. Und wenn wir auch sagen müssen, dass wir eigentlich jährlich eine weit grössere Zahl von Töchtern wohl gebrauchen könnten, so sind wir doch oder um so mehr für eine jede Tochter, die sich meldet, herzlich dankbar.

Bis jetzt sind es meist, wenn auch nicht ausschliesslich, Jungfrauen aus den einfachen und dienenden Ständen gewesen, die zu uns gekommen sind: Dienstboten, solche die zuvor in Fabriken gearbeitet, oder sonst einen Beruf erlernt haben, aber auch solche, die ehe sie zu uns kamen, zu Hause oder auf dem Felde ihren Eltern geholfen haben. Wir wollen uns auch darüber freuen, werden uns doch gerade so die Töchter zugeführt, die von früh auf an geregelte und angestrengte Arbeit gewöhnt sind und deshalb auch in unserem Haus mit seiner reichlichen Arbeit gern und fröhlich zugreifen. Dass trotzdem die Vorbildung, die unsere jungen Schwestern von zu Hause mitbringen, eine sehr verschiedene ist, lässt sich leicht ausrechnen. Etliche haben bis zu ihrem Eintritt ins Diakonissenhaus nie über ihre heimatlichen Grenzpfähle hinausgesehen, wieder andere haben schon ein Stück der weiten Welt gesehen. Die einen haben nur eben die nötigsten Schulklassen durchlaufen. Bei andern aber hat das Leben und fortgesetzte Schulung ein Übriges getan; sie haben sich gar fremde Sprachen angeeignet, was alles ihnen im Diakonissenstand wohl zustatten kommt.

Freilich: leere Bildung tut es nicht. Oft schon hatten wir Gelegenheit, zu sehen, wie einfache und schlichte Töchter durch Treue, Hingabe und Aufopferungsfähigkeit ersetzten, was ihnen an reinem Kopfwissen und Verstandesdrill abging.»

Lesen wir die Namen der Direktion und des Damenkomitees und vergleichen wir damit die Herkunft der meisten Diakonissen, lässt sich, gewiss etwas verallgemeinernd, sagen: aus den «dienenden Ständen» kommen die Schwestern, aus den «höhern Ständen» das Geld und die Behördenmitglieder.

Im Übrigen

übernimmt ADOLF MOUSSON, Pfarrer zu St. Anna, die Seelsorge im Krankenheim Rehalp

1912

Der Besuch des Kaisers

Ein wenig aufgeregt ist Frau RIETER schon. Immerhin wird sie in wenigen Minuten den deutschen Kaiser in ihrem Haus willkommen heissen. Das ist auch für eine Dame von Welt nicht alltäglich.

WILHELM II. wird drei Tage im Rietberg in Zürich-Enge wohnen. Er kommt zu einem Staatsbesuch in die Schweiz. Der Zweck ist jedermann klar. Der Kaiser und seine Begleitung wollen sich bei Manöverbesuchen ein Bild von der Kriegstüchtigkeit der Schweizer Armee verschaffen. Sollte es nämlich, was in der Luft liegt, zu einem europäischen Krieg kommen, wird Deutschland zuerst Frankreich angreifen. Dafür ist es wichtig, die militärische Stärke der Schweiz zu kennen.

Frau Rieter schaut aus dem Fenster. Hoffentlich geht alles gut beim Empfang am Hauptbahnhof. Wenn nur niemand Krawall macht!

In ganz Europa, auch in der Schweiz, herrschen starke soziale Spannungen. Im Juli ist es in Zürich zu einem Generalstreik gekommen. Bundesrat, Regierungsrat und Stadtrat haben Vorkehrungen getroffen, damit nichts den Besuch des grossen Nachbarn stört. Auch um das Haus von Frau Rieter steht Polizei. Später wird sie hören, dass alles reibungslos verlief. Nur als der Bundespräsident in der Kutsche zum Hauptbahnhof fuhr, wagte ein deutscher Bäckergeselle zu pfeifen. Er wurde sofort verhaftet.

Vor dem Hauptbahnhof muss jetzt die Ehrenkompanie Aufstellung genommen haben. Frau Rieter bedauert, nicht dabei sein zu können. Ihr Schwiegersohn, ULRICH WILLE junior, genannt Ully, ist der Kommandant. Dessen Vater, Ulrich Wille senior, kann sich Chancen ausrechnen, im erwarteten Kriegsfall von der Vereinigten Bundesversammlung zum General gewählt zu werden. Er befiehlt die Manöver, die der Kaiser sehen will.

Der Besuch scheint fast ein Wille'sches Familienunternehmen zu sein. Der Vater leitet die Manöver, der Sohn steht an der Spitze der Ehrenkompanie, der Schwiegersohn, ALFRED SCHWARZENBACH, ist während des Besuchs Adjutant des Kaisers, und die Kutsche, die den Kaiser vom Bahnhof zur Villa Rietberg führt, gehört Alfred Schwarzenbach und seiner Frau Renée, geborene Wille.

Hätte das ihrem Mann gefallen? Frau Rieter ist nicht ganz sicher. Er lebt nicht mehr, ist vor 16 Jahren gestorben. Ein Industrieller; handelspolitisch engagiert, war er mehr am Frieden als am Krieg interessiert. Er kannte sich besonders gut in Afrika aus, schrieb darüber und förderte den Handel dorthin.

Jetzt biegt unten die Kutsche von der Strasse in den Park ein. Frau Rieter tritt vor die Haustür. Knirschend fährt die Kutsche auf dem Kies vor. Darin sitzt der Kaiser, einen seiner lächerlichen Theaterhelme auf dem Kopf. Neben ihm LUDWIG FORRER, der bärtige Bundespräsident, ein nüchterner Winterthurer Demokrat. Dem ist es nicht ganz geheuer, merkt Frau Rieter.

In diesem Augenblick fällt ihr ein, dass morgen Nachmittag eine Sitzung des Damenkomitees der Kranken- und Diakonissenanstalt stattfindet. Sie darf nicht vergessen, einen Boten hinzuschicken, der sie abmeldet.

In einer der weitern Kutschen sitzt auch ihre Tochter INEZ, Ully Willes Frau. Sie ist im achten Monat schwanger; das fünfte Kind. Am 1. November 1912 kam FRITZ WILLE zur Welt. Am 12. Dezember, dem Tag der Taufe, telegrafierte Kaiser Wilhelm II., er wolle der Pate des Kindes sein. Der Vater freute sich ungemein darüber.

Ehrenformation für den deutschen Kaiser vor dem Zürcher Hauptbahnhof

Oberst Ulrich Wille und Kaiser Wilhelm II.

Im Übrigen

    sterben von November 1911 bis November 1912 elf Schwestern. *«Die Tatsache allerdings, dass dieselben ein durchschnittliches Lebensalter von 53 Jahren und ein durchschnittliches Dienstalter von rund 28 Jahren ausweisen, zeigt, dass die grosse Mehrzahl zu den älteren Schwestern gehört; waren doch 7 über 54 Jahre alt.»*

    sollen die im «Ruhesitz» untergebrachten *«krüppelhaften Kinder in der neu erbauten, prächtigen schweizerischen Anstalt Balgrist»* Aufnahme finden

    stellt das Mutterhaus der Anstalt für Gemütskranke «Hohenegg» bei Meilen, die im Herbst 1912 eröffnet wird, sechs Schwestern für leitende Funktionen zur Verfügung. *«Wir sind den verehrlichen Direktionen der Irrenanstalten Burghölzli bei Zürich und Will, Kt. St. Gallen, ausserordentlich dankbar, dass von Ostern bis Ende August je zwei Schwestern in den betreffenden Pflegeanstalten einen Instruktions- und Übungskurs durchmachen konnten.»*

    hat die Küchenschwester der Anstalt, MARIE BOLLINGER, im Durchschnitt täglich 265,5 Personen zu versorgen

    machen Schwestern mit Lungenproblemen ihre Liegekur in der neuen Schwestern-Liegehalle auf der obersten Veranda des Krankenheims Rehalp. *«Bei zweien konnte ein günstiger Erfolg konstatiert werden.»*

Das Mutterhaus

1913

«Sind auch unsere Diakonissen überlastet?»

Die Aufgaben scheinen ins Grenzenlose zu wachsen. Je mehr Krankenpflegerinnen es gibt, desto mehr braucht es. Ein Fass ohne Boden. Und da *«ist in den letzten Zeiten viel geredet und geschrieben worden von der Überlastung speziell der Krankenschwestern»*.

Man ist, auch im Neumünster, darum bemüht, den Schwestern die Pflichten nicht über den Kopf wachsen zu lassen. So werden den Diakonissen in den meisten Krankenhäusern, Gemeindepflegen und Anstalten vier Wochen Ferien im Jahr zugestanden. Auch darf der Schutz nicht unterschätzt werden, den das Mutterhaus der einzelnen Schwester bietet. *«Dass die Verhältnisse unter den sogenannten freien Pflegerinnen, d.h. denen, die keinem festen oder Mutterhausverbande angeschlossen sind, weniger günstige sind, haben Broschüren und Bücher der letzten Jahre zur Genüge bewiesen. Es liegt ja wohl auch in der Natur der Sache, dass hier der einzelne längst nicht genügend imstande ist, sich wirksam gegen Überforderungen zu schützen. Der Verband aber kann wirksam seine Schwestern, wo es not tut, schützen, kann für sie eintreten, Entlastungen durchsetzen.»*

Die Anzahl der Dienstjahre ist ein Argument für das Mutterhaus. Von den gegenwärtig 378 Neumünster-Diakonissen sind 61 seit zwischen 10 und 15 Jahren im Dienst, 52 zwischen 16 und 20 Jahren, 40 zwischen 20 und 25 Jahren, 18 zwischen 26 und 30 Jahren und 29 seit über 30 Jahren.

«Ist deshalb schon alles erreicht, was zu erreichen ist?» Nein. Es geht darum, *«die Schwesternschaft zur Mitberatung und Mitverwaltung der Diakonissenanstalt in vermehrtem Masse heranzuziehen»*. Zwar gilt es festzuhalten, dass die Schwestern schon bisher *«in keiner Weise irgend mundtot gemacht»* wurden. Aber die Mitsprache soll nun auch in den Statuten ausdrücklich berücksichtigt werden. *«So wurde in Anlehnung an ähnliche Entwürfe in deutschen Diakonissenanstalten das Institut eines Schwesternrates geschaffen, der in bestimmt vorgesehenen Fällen, in denen es sich zunächst um die Schwesternschaft handelt, zusammentritt und berät und je nachdem auch beschliesst. Wir erhoffen von dieser Einrichtung auch eine Befestigung des Vertrauens unserer Diakonissen dem Mutterhaus gegenüber.»*

Eine sehr begrenzte Mitsprache!

1914

Aktivdienst

Am 28. Juni 1914 werden der österreichisch-ungarische Thronfolger Franz Ferdinand und seine Frau bei einem Besuch Serbiens in Sarajewo von serbischen Verschwörern erschossen. Österreich-Ungarn stellt ein Ultimatum an Serbien. Das ruft Russland auf den Plan, das mit Serbien verbündet ist. Daraufhin erklärt Österreich-Ungarn am 28. Juli Serbien den Krieg. Russland sieht sich deshalb zur Generalmobilmachung veranlasst, was am 1. August die deutsche Kriegserklärung an Russland zur Folge hat. Da Frankreich auf eine deutsche Anfrage, ob es neutral bleibe, ausweichend antwortet, erklärt Deutschland am 3. August auch Frankreich den Krieg. *«Ein Volk nach dem andern erhob sein Feldgeschrei und machte sich auf, zu ziehen in den Streit.»* – *«Wir stehen alle unter dem Eindruck, dass in dem Völkerringen, das angehoben hat, dasjenige Volk den Sieg davontragen wird, das am reinsten, aufrichtigsten und glühendsten Ernst macht mit der völligen Lebenshingabe fürs Vaterland. Gilt aber nicht auch im Reiche Christi die Verheissung dem, der ganzen Ernst macht mit der völligen Hingabe des Lebens an seinen himmlischen Herrn? Wenn darum im Laufe der Jahre in weiten Kreisen der Öffentlichkeit das Verständnis für das Lebensprinzip evangelischen Diakonissendienstes abgenommen hat und da und dort überhaupt nicht mehr vorhanden zu sein scheint, so drängen uns die Erfahrungen des gegenwärtigen Völkerkrieges förmlich zu der Entscheidung, freudig und bestimmt bei dem zu bleiben, was des evangelischen Diakonissendienstes Lebensnerv ist.»*

Einer verständnislosen Öffentlichkeit gegenüber wird hier der Krieg als Kronzeuge für selbstlosen Diakonissendienst und gegen *«eine sportmässige Auffassung des Berufslebens»* angerufen. Kann das gut gehen? Immerhin befleissigt sich die Vorsteherschaft der Neutralität, was angesichts der mehrheitlich deutschfreundlichen Stimmung in der alemannischen Schweiz bemerkenswert ist.

Im Übrigen

merkt die Diakonissenanstalt vom Krieg vorläufig nicht viel. Zwar müssen Gärtner und Knechte einrücken. Aber im Mutterhaus wird weiterhin an Familienabenden allerlei Interessantes geboten. Frau RIETER-BODMER erzählt von ihrer Reise nach Palästina, die Schwester einer Diakonisse über ihre Arbeit in Armenien, Herr Dr. VORTISCH über ärztliche Erfahrungen in China betreffen gewisse Kriegsvorbereitungen auch die Diakonissenschaft. Zwei Rotkreuzdetachemente zu je 40 Schwestern werden dem Zentralverein des Roten Kreuzes für zwei Territorialsanitätsanstalten zur Verfügung gestellt. *«Gott sei Dank trat dieser Notfall bis jetzt nicht ein. Wir möchten aber, auch wenn das Schwerste nötig werden sollte, im Dienste unseres Herrn für das irdische Vaterland und unser Volk nicht zurückstehen und haben darum in unseren beiden Krankenhäusern dem Platzkommando Zürich 100 Betten zur Verfügung gestellt, wovon zum Glück nur vereinzelte für kranke Soldaten in Anspruch genommen werden mussten.»*

1915

Im Dienst des Roten Kreuzes
Aus den von den Deutschen besetzten Gebieten Frankreichs werden Franzosen in Eisenbahnzügen durch die Schweiz hinter die französische Front gebracht. Elfmal begleiten Neumünster-Diakonissen solche Transporte. Dreimal sind je etwa zwölf Schwestern dabei, wenn französische Kriegsinvalide von Konstanz nach Lyon und deutsche Kriegsinvalide von Lyon zurück nach Konstanz geführt werden.

«In solchen Zeiten hat man unwillkürlich das Bedürfnis, etwas zu leisten, und bei der Unvergleichbarkeit der Leistungen anderer sich nicht von aller und jeder Leistung entbunden zu fühlen. Es war deshalb nur begreiflich, dass unsere Schwestern mit Freuden dem vom Roten Kreuz Bern aus an uns ergangenen Ruf Folge leisteten. Es war nicht nur das Interesse am Eigenartigen, das sie erregte, obwohl es des Interessanten genug zu sehen gab. Es reizte auch nicht nur die Aussicht, auf etliche Tage dem täglichen Einerlei der gewohnten Arbeit zu entschlüpfen und eine Reise zu unternehmen, die der Anregungen viele hinterliess. Nein, es war wirklich der Wille, wenn auch an einem sehr bescheidenen Teil, etwas zu leisten, wo andere so unvergleichlich viel leisten müssen, und den schwer Heimgesuchten gegenüber eine kleine Hülfe zu erbringen», schreibt der Vorsteher im Jahresbericht. Man merkt, dass er selbst nicht dabei war.

Eine Diakonisse, Österreicherin, ist seit Ende 1914 im österreichischen Lazarettdienst, eine Deutsche als Gemeindehilfe in ihrer Heimat. Zwei weitere Schwestern leisten während etlichen Wochen und Monaten Hilfsdienste in Deutschland. Das «Asilo Evangelico» in Mailand steht dem italienischen Roten Kreuz zur Verfügung und ist durchgehend mit 150 und mehr Verwundeten belegt. *«Eine Veranlassung, unsere Schwestern aus Mailand zurückzuziehen, bestand bis jetzt nicht. Auch unsere Gemeindeschwester in Mailand kann unbehindert ihre Gänge machen.»*

Der Jahresbericht schliesst mit der Bemerkung: *«Weniger als je vermögen wir zu sagen, was die Zukunft bringen wird, wie sich die politischen und wirtschaftlichen Verhältnisse in unserem Land gestalten werden. Den Eindruck hatten weite Kreise schon vor dem Kriege und jetzt während desselben: es muss ein Neues gebaut werden, und es sollten nach dem Kriege die alten Verhältnisse nicht einfach wiederkehren. Es sollten unserm Volke die Kräfte des Glaubens, der christlichen Sitte und der Zucht wieder zugeführt und so ein Neues gebaut werden…»*

Im Übrigen

erhalten die Diakonissen einen freien Nachmittag pro Woche

werden fünf junge Schweizerinnen, die sich in der Diakonissenanstalt Bethesda in Strassburg ausbilden lassen wollten, vorläufig vom Neumünster als Schülerinnen angenommen

stirbt in Kilchberg Conrad Ferdinand Meyers Witwe, die bis dahin das Conradstift finanziert hat

1916

Oberschwester Rosa Hofer

An Pfingsten, dem 18. Juni, setzt Professor Dr. theol. GUSTAV VON SCHULTHESS-RECHBERG, Mitglied der Vorsteherschaft, in der Kapelle der Diakonissenanstalt ROSA HOFER als Nachfolgerin der verstorbenen MARGARETE BOLLINGER ins Amt der Oberschwester ein. Sie ist die Tochter des Zürcher Waisenvaters Pfarrer MORITZ HOFER und war bisher Hausmutter der «Schweizerischen Anstalt für krüppelhafte Kinder im Balgrist» in Zürich. Dort arbeitete sie mit Riehener Diakonissen zusammen; in Riehen wurde sie auch auf ihr neues Amt vorbereitet.

Wenig später, am 4. Juli, erleidet Gustav von Schulthess-Rechberg während einer Sitzung der Theologischen Fakultät, deren Dekan er ist, einen Hirnschlag und stirbt. Gustav Theodor von Schulthess-Rechberg ist der Sohn von GUSTAV ANTON, Bankier, der enge Beziehungen zur Evangelischen Gesellschaft unterhielt und viele religiöse Werke förderte.

Gustav, der Sohn, 1852 im Haus zum Rechberg am Hirschengraben in Zürich geboren, studiert Theologie, wird 1875 ordiniert und unternimmt Studienreisen nach Frankreich und England. Er ist Vikar in Zollikon und in Schlieren, 1878 Pfarrer in Witikon, ab 1883 in Küsnacht. Seit 1885 Privatdozent an der Universität Zürich, wird er 1890 ordentlicher Professor für Systematische Theologie. Von 1899 bis zu seinem Tod ist er Kirchenrat der Zürcher Landeskirche. 1900 verleiht ihm die Universität Zürich den Dr. theol. h.c., von 1900 bis 1912 präsidiert er das Freie Gymnasium. Viele Jahre gehört er der Vorsteherschaft der Diakonissenanstalt Neumünster an.

Gustav von Schulthess-Rechberg, verheiratet mit Anna, geborene Syz, ist ein typischer Vertreter des konservativen, pietistischen Zürich. Sein einziges systematisch-theologisches Buch erscheint 1893 und trägt den Titel *Der Gedanke einer göttlichen Offenbarung*. Sein Sohn, Pfarrer GEORGES VON SCHULTHESS, wird später das Präsidium der Diakonissenanstalt übernehmen.

Im Übrigen

- bekommt das Krankenheim Rehalp von einer Spenderin eine künstliche Höhensonne geschenkt, sodass Patienten mit Knochentuberkulose nun auch in der sonnenlosen Jahreszeit bestrahlt werden können
- werden auf Anfrage des Zürcher Kantonsspitals vier Schwestern an die weibliche Abteilung der neueröffneten Klinik für Haut- und Geschlechtskranke abgeordnet

Chirurgie am Hegibach

1917

Von Versorgungsengpässen wegen des Krieges war bisher nichts zu spüren. Jetzt gibt es sie. Es wird immer schwieriger, die Lebensmittel für die rund 300 Personen zu beschaffen, die täglich in der Anstalt verpflegt werden. Beispielsweise benötigt man für eine Mahlzeit über 50 Kilogramm Bohnen und mindestens 100 Kilogramm Kartoffeln.

Glücklicherweise sind Sommer und Herbst fruchtbar, *«ein wahres Geschenk»*. Im Wäldliareal und beim Krankenheim Rehalp brechen Gärtner und Knechte zwei grosse Wiesen um und pflanzen Kartoffeln. Dazu werden die Gemüsegärten vergrössert.

Der Kohlenimport ist teilweise unterbrochen, weswegen auch das Gas knapp wird. Die Anstalt ersetzt, wo es möglich ist, die Gasbeleuchtung durch elektrische. Das kostet allein in den Liegenschaften der Anstalt über 4500 Franken.

Wegen der Versorgungsschwierigkeiten steigen die Lebensmittelpreise in diesem Jahr sprunghaft an. Kostete unmittelbar vor dem Krieg ein Kilogramm Fleisch Fr. 2.20, so ist es nun das Doppelte. Bei Kohlen beträgt die Teuerung sogar 149 Prozent. Brot brauchte die Anstalt 1913/1914 für 10 460 Franken; 1917 sind es 17 518 Franken. Die Auslagen für Milch und Butter stiegen von 25 389 auf 33 895 Franken.

Entsprechend teurer wird der einzelne Patiententag. Vor dem Krieg kostete er Fr. 2.38, nun Fr. 4.64. Die Taxen für die Patientenplätze bewegen sich immer noch zwischen einem und drei Franken pro Tag. Wie bisher bezieht das Werk keine Staatsbeiträge. Die Spenden und Legate belaufen sich auf 18 900 Franken. Den Rest des Defizites bezahlt die Schwesternkasse.

1918

Vor dem oberen Krankenhaus

Am 11. November 1918 wird im Wald von Compiègne der Waffenstillstand zwischen den Kriegsparteien unterzeichnet. Deutschland ist geschlagen. Das bekommt es im Vertrag von Versailles vom 26. Juni 1919 deutlich zu spüren.

Es mutet wie Prophetie an, wenn es kurz nach dem Waffenstillstand im 60. Jahresbericht der Kranken- und Diakonissen-Anstalt der Evangelischen Gesellschaft in Neumünster-Zürich heisst:

«‹Es vollzieht sich das Geschick der Welt›; denn die den Weltkrieg zu einem gewissen Abschluss bringenden Waffenstillstandverträge bedingen nicht nur das Geschick der schwerbetroffenen Völker, sondern im Grunde genommen gleicherweise auch dasjenige der andern. Und wenn nun weiter die unglaublichsten Versuche gemacht werden, einen Weltfrieden zu konstruieren, so hängt mit dem Geschick der einen sicherlich auch das Geschick der andern aufs engste zusammen; denn es handelt sich bei dem Wort ‹So ein Glied leidet, so leiden alle Glieder mit› um ein Weltgesetz und nicht ‹nur› um ein Bibelwort.

Man sollte wenigstens meinen: nach dem schrecklichsten aller Kriege könne es nur noch eine ‹Gerechtigkeit› geben, nämlich die Gerechtigkeit des Heilens. Sollte aber die Gerechtigkeit sich erheben, die nur den andern schuldig spricht, um ihn weiter leiden zu lassen, so vollzieht sich weiter das Geschick der Welt und die andern werden mitleiden. Darum erhebt sich in der ganzen Welt aus aller Menschen Herzen immer grösser und beängstigender die eine Frage: Wohin?»

Eigenartig. Dankbarkeit und Freude, dass der Krieg zu Ende ist, wären zu erwarten. Stattdessen sehen wir Unsicherheit und Angst. 15 Jahre nach Compiègne wird es sich ein verbittert aus dem Krieg heimgekehrter Gefreiter namens Hitler mit teuflischer Energie zunutze machen, dass in Versailles die Gerechtigkeit des Heilens nicht gesiegt hat. Die Unsicherheit ist begreiflich, auch in der Schweiz. Dem breiten Volk geht es wirtschaftlich schlecht. Die Lebenskosten verdoppeln sich innert kurzer Zeit. Erwerbsersatz für die Soldaten gibt es nicht. Im November bricht im ganzen Land ein Generalstreik aus.

Dazu kommt die Grippe. Die Epidemie wird erst 1920 vorüber sein und auf der ganzen Welt 20 Millionen Opfer fordern. 1918 erkranken 154 Neumünsterschwestern an der Grippe, sechs von ihnen sterben. Die meisten werden während der Pflege Grippekranker angesteckt. Solche Pflege versehen Schwestern in den Lazaretten von Altstätten, Solothurn, Neuhausen, Dübendorf und Zumikon, dazu in den Hilfsspitälern Liestal, Sissach, Winterthur, Oerlikon, Uster, Chur, Frauenfeld, Herisau und Saxon. In der eigenen Krankenanstalt werden mehrere Säle für grippekranke Soldaten zur Verfügung gestellt.

Je sechs Schwestern begleiten viermal schwerkranke Soldaten der kriegführenden Mächte auf den Transporten durch die Schweiz.

Im Übrigen

- stirbt am 9. Dezember Dr. med. ANNA HEER, die erste Chefärztin des Frauenspitals der Schweizerischen Pflegerinnenschule in Zürich
- tritt HEDWIG HONEGGER, von Uster, geboren am 8. August 1897, mit 20 andern jungen Frauen als Vorprobeschwester ein. Sie wird später das Erholungshaus für Kinder in Adetswil, dann das Kinderheim Mariahalde der Martin-Stiftung in Erlenbach leiten

Vergünstigungen der Post

1919

«Es vollzieht sich das Geschick der Welt», stand im Jahresbericht 1918. Man war mitten in *«der ungeheuren Umwälzung»* dieser *«drängenden und gärenden Zeit»* und fragte bang *«Wohin?»*. Noch war es nicht entschieden. Und es ist auch ein Jahr später nicht entschieden.

Ein paar jüngere Schweizer Theologen wollen den Zusammenbruch der bisherigen Welt nicht nur als neutrales Geschick, sondern als eindeutiges Gericht verstanden wissen. Das meinen KARL BARTH, EDUARD THURNEYSEN und EMIL BRUNNER, um nur die drei Wichtigsten zu nennen, wenn sie von «Krise» reden. Mit dem Ende des Ersten Weltkriegs ist für sie das Zeitalter des Kulturprotestantismus zu Ende, also die bis dahin selbstverständliche Verbundenheit von Christentum, Staat, Gesellschaftsordnung und Kultur.

Was hätte wohl Professor Gustav von Schulthess-Rechberg zu dieser Theologie gesagt, die bald die dialektische heissen sollte, er, Vertreter einer mit der Gesellschaft in engster Verbundenheit lebenden Christlichkeit und einer im Staat fest verankerten Kirche?

Anders als die jungen Theologen gedenken die Leiter des Diakonissenhauses nicht, ihren bisherigen Weg durch die Krise der Zeit in Frage stellen zu lassen. Im Gegenteil; sie halten in den Stürmen der Gegenwart am Hergebrachten fest, auch wenn ihnen deswegen der Vorwurf des Konservatismus gemacht wird. Darum betonen sie, dass sie nicht von der Frauenbewegung herkommen, sondern von der Innern Mission. Diese hat weniger *«die Not der Frauenwelt selber im Auge»*, als *«die grosse Not der Zeit.»* – *«Die weibliche Diakonie will an ihrem bescheidenen Teil mithelfen an der Durchdringung der Menschheit mit dem Evangelium, und teilt mit der inneren Mission das eine grosse Ziel: ‹Welteroberung für Jesus.›»* Aber: *«Wir sehen unsere Aufgabe in erster Linie nicht darin, dass wir predigen. Wir halten uns vielmehr und mit guten Gründen gebunden an die alte Regel des Apostels, dass das Weib schweigen soll in der Gemeinde; wohl aber dienen wir eben, wir heben und pflegen, wir helfen und heilen soweit es in unserer Kraft ist.»*

Im Übrigen

wird auf Antrag des Schwesternrates *«das ‹Institut der Pensionierung› geschaffen, wonach solche Schwestern, die nach 25-jährigem Diakonissendienst nicht mehr imstande sind, einen festen Posten zu bekleiden, mit mindestens 800 Franken jährlich pensioniert werden können»*

Blühende Schwesternschaft

1920

«Am 4. und 5. Mai fand in Augsburg die süddeutsch-schweizerische Konferenz der Diakonissenhäuser statt, an der unser Haus durch Herrn Pfr. R A H N vertreten war und allerlei interne Fragen besprochen wurden. Zehn Jahre waren auch schon vergangen, seit die letzte Kaiserswerther Generalkonferenz stattgefunden hatte. Aber der Antrag der im Januar in Zürich versammelten Konferenz der Vorsteher und Vorsteherinnen der vier schweizerischen Diakonissenhäuser St. Loup, Bern, Riehen und Neumünster, ‹es sei, sofern die Verhältnisse es irgend gestatten, im Laufe dieses Jahres eine Tagung der Kaiserswerther Konferenz abzuhalten›, hatte im Präsidium und bei den deutschen Mutterhäusern lebhaften Wiederhall gefunden. Kaiserswerth war mit Freuden bereit, die Generalkonferenz bei sich aufzunehmen. So waren denn vom 24. bis 26. August die Vorsteher und Vorsteherinnen von 77 Mutterhäusern in ihrem ehrwürdigen Mutterhaus Kaiserswerth zur XVII. Generalkonferenz versammelt. Es war uns nicht nur eine grosse Freude, alte Bande neu zu knüpfen. Ganz besonders wohltuend und erquickend war die Einigkeit im Geist, die in den Verhandlungen spürbar war und bei der Besprechung der Kaiserswerther Grundordnung, der Besprechung der Aufgabe, welche die Diakonie auf dem Trümmerfeld unserer Tage hat, oder Besprechung der Lohnfragen nach evangelischen Grundsätzen und der Praxis der Diakonie ganz besonders zum Ausdruck kam.

Einer besonderen Einladung folgend, verlebten unsere Oberschwester und der Referent nach Schluss der Generalkonferenz einige reiche Tage im Bielefelder Mutterhaus und bekamen einen tiefen Eindruck von dem Reichtum der Liebe, der da lebendig ist und sogar die gegenwärtige grosse Not verklärt. Was da unser Mutterhaus für Kaiserswerth, Bielefeld, Gallneukirch oder Stanislau oder durch Erholungsaufenthalte für Schwestern aus Halle, Berlin, Graz, Gallneukirch, Stuttgart hat tun können, erscheint uns wie ein Tropfen auf einen heissen Stein.»

Im Übrigen

wird in der Direktion der Neubau eines Schwesternhauses diskutiert

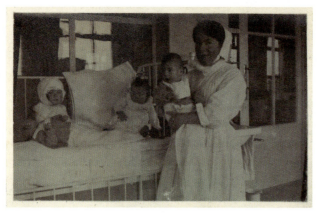

Die Keuchhustenabteilung im Kinderspital

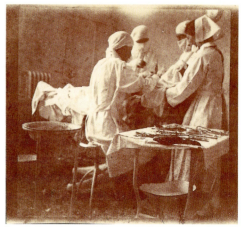

Die Operationsschwester

1921

«Kinder des Mutterhauses»

Zwei Einwände *«unserer heutigen Zeit»* gegen die Mutterhaus-Organisation und ihre Leitung, mit denen sich Pfarrer LOUIS RAHN im Jahresbericht auseinandersetzt, geben Einblick in die Art, wie die Arbeitsstellen im Werk und in den Aussenstationen besetzt werden, und in das Verhältnis zwischen Leitung und Schwestern.

«Erstlich wendet man ein, dass die einzelne Schwester unfrei und an einem entscheidenden Punkt ihres natürlichen Selbstbestimmungsrechtes beraubt sei: sie könne sich ja ihr Arbeitsgebiet nicht selber wählen, sondern müsse sich schicken lassen, wie und wohin die Hausleitung es für gut finde. Diese Unfreiheit bedeute aber eine Rückständigkeit gegenüber berechtigten Forderungen der modernen Zeit.» Rahn antwortet mit drei Argumenten:

- Im Diakonissendienst müssen Opfer gebracht werden.
- *«Man muss es einmal im Leben an sich selber erfahren haben, wie wohl einem werden kann, wenn man nicht mehr selber zu wählen hat, sondern die Führung seines Lebens einem andern überlassen darf.»*
- Die Auswahl wird von der Vorsteherschaft sehr sorgfältig getroffen.

«Mehr und mehr aber hört man von mancher Seite eine andere Klage: man beklagt sich über die Mitregentschaft des Mutterhauses auf den Stationen, und empfindet diese als eine unliebsame Beschränkung der dortigen Vorstände. Vorstände, Verwaltungen und Ärzte erheben Klage, einerseits über die Beeinträchtigung ihrer Rechte, andererseits über die Bevormundung der Schwestern. Sie beklagen es, dass sie zur Auswahl ihrer Schwestern so wenig zu sagen haben und bei Versetzungen so ganz dem Gutdünken des Mutterhauses überliefert seien.»

Die Einwände können die Vorsteherschaft nicht zu Änderungen bewegen. Denn: *«Unsere Schwestern bleiben eben, wir müssen darauf hinweisen, auch wenn sie auswärts stationiert sind, Kinder des Mutterhauses. Und das Mutterhaus ist verpflichtet, allezeit für seine Kinder nach Leib und Seele zu sorgen.»*

Im Übrigen

macht sich nach dem Krieg endlich ein Rückgang der Preise bemerkbar. 1920 kostete ein Pflegetag, was die reinen Haushaltauslagen betrifft, Fr. 7.40. 1921 sind es nur noch Fr. 5.80. Bezogen auf die gesamten Spitalauslagen sind es Fr. 6.94. Daran bezahlt der Patient durchschnittlich Fr. 4.40 an Kostgeld, zuzüglich Fr. 1.45 für Operationen, Röntgen usw., also Fr. 5.85, *«sodass wir immer noch täglich Fr. 1.10 zulegen mussten, die uns aber durch den Staatsbeitrag nahezu wieder gedeckt wurden.»* Was nicht gedeckt ist, übernimmt die Schwesternkasse

Beim Badehäuschen in Obermeilen

1922

Die Krise der Zeit ist in erster Linie eine Krise des Glaubens, der Kirche und der Theologie, so der Grundton der sogenannten «dialektischen Theologie», die vor allem von den Schweizern KARL BARTH, EDUARD THURNEYSEN und EMIL BRUNNER formuliert wird. War 1919 die erste Auflage von Karl Barths *Römerbrief* der Fanfarenstoss, so ist die zweite, völlig umgearbeitete Auflage von 1922 die vertiefte Analyse. Sie betont noch einmal, schärfer und präziser, die Krise des Glaubens, der Theologie und der Kirche. Und sie gibt der Kirche und der Theologie die wesentliche Schuld an der Krise der Welt. Denn Kirche und Theologie sagen der Welt nur, was sie sich auch selbst sagen kann, und nicht das *«ganz Andere»* des Gottes, der der Welt als *«der ganz Andere»* gegenübersteht.

Aus dem Diakonissenhaus kommt ein Echo darauf: *«Das grosse Unglück der Menschheit unserer Tage, aus dem die ganze Sintflut der Not und Trübsal der Gegenwart herausflutet, ist eben doch, dass die sogenannten christlichen Völker, als Ganzes, damit, dass sie das Vertrauen zu dem lebendigen, treuen und barmherzigen Gott als notwendigen Faktor aus ihrer Lebenspraxis ausgeschaltet haben, damit auch dem Vertrauensverhältnis der Menschen untereinander den unheilvollsten Stoss gegeben haben, der überhaupt möglich war. Darin liegt der Christenheit grösste Schuld, die nun fortzeugend Böses gebiert; darum kann sich der gute Wille, den alle doch zu haben behaupten, nirgends mehr durchsetzen. Darum stehen alle Regierungen, Parlamente und Völker so völlig ratlos und warten von einem Tag und Monat und Jahr zum andern. Darum stocken Handel und Wandel und Hunderttausende gleichen nur noch Schiffbrüchigen, die sich wohl noch an einzelnen Planken ihres untergegangenen Schiffes halten und hoffen, von irgendeiner Strömung doch noch an sicheres Land gespült zu werden; aber einstweilen zeigt sich noch nirgends Rettung, nirgends Land. Da wollen wir doch doppelt dankbar sein, wenn es anderen Christenleuten und auch unserer Kranken- und Diakonissenanstalt immer noch möglich ist, die treue Liebe Gottes zu schauen und ihr zu trauen.»*

Die dialektischen Theologen verstehen die Krise der Zeit als «point of no return», als fruchtbaren Ausgangspunkt für neue Erkenntnis Gottes und der Welt. Die Leitung des Diakonissenhauses möchte hinter die Krise zurück. Die dialektische Theologie sagt: Unsere Schuld! Die Stimme aus dem Diakonissenhaus sagt: Die Menschheit unserer Tage – aber nicht wir.

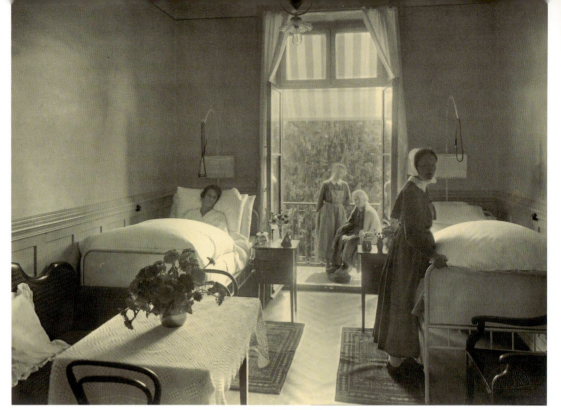

Halbprivat

1923

Das Mutterhaus wird älter und mit ihm die Schwestern. Die älteste ist MAGDALENA MARK‑WALDER, die am 22. November 1923 stirbt. «*Im Oktober 1835 geboren, trat sie im Jahre 1862 bei uns ein, um irgendwo in der Gemeinde dem Herrn zu dienen. In langem, 43-jährigen Dienst hat sie an den verschiedensten Posten gedient: in Privatpflegen, in Herisau und Liestal, dann besonders im Mutterhaus als Gärtnerin und Haushaltsschwester und endlich noch als Hausmutter bei den schwachsinnigen Kindern im Martinstift in Erlenbach, bis zunehmende Schwäche sie zwang, in den Feierabend zu treten. Sie hatte eine im innersten fromme Art, die deutlich auch dann sichtbar wurde, als sie leider nicht nur körperlich, sondern auch geistig schwächer wurde.*»

Die jüngste Schwester, die in diesem Jahr stirbt, ist VRENELI SCHULER von Matt GL. «*Ein Bergkind, verlor sie ihr Heimweh nach den Bergen nicht, auch als sie im Jahr 1920 als Schwester bei uns eintrat. Sie erwies sich aber als angriffige und zuverlässige Schwester, gewann auch in Rüti das Zutrauen der Ärzte, bis sie am Mittwoch vor Himmelfahrt schwer krank zu uns ins Mutterhaus zurückkehren musste. Der harte Kampf, den wir Menschen gegen den Tod kämpften, war leider erfolglos. Nach schmerzvollen Wochen entschlief sie am 4. Juni. Und am 6. Juni betteten wir sie in Matt in die heimatliche Erde.*»

Im Übrigen

werden die Verpflegungsgelder für Patienten nach folgender Skala bestimmt:
«*für Kranke in Sälen Fr. 2.60 per Tag,
für Kranke in Zweierzimmern Fr. 5.– per Tag,
für Kranke in Einerzimmern Fr. 10.– per Tag.
In Fällen, welche aussergewöhnlich viel Medikamente und Verbandmaterial bedürfen, behält sich die Anstalt Extraberechnung vor.
Die persönliche Wäsche und die Beerdigungskosten werden besonders bezahlt.*»

In der Augenklinik

1924

In den Jahren 1912 bis 1918 traten besonders viele junge Frauen als Vorprobeschwestern ein. Nach dem Krieg gingen die Eintritte zurück. Jetzt steigen sie wieder, dieses Jahr auf eine bisher kaum erreichte Zahl, nämlich 18.

Was bewegt junge Frauen, ihr Leben der Diakonie zu widmen? Merkwürdigerweise sind es oft Schicksalsschläge. Das zeigt sich exemplarisch im Lebenslauf der beiden Schwestern, die 1924 sterben.

HANNA BOLLINGER ist 1842 in Beringen geboren, *«wo ihr Vater als Landwirt lebte. Einen tiefen Eindruck hinterliess ihr das Sterben des Vaters und der Segen, mit dem der Sterbende noch jedes seiner Kinder gesegnet hat. Nicht weniger tiefe Eindrücke blieben ihr aus der Kindheit, da sie mit anderen Kindern einen Gebetsbund schloss, und aus dem Konfirmandenunterricht. Mit 24 Jahren trat sie in unser Mutterhaus ein. Aber ihre Arbeit wurde durch vielfache Krankheit unterbrochen.»*

ELISE GRAF wurde 1888 in Maisprach BL geboren, *«wo der Vater ein Müllereigeschäft betrieb, und wuchs im Kreise einer fröhlichen Geschwisterschar auf. Der unerwartete Tod des Vaters erschütterte sie. Eigene schwere Erkrankung, die sie zweimal ins Krankenhaus Liestal führte, stellte sie vor die innere Entscheidung, wem sie ihr Leben geben solle. Sie entschied sich für den Herrn. Ihr Wunsch und ihr Gebet, Diakonisse werden zu dürfen, ging aber erst in Erfüllung, als ihre Mutter es ihr erlaubte. So trat sie am 1. August 1916 bei uns ein.»*

Bei aller gebotenen Vorsicht ist man doch versucht zu sagen: Schweres erzeugt Segen, aus eigener Schwäche wächst Hilfe für andere – sofern die Schwäche eine Möglichkeit dazu bekommt. Die Möglichkeit bot das Diakonissenhaus.

Im Übrigen

gibt das Diakonissenhaus Neumünster deutschen Diakonissen und Vorstehern die Gelegenheit, in der Schweiz Ferien zu machen

Friedrich Brunner

1925

Trotz zahlreichen Eintritten ist der Schwesternmangel beklemmend. Die Aussenstation im kantonalen Krankenhaus in Liestal muss aufgegeben werden. Seit 1855 haben dort Diakonissen aus dem Mutterhaus Neumünster gearbeitet.

Soll deswegen auf den Diakoniekurs im Winter verzichtet werden?

«Im Gegenteil stehen wir gleich den andern Mutterhäusern unter dem Eindruck, dass wir in Zukunft eher mehr für die Ausbildung unserer Schwestern und deren spätere berufliche Förderung tun sollten. Von einem ‹Weniger› auf diesem Gebiet kann keine Rede sein. Die Forderung nach beruflicher Durchbildung der Diakonissen wird denn auch auf allen Seiten immer dringlicher erhoben. Man verlangt sie allgemein und wünscht dazu oft eine Spezialausbildung für die verschiedenen Zweige der Schwesternbetätigung. Der bewusst christliche Boden, auf dem wir stehen, und unsere innere Einstellung machen unser Haus und seine Schwestern auch heute noch vielen wert. Das kann uns aber nicht der Verpflichtung entheben, unseren Schwestern diejenige innere Durchbildung und diejenigen Kenntnisse mit auf ihren Berufsweg zu geben, deren sie notwendig bedürfen. Die theoretische und berufliche Vorbildung durch Kurse ist zur unerlässlichen Notwendigkeit geworden. Wir führen deshalb seit nun zwölf Jahren je in vier bis sechs Wintermonaten unsere Diakoniekurse für je einen Jahrgang unserer jungen Schwestern durch, mit völlig geordnetem Lehrplan. Lehrend beteiligen sich dabei neben der Vorsteherschaft des Hauses unsere Ärzte und frei engagierte tüchtige Lehrkräfte.»

«Die Schwestern sind die unentbehrlichen Gehilfinnen der Ärzte, ohne die all ihre Kunst umsonst wäre.»

Im Übrigen

tritt FRIEDRICH BRUNNER, seit 1887 chirurgischer Chefarzt, zurück. Im ersten Jahr seiner Tätigkeit wurden 55 Operationen gezählt, in den letzten Jahren waren es immer über 1000

Paul Vogt

Hemberg

1926

Seit einiger Zeit wird zur Entlastung der beiden Anstaltsvorsteher jeweils für ein Jahr ein Vikar angestellt, ein junger Theologe mit abgeschlossener Ausbildung, der noch nicht in eine Gemeinde gewählt ist. 1926 ist es VDM PAUL VOGT. (VDM, Abkürzung für «Verbi Divini Minister», «Diener des göttlichen Wortes», ist in den schweizerischen reformierten Kirchen der Titel ordinierter Theologen, die noch keine feste Pfarrstelle haben.) Von ihm heisst es im Jahresbericht: *«Er hat sich durch seine treuen Dienste das allgemeine Vertrauen erworben.»*

Paul Vogt, geboren 1900, aufgewachsen in Wetzikon und Männerdorf, war der Sohn eines Predigers der Evangelischen Gesellschaft. In Zürich und Tübingen studierte er Theologie und war 1926 Vikar im Diakonissenhaus. Hier lernte er wohl auch SOPHIE BRENNER kennen, Tochter des Anstaltsvorstehers Carl Brenner-Fröhlich, die er 1927 heiratete. Im selben Jahr wurde er Pfarrer in Ellikon, 1929 in Walzenhausen AR. Dort gründete er mit andern zusammen 1931 das «Hilfswerk für die Arbeitslosen im Kanton Appenzell Ausserrhoden», zwei Jahre später das Sozialheim «Sonneblick». 1939 wurde Paul Vogt nach Zürich-Seebach berufen. Hier gründete er das «Evangelische Hilfswerk für die Bekennende Kirche in Deutschland», war Mitgründer der Zentralstelle für Flüchtlingshilfe, führte den «Flüchtlingsbatzen» ein und die «Freiplatzaktion» für Flüchtlinge und warb in unzähligen Vorträgen um Verständnis und Unterstützung für Flüchtlinge, vor allem für die aus Deutschland. 1943 beriefen ihn der Schweizerische Evangelische Kirchenbund und die Zürcher Landeskirche als Flüchtlingspfarrer. 1947 ernannte ihn die Theologische Fakultät der Universität Zürich zum Dr. theol. h.c. Er ging 1947 als Pfarrer nach Grabs SG und war von 1959 bis 1965 Pfarrer in Degersheim SG. Paul Vogt starb 1984.

Im Übrigen

____ hat die Anstalt in jeder Beziehung akuten Platzmangel. *«All diese Übelstände meldeten sich bei uns immer dringender an, als wären es Boten, extra gesandt, uns zu sagen: ‹Ihr müsst bauen.› Wir konnten uns dieser Botschaft um so weniger verschliessen, als wir bisher eigentlich nur durch die Schwierigkeiten der Kriegs- und Nachkriegszeit verhindert gewesen waren, durch Erweiterungsbauten den Bedürfnissen der Zukunft entgegenzukommen.»* Die Architekturfirma GEBRÜDER PFISTER wird beauftragt, eine Planskizze zu unterbreiten

____ bekommt die Anstalt ein Toggenburger Haus in Hemberg SG geschenkt, das den Schwestern als Ferien- und Erholungsort dienen soll

____ besuchen Oberschwester ROSA HOFER und Pfarrer LOUIS RAHN die 19. Kaiserswerther Generalkonferenz. Sie umfasst 66 deutsche und 40 ausserdeutsche Mutterhäuser mit zusammen 28 880 Diakonissen. Die vier schweizerischen Mutterhäuser haben rund 2000 Diakonissen

In der Rehalp

1927

Am 17. Oktober stirbt Schwester MARGRIT NÄF, 33 Jahre alt, gebürtig aus dem toggenburgischen Mogelsberg. *«Früh verwaist gingen die Jugendjahre in Freud und Leid vorüber. Unter dem Einfluss einer frommen Grossmutter aber reifte früh im Herzen unserer Schwester ein eigener frommer Sinn und dann der Wunsch, dem Herrn zu dienen. Nach ihrem Eintritt im Jahr 1917 war ihre erste Station das Krankenhaus Liestal, dann die Frauenklinik Zürich, wo sie sich zur Hebamme ausbilden liess, bis sie ihre letzte Station in Frauenfeld bezog. Im September 1926 meldete sich mit einem Blutsturz ein Lungenleiden. Eine Kur in Davos brachte leider die erhoffte Heilung nicht. Sie kehrte zutode krank im Mai ins Mutterhaus zurück, froh, wieder in ihrem lieben Mutterhaus zu sein.»*

Noch vor 20 Jahren war es nichts Besonderes, wenn eine Schwester mit 33 Jahren starb. Jetzt heisst es *«im Alter von nur dreiunddreissig Jahren»*. Das Durchschnittsalter steigt. Die Medizin hat riesige Fortschritte gemacht. Gegen Lungentuberkulose hingegen ist sie immer noch weitgehend machtlos. Laut dem ärztlichen Bericht dieses Jahres litten von 635 Patienten der Allgemeinen Abteilung 106 an «Krankheiten der Respirationsorgane», was im Klartext meistens Lungentuberkulose heisst. Noch zahlreicher sind nur die Erkrankungen der «Zirkulationsorgane».

Im Übrigen

- leiden im Krankenheim Rehalp die meisten Patienten an Tuberkulose
- ist der Ausbau der Anstalt unausweichlich. Die Direktion erlässt einen Aufruf und erhält daraufhin innert weniger Monate 754 144 Franken an Spenden
- wird eine Kollektion von Lichtbildern angefertigt und mit Erfolg als Werbung für das Diakonissenhaus in Gemeinden gezeigt

1928

Oberst Usteris Stadthaus

Es ist Mitte Oktober, ein sonniger Herbst. Vor der Villa in Rüschlikon ist der offene Wagen vorgefahren. Der Herr Oberst hat ausdrücklich auf einem offenen Wagen bestanden. Kein Auto, kein Verdeck; er will die Landschaft und die Häuser sehen oder, bei seinen schlecht gewordenen Augen, wenigstens erahnen können. Die wenigen Schritte vom Haus zur Kutsche fallen EDUARD USTERI-PESTALOZZI schwer. Er muss gestützt werden. Die Fahrt geht langsam. Er wendet das Gesicht nicht nach links und rechts. Er schaut in sich hinein; da wenigstens sieht er noch gut.

Er weiss, dass er zum letzten Mal im Sommerhaus gewesen ist. Er weiss auch, dass ihm nicht mehr viel Zeit bleibt. Nicht genug, um von allen Ämtern zurückzutreten. Vor allem in der Diakonissenanstalt hätte er dem Nachfolger gern klare Verhältnisse hinterlassen. Dazu reicht die Kraft nicht mehr. Immerhin ist ein erster Entscheid gefallen. Jüngst hat die Baukommission beschlossen, ganz vom Hegibach wegzuziehen. Den neuen Standort kann er nicht mehr suchen. Aber wissen, wo gebaut werden wird, und ein Wörtlein mitreden, das würde er schon noch gern. Immerhin gehört er seit 1896 der Direktion an, seit 1899 ist er Präsident.

Als die Kutsche endlich vor dem «Neuenhof», seinem Stadthaus, vorfährt, fröstelt der Oberst. Wenige Tage später wird er bettlägerig. Eine Diakonisse vom Neumünster pflegt ihn. Am 12. November stirbt Eduard Usteri-Pestalozzi; drei Tage später ist in der St.-Anna-Kapelle, deren Präsident er auch gewesen ist, die Abdankung, am Tag darauf die Abschiedsfeier in der Kapelle der Kranken- und Diakonissenanstalt.

Im Übrigen

- soll alt Regierungsrat Dr. HENRI MOUSSON ab Mai 1929 das Präsidium der Direktion übernehmen
- beschäftigen Baufragen die Direktion. Sie hat ein Architekturbüro beauftragt, die Möglichkeiten am Hegibach zu prüfen. *«So genial der erste Projektentwurf unserer Architekten, der Herren Gebrüder Pfister, auch war, so traten doch je länger je mehr zwei grosse Bedenken in den Vordergrund. Mit dem Bleiben auf dem jetzigen Anstaltsareal wäre inskünftig unserem Werk jegliche Ausdehnungsmöglichkeit genommen, und der sowieso wachsende Lärm des Grossstadtverkehrs droht durch die bevorstehende Verbreiterung der Forchstrasse speziell für Kranke und Erholungsbedürftige unerträglich zu werden. Diese beiden die Zukunft unseres Werkes so stark tangierenden Momente beschäftigten die Mitglieder unserer Baukommission und unserer Direktion in steigendem Masse, sodass in der Sitzung vom 12. Dezember auf Antrag der Baukommission unsere Direktion den einstimmigen Beschluss fasste, eine Verlegung der gesamten Anstalt ins Auge zu fassen.»*
- ist in der Spezialabteilung der schweizerischen Diakonissenhäuser an der Saffa, der «Schweizerischen Ausstellung für Frauenarbeit» in Bern, auch das Neumünster vertreten

1929

Henri Mousson

110 000 Quadratmeter Bauland

Man merkt sofort: Es weht ein neuer Wind. Nicht, dass es vorher windstill gewesen wäre. Die Direktion hatte erkannt, dass am alten Standort am Hegibach auf die Länge kein Bleiben mehr war. Zu wenig Platz, der Boden zu teuer, der Lärm von der Forchstrasse zunehmend, die Luft schlecht. Was würden die Leute erst zu den heutigen Verhältnissen sagen! Die Gebrüder Pfister, die beigezogenen Architekten, raten zum Auszug aus der Stadt; die Direktion folgt dem Vorschlag.

Auch das andere ist vorbereitet. Die Anstalt ist so gross geworden, dass sie nicht länger sozusagen ein Anhängsel der Evangelischen Gesellschaft sein kann. Sie muss endlich auch rechtlich auf eigenen Füssen stehen. Vielleicht zögerte da der alte Oberst USTERI ein wenig. Immerhin kam er aus der Evangelischen Gesellschaft und war eng mit deren St.-Anna Kapelle verbunden.

Unter seinem Präsidium geschah es nicht mehr. Ohnehin musste in letzter Zeit Professor CLOËTTA, der Vizepräsident, weitgehend die Geschäfte leiten.

Für die Nachfolge Usteris angefragt wird HENRI MOUSSON, geboren 1866, Sohn eines Bankiers, Dr. iur., Rechtsanwalt und Politiker, seit 1912 als Vertreter der Freisinnigen Partei im Regierungsrat, erst Polizei- und Militärdirektor, dann Erziehungsdirektor. Für seine grossen Bemühungen um das Zürcher Bildungswesen verlieh ihm die Universität den Ehrendoktor. 1929 tritt er aus der Regierung zurück. Mousson ist Oberst der Artillerie, Verwaltungsrat, dann Verwaltungsratspräsident der *Neuen Zürcher Zeitung*, Mitglied der Hochschulkommission, Mitglied der Museumskommission des Landesmuseums und so fort.

Und Mousson stammt aus einer Familie, die mit der Anstalt verbunden ist. Sein Vater hat der Direktion schon angehört, sein Grossvater ist ihr Präsident gewesen.

Seine politische Karriere als Freisinniger und das Mandat bei der NZZ zeigen, dass Mousson kein in die Wolle gefärbter Konservativer und Pietist ist, sondern ein Liberaler mit einer gewissen pietistischen Familientradition. Dieser Mann an der Spitze einer Mutterhausorganisation, wie wird das gehen? Es wird gut gehen bis zur sogenannten Krisenzeit. Und in der Krisenzeit wird Henri Mousson dem Mutterhaus erst recht gut tun.

Fürs Erste gilt es, Bauland zu suchen. Gefunden werden vorläufig 74 000 Quadratmeter im Zollikerberg. Etwas später werden rund 6000 Quadratmeter dazukommen und in einer dritten Etappe noch einmal mehr als 30 000 Quadratmeter. Der Quadratmeterpreis beträgt zwischen 5 und 10 Franken. Zum Vergleich: Das Areal am Hegibach umfasst etwa 16 000 Quadratmeter. Um den Baugrund bezahlen zu können, wird ein Teil des Patumbah-Parks abgetrennt und verkauft.

Die GEBRÜDER PFISTER, die den Neubau planen, sind eines der namhaftesten Zürcher Architekturbüros. Das Geschäftshaus von Grieder und Bank Leu an der Bahnhofstrasse, das Warenhaus St. Annahof, der Bahnhof Enge, das Verwaltungsgebäude der Rentenanstalt, später das Gebäude der kantonalen Verwaltung an der Walche, der Bührlesaal des Kunsthauses und viele weitere Bauten gehen auf die Brüder Otto und Werner Pfister zurück, deren Firma zwischen 1907 und 1950 tätig ist.

Im Übrigen

schafft die Direktion die Stellen eines Verwalters und einer Krankenhausfürsorgerin

Bild Seite 107: Die Situation am Hegibach

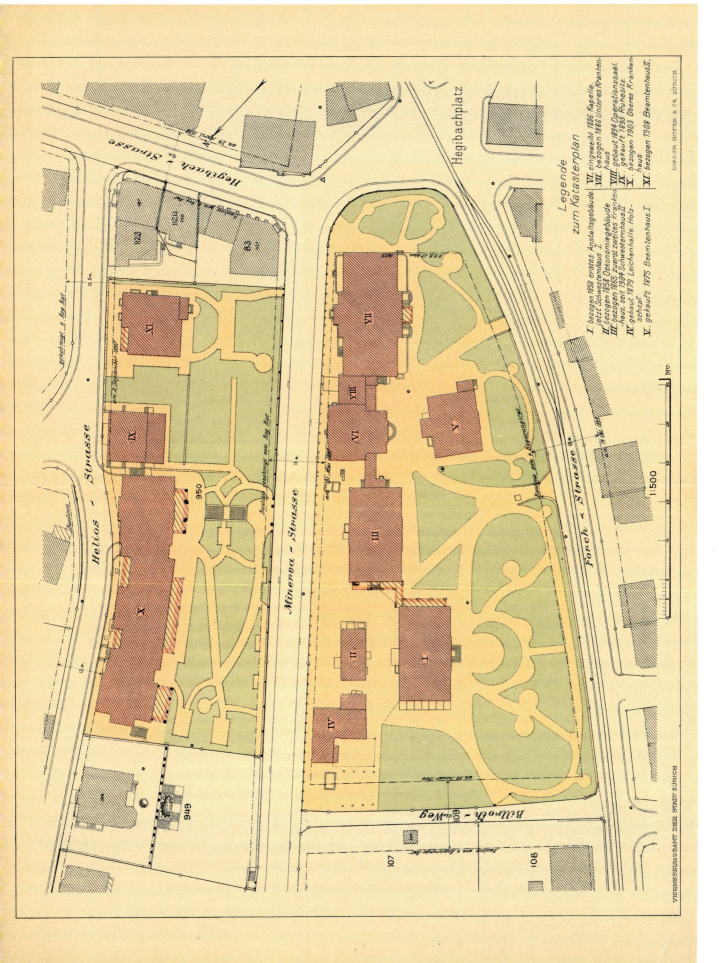

Der Plan des neuen Spitals

Situationsplan

1930

Die Stiftung ist errichtet. Die Kranken- und Diakonissenanstalt Neumünster hat nun eine eigene juristische Persönlichkeit. Stifter sind die Evangelische Gesellschaft des Kantons Zürich und die bisherige Direktion. Der Stiftungsrat besteht aus mindestens 20 Mitgliedern; vier sollen Vertreter des Zentralkomitees der Evangelischen Gesellschaft sein. Im Leitenden Ausschuss sitzt ein Mitglied des Zentralkomitees.

Eine neue Schwesternordnung ist in Vorbereitung. Sie wird vor allem in den Abschnitten über den Anteil der Schwestern an der Anstaltsleitung und über den Schwesternrat Neuerungen bringen. So soll sich der Schwesternrat zur Aufnahme und Entlassung von Schwestern äussern und angehört werden, wo immer es als wünschenswert erscheint, die Meinung der Schwesternschaft zu vernehmen.

Das Baugespann im Zollikerberg steht. Viel Zeit wird auf die Detailberatung des Bauprogramms verwendet. Es soll *«die Führung des Neubaus in einem Geist erleichtern»*.

«Aber schon vor der Ausführung dieses Bauprogramms liegt uns viel daran, den inneren Ausbau unserer Anstalt zu fördern. Unserer Bitte entsprechend haben darum die Chefärzte der Diakonissenhäuser von Bern, Riehen, Neumünster, St. Loup und Bethanien Richtlinien aufgestellt, nach denen für den ärztlichen Unterricht zirka 160 Stunden für den theoretischen und zirka 100 Stunden für den praktischen Unterricht in Aussicht genommen werden, um den Anforderungen gerecht zu werden, die auch beim schweizerischen Krankenpflegebundexamen an die Schwestern gestellt werden. Dieses Programm ist nun erstmals im letzten Winter durchgeführt worden. Der Kurs zählte 16 Schwestern und schloss in Anwesenheit auswärtiger Experten mit einem guten Examen ab. Der erste theoretische Teil des Kurses, dem sich praktische Übungen und Repetitorien anschlossen, ist hauptsächlich ein ärztlicher und allgemein krankenpflegerischer Kurs geworden, während der zweite Teil sich um die Hauptfächer: Diakonie, Bibelkunde, Kirchengeschichte, innere und äussere Mission gruppiert und darin unsern Willen zum Ausdruck bringt: ‹Lasset uns halten an dem Bekenntnis›.»

Im Übrigen

- zählt das Mutterhaus jetzt 504 Schwestern, von denen 411 eingesegnet sind
- kauft der Kanton Zürich einen Teil des Areals am Hegibach
- belaufen sich die Spenden an den Neubau auf 66 600 Franken

Der Grundstein

1931

Der Neubau im Zollikerberg wird, der Kauf des Bodens eingeschlossen, über 9 Millionen Franken kosten. Bis Ende 1930 sind 2,25 Millionen vorhanden. Weitere 1,05 Millionen sind vom Verkauf des Areals zwischen Minerva- und Heliosstrasse an den Staat zu erwarten. Die sogenannte «untere» Liegenschaft zwischen Forchstrasse und Minervastrasse wird die Gemeinnützige Gesellschaft Neumünster übernehmen. 100 000 Franken werden erzielt durch die Abtretung eines Landstreifens zur Verbreiterung der Forchstrasse. Stadt und Kanton wollen das Werk mit je einer Million Franken unterstützen; im Kanton wird das durch eine Volksabstimmung beschlossen. *«Endlich legten wir durch Vermittlung des Bankhauses Leu & Co. in Zürich Ende Juni ein hypothekarisch sichergestelltes Anleihen von 3 Millionen Franken zu 4% auf, das einen vollen Erfolg hatte.»*

Der Respekt vor den hohen Beträgen ist vernehmlich. Da nun aber alles so weit geklärt ist, beschliesst die Baukommission am 6. August den Baubeginn, und am 10. August fangen die Vorarbeiten der Firma Hch. Hatt-Haller mit dem ersten Spatenstich an. Am 16. Oktober ist Grundsteinlegung. Zwischen 2000 und 3000 Leute kommen zusammen, unter ihnen Vertreter kantonaler, städtischer und örtlicher Behörden. Ende Jahr ist das Hauptgebäude im Rohbau fertig, nach Neujahr kann mit dem Dachstuhl begonnen werden. Mitte 1933 soll der Neubau bezogen sein.

Im Übrigen

sind Neumünster-Diakonissen in 32 Krankenhäusern in den Kantonen Zürich, Thurgau, St. Gallen, Appenzell AR und Graubünden und in Mailand tätig

«sahen wir uns leider aus inneren Gründen genötigt, die grosse Arbeit in der hiesigen Frauenklinik auf Ende des Jahres aufzugeben, wo wir seit 1895 in der Arbeit gestanden hatten.» Was die innern, zweifellos schwerwiegenden Gründe waren, können wir nur vermuten. Diskussionen in den nächsten Jahren sprechen dafür, dass es um Fragen des Schwangerschaftsabbruchs ging

1932

Das 74. Jahr der Kranken- und Diakonissenanstalt Neumünster und das letzte Jahr am Hegibach.

Dem Stiftungsrat gehören an
die Herren:

    Dr. H. MOUSSON, Präsident*
    Prof. Dr. M. CLOËTTA, Vizepräsident*
    J. R. SCHELLENBERG, Quästor*
    P. FLURY-NÄF
    M. GUYER *
    E. WALCH
    Prof. Dr. E. FEER *
    Oberstleutnant F. RIETER
    alt Dekan T. ZIMMERMANN, Präsident und Delegierter der Evangelischen Gesellschaft
    Dr. W. SPÖNDLIN, Delegierter der Evangelischen Gesellschaft
    K. EGLI, Delegierter der Evangelischen Gesellschaft*
    J. ZINGG, Delegierter der Evangelischen Gesellschaft

die Damen:

    Frau RIETER-BODMER
    Frau PESTALOZZI-HOFMEISTER
    Frau Dr. PESTALOZZI-SCHULTHESS
    Frau Prof. FEER
    Frau BEDER-KERN
    Frau Pfr. RAHN

Mitglieder der Vorsteherschaft sind:

    Pfr. L. RAHN *
    Pfr. C. BRENNER *
    Oberschwester R. HOFER *

Als Vertreterinnen der Schwesternschaft gehören dem Stiftungsrat an:

    Diakonisse E. BRENNER
    Diakonisse E. KAPPELER
    Diakonisse A. SPENGLER
    Diakonisse B. WEBER

Der Leitende Ausschuss setzt sich zusammen
aus den mit * bezeichneten Mitgliedern des Stiftungsrates und den von der Schwesternschaft gewählten
    Diakonisse F. GÖTSCHI und
    Diakonisse L. MÜLLER

Bild Seite 110/111: 16. Oktober 1931

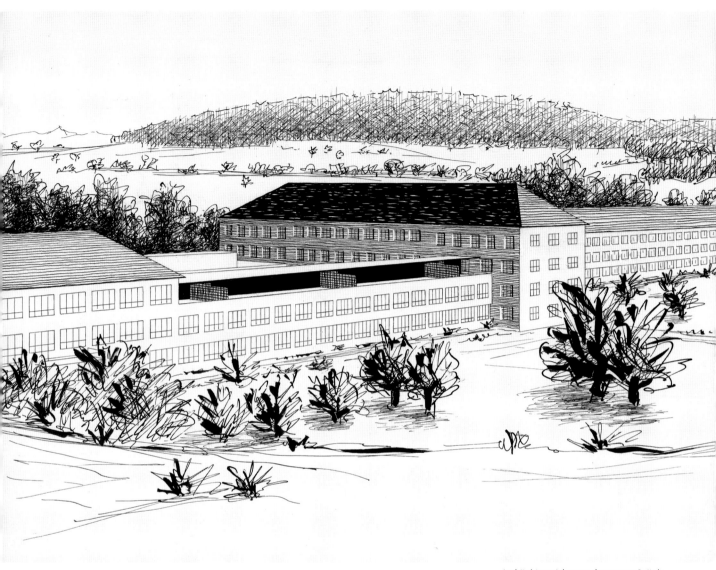

Architekturzeichnung des neuen Spitals

Was an dieser Namensliste auffällt: Die alten Zürcher Familien, die während Jahrzehnten den gesellschaftlichen Rückhalt des Mutterhauses und zugleich die Verbindung zur Evangelischen Gesellschaft bildeten, sind fast nur noch bei den Damen des Stiftungsrates vertreten. Zeichen eines Wandels; die einst führende konservative Schicht verliert an Bedeutung und löst sich von ihren konfessionellen Wurzeln.

«Um dem Unterricht der Schwestern in allgemeinen Fächern grössere Aufmerksamkeit schenken zu können, wurde die Stelle einer Lehrerin im Vollamt beschlossen und an sie gewählt Fräulein Dr. JUTTA WILLE», lesen wir im Jahresbericht. Jutta Willes Grossmutter BERTHA RIETER-BODMER ist das älteste Mitglied des Damenkomitees.

Im Übrigen _____

___ geht der Neubau im Zollikerberg planmässig voran

Im Zollikerberg					1933 – 1988

Zollikerberg mit der neuen Kranken- und Diakonissenanstalt Neumünster

1933

Anfang Juli wird der Neubau schlüsselfertig übergeben. In den ersten beiden Juliwochen ziehen Mutterhaus und Spital vom Hegibach in den Zollikerberg, am 16. Juli findet der erste Gottesdienst in der neuen Kapelle statt, und am Sonntag, dem 20. August, ist am Vormittag die Weihefeier der neuen Gebäude und am Nachmittag im Neumünster der Dankgottesdienst zum 75-jährigen Bestehen der Anstalt.

Es ist ein heisser Augustsonntag, vormittags um halb elf. In der neuen Kapelle und den angrenzenden Räumen, die alle mit Blumen geschmückt sind, haben sich neben Schwestern, Ärzten und Stiftungsrat Vertreter des Regierungsrates, des Zürcher Stadtrates und der Gemeindebehörden von Zollikon, der Evangelischen Gesellschaft, der auswärtigen Stationen und viele Freunde und Gönner versammelt. Nachdem die Festgemeinde «Lobe den Herren, den mächtigen König der Ehren» gesungen hat, spricht zuerst Dr. HENRI MOUSSON, der Präsident des Stiftungsrates. Es folgen Ansprachen des Architekten WERNER PFISTER, von Regierungsrat SIGG, der im Namen aller politischen Behörden spricht, des Präsidenten der Evangelischen Gesellschaft, des Chefarztes der medizinischen Abteilung, Dr. VON WYSS, eines Vertreters der auswärtigen Stationen und eines Repräsentanten der Schweizerischen Inneren Mission. Dazwischen singen die Schwestern und die Gemeinde. Pfarrer RAHN spricht das Weihegebet.

Am Nachmittag um vier Uhr folgt der Festgottesdienst im Neumünster. Pfarrer Rahn verliest den Festbericht; Grossmünsterpfarrer PAUL EPPLER hält die Festpredigt über Zephanja 3,17: *«Ich erneuere dich in meiner Liebe»*, und Pastor GRAF LÜTTICHAU überbringt die Grüsse der Kaiserswerther Generalkonferenz.

Graf Lüttichaus Festgruss enthält einige aufschlussreiche Anspielungen. So, wenn er von der inneren Verbundenheit der Christen redet. *«Gott sei gedankt, diesem Verbundensein gilt keine Grenze, nicht Sprache oder Dialekt, nicht Nationalität oder Rasse, nicht Unterschiede der Bekenntnisse. Wir sind allzumal eins in Christo Jesu. Und ich denke, dass wir gerade heute dieser Gemeinschaft besonders bedürfen.»*

Woran denkt der Pastor und Graf, wenn er sagt: *«Wie gross sind die Aufgaben in unserer Zeit! Also auch bei euch ist es nicht anders als bei uns, die Ernte ist gross, aber wenige sind der Arbeiter Ich darf es euch bekennen, dass uns drüben im deutschen Vaterlande, wo sich alles in einem grossen Aufbruch befindet, gelegentlich die Seele zittert vor Angst über die Aufgabe, die uns jetzt als Christen gestellt ist, denn das Feld ist reif zur Ernte.»* Ahnt der Leiter von Kaiserswerth, dass es eine furchtbar blutige Ernte, ein Totentanz, werden wird?

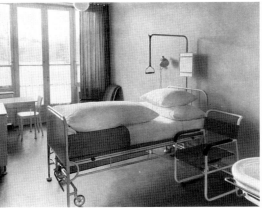

Im neuen «Neumi»

Am Abend um halb sieben dann Abendessen im grossen Kreis wieder im Zollikerberg. Und nochmals Reden und Grussbotschaften. Schwester SOPHIE KÄGI trägt ein eigenes Gedicht vor; lustiger ist das von Schwester M. SCHÄR:

Öppis für d'Schwöstere

Wenns a-s'Kritisiere gaht,
sind au d'Schwöstere parat!
D'Kritik macht, me weiss ja drum,
gradi Sache schüli chrum.
Mer wänd's jetz hüt namale ghöre –
Es wird ja euses Fäscht nöd störe.
S'heisst: «S'Neumünschtemer-Spital
Seig halt doch e chly z'feudal!
Als Diakonissehus
Gsächs wahrhaftig z'nobel us.»
Andri meinet lut und troch:
«En Neubau! In e so nes Loch!»
Me chöni e kei Berge gseh...
Keis bitzeli vom Zürisee...
Und dänn ghört mes wyter striete,
es züchi ja vo allne Syte...
Es Chrankehus, und so nen Wind...
Wänn dänn d'Lüt vercheltet sind,
söllis niemer wunder nä,
dä Wind, dä mües ja Schnuppe gä!
Und wyter sägets, s'isch e Qual,
däm Grossbetrieb fähl s'Kapital,

s'chön nöd über d'Schulde gumpe,
s'neu Neumünschter, s'müess verlumpe!
So vernimmt me mängi Sach!
Dänket nur a s'Chilchlidach!
Ohni, dass i wyter suech,
Scho vom Güggel gäbs es Buech.
Hätt das Tierli Ohre ghaa,
O jeh-mi-neh, s'schtänd nüme da! –
Ja, überall isch öppis los –
Jetz seig au no s'Chämi z'gross...
D'Kapäll, sie hät kei gueti Wahl...
Si ischt z'düschter, d'Fänschter z'schmal...
Und keis Zimmer heig Balkon...
So chied's furt im glyche Ton.
Nu, d'Kritik, si schadt ja nüt,
und ich glaub, die guete Lüt,
müesstet sie's i d'Finger nä,
em Muetterhus s'neu Gwändli gä –
Du liebi Zyt! Wo bliebt de Muet?
Jetz wär de Neubou schön und guet!
S' würdi brav verexgüsiert,
me heb us Spass chli kritisiert!

1934

Hochzeit in Mariafeld

Im Jahresbericht der Diakonissenanstalt ist zu lesen: *«Zu unserem Bedauern sah sich unsere Lehrerin Frl. Dr. JUTTA WILLE nach erst einjähriger Tätigkeit in unserem Haus veranlasst, uns zu verlassen. Sie verheiratete sich und kam nach Deutschland. Wir schätzten ihre frische Art voll Hingabe ungemein und sahen sie darum sehr ungern scheiden.»*

Ein schönes Bild. Der lange weisse Schleier bauscht sich zu Füssen der Braut. Der Bräutigam ist im Frack. Die festliche Gruppe steht im Garten des Gutes Mariafeld in Feldmeilen. Der 23. August 1934 ist ein warmer Sommertag. Jutta Wille heiratet den deutschen Pastor FRIEDRICH VON BODELSCHWINGH.

Der Vater der Braut, der auf dem Bild links von ihr steht, trägt auch an diesem Tag Uniform. Er ist der Sohn des Generals der Schweizer Armee im Ersten Weltkrieg, ULRICH WILLE junior, genannt Ully,

Der Bräutigam arbeitet in den Bodelschwinghschen Anstalten in Bethel bei Bielefeld, die sein Onkel leitet und die sein gleichnamiger Grossvater, einer der Pioniere der Inneren Mission und der Diakonie, gegründet hat.

Der Onkel ist im Mai des vorigen Jahres von den Vertretern der deutschen evangelischen Kirchen gegen einen vom «Führer» favorisierten Wehrkreispfarrer zum Reichsbischof gewählt und auf staatlichen Druck hin vier Wochen später wieder fallen gelassen worden. Nach seiner kurzlebigen Wahl hat Reichsbischof von Bodelschwingh in einem Grusswort geschrieben: *«Wenn die verantwortlichen Männer der Kirche mich beauftragt haben, der ich aus einer Arbeit an Armen und Kranken komme, so zeigt das den Weg, den ich auch weiter zu gehen habe. Es ist der Weg der Diakonie. Ginge es nach mir, so würde ich lieber Reichs-Diakon als Bischof genannt werden.»*

Mit der Diakonie ist auch die Familie der Braut verbunden. Die Grossmutter mütterlicherseits, BERTHA RIETER-BODMER, bei der 1912 der deutsche Kaiser logierte, ist Mitglied des Damenkomitees beziehungsweise des Stiftungsrates der Kranken- und Diakonissenanstalt Neumünster. Sie wird es bis zu ihrem Tod 1938 bleiben. Dann wird ihre Tochter Inez, die Mutter der Braut, die übrigens im März 1937 auch die Schwiegermutter des deutschen Physikers Karl Friedrich von Weizsäcker werden wird, das Amt im Stiftungsrat übernehmen. Sie wird es nicht lange behalten; INEZ WILLE stirbt drei Jahre nach ihrer Mutter. Auf dem Bild steht sie neben ihrem frisch angetrauten Schwiegersohn, dem deutschen Pastor.

Was, fragt sich der Betrachter, geht in den Köpfen vor, insbesondere in dem von Oberst Wille? Er war im März in München und ass mit Rudolf Hess zu Mittag, den er seit vielen Jahren kennt, und dem er noch lange nach dem Krieg Grüsse ins Spandauer Gefängnis übermitteln wird. Aus seiner Deutschfreundlichkeit macht er kein Geheimnis. Von den Nazis wird er allerdings nie wirklich als zuverlässiger Sympathisant angesehen; dazu ist er ihnen zu stark schweizerischer Patriot.

Jetzt hat er einen Schwiegersohn, dessen Familie der kirchlichen Opposition in Deutschland angehört. Im November 1937 wird Jutta Willes Mann vorübergehend verhaftet werden.

Die Ehepaare Brenner und Rahn

1935

Neuer Vorsteher gesucht

Die Krankenhäuser wissen nichts *«von der Geissel unserer Tage, der Arbeitslosigkeit»*. Alle Abteilungen sind überbelegt. Zusätzliche Betten mussten aufgestellt werden.

«Bis zu 75%, das ist weitaus der grösste Teil unserer Kranken, sind Kassenpatienten. Die Schwere der Zeit bringt es mit sich, dass immer mehr Patienten unsere dritte Klasse frequentieren. Wer immer es sei, so ist es uns ein Anliegen, ihm in unserm Hause zukommen zu lassen, was irgend nötig ist. Dass bei weitaus den meisten Patienten unsere Selbstkosten die von den Kranken beziehungsweise Kassen bezahlten Taxen übersteigen, versteht sich von selbst. Bewusst bleiben wir aber, was wir von Anfang an gewesen sind, ‹ein Asyl›, das ist eine Zufluchtsstätte auch der Unvermöglichen und Armen. Ohne die Zuschüsse des Mutterhauses und ohne den Staatsbeitrag wäre es uns nicht möglich, so vielen Unvermöglichen zu dienen.»

Das Krankenhaus ist pro Tag durchschnittlich mit 206,4 Patienten belegt. 1419 Operationen werden in diesem Jahr durchgeführt.

Im Übrigen

künden die beiden Vorsteher, Pfarrer LOUIS RAHN und Pfarrer CARL BRENNER, ihren Rücktritt an. *«Die Stiftungsorgane beschäftigen sich eingehend mit der Neuordnung der Verhältnisse und der Wahl der neuen Vorsteher.»*

1936

Der Blutkreislauf

Am 13. November, nachmittags um drei, ist Sitzung des Leitenden Ausschusses. Die Mitglieder sind vollzählig anwesend; hinzugezogen wird OSKAR FARNER, Pfarrer von Zollikon, Mitglied des Kirchenrates, Privatdozent für schweizerische Kirchengeschichte, Hauptredaktor des *Kirchenboten für den Kanton Zürich*, Dr. theol. h.c von Basel, Mitherausgeber der Werke Zwinglis, Mitglied der Pfarrwahlkommission. Haupttraktandum ist «Antrag der Wahlkommission zur Wahl eines neuen Vorstehers».

Schon Anfang des Jahres hat der Präsident die Frage aufgeworfen, *«ob die Vorsteherschaft in Zukunft nicht besser einem einzigen Manne übertragen würde, der dann Führer-mässig die Verantwortung zu tragen hätte»*. Man wolle, so einige Monate später, *«ja doch darauf ausgehen, eine markante Persönlichkeit, einen Führer, zu gewinnen, dem dann allerdings die Möglichkeit geschaffen werden müsse, Führer zu sein»*.

Farner betont, und sein Kollege Hoch pflichtet bei, es dürfe nicht versucht werden, zwischen dem neutestamentlichen Diakonieauftrag und der modernen Krankendienst-Auffassung eine mittlere Linie einzuhalten. *«Das Vorsteheramt an unserer Diakonissenanstalt ist mit eines der wichtigsten kirchlichen Ämter, weil hier Schwestern ausgebildet werden müssen als Hilfstruppen im Kampf der Kirche, der sicher kommen wird.»*

Dieser Kampf richtet sich gegen die Säkularisation, wie sie sich in der «modernen Krankendienst-Auffassung» zeigt. *«Der geistliche Charakter der Anstalt muss gewahrt und der spezifische Auftrag, dem das Werk sein Dasein verdankt, wieder klarer gesehen werden. Dem Missverständnis, als ob es sich um ein charitatives Unternehmen mit irgendwelcher säkularen Motivierung handle, ist zu wehren. Darum muss der künftige Vorsteher die genuinen Anliegen des Werkes mit neuer Bestimmtheit wahrnehmen und fördern.»*

Das Beharren auf *«neuer Bestimmtheit»* überrascht. Sollte es ernst gemeint sein, ist es eine ziemlich harsche Kritik am gegenwärtigen Zustand des Werkes, die behauptet, es habe sich von seinen Wurzeln entfernt. Was sind die *«genuinen Anliegen»*? Eine präzise positive Definition sucht man vergeblich.

In der Sitzung vom 13. November nun glaubt der Leitende Ausschuss einen geeigneten Kandidaten gefunden zu haben: lic. theol. GOTTLOB SPÖRRI, Jahrgang 1899, Religionslehrer und Kantonshelfer in Aarau. Er ist ausgewiesen als tüchtiger Theologe, als erfahrener Seelsorger, als Lehrer *«und ebenso als Führer und Leiter, der es versteht, der Gemeinde neues Leben zu geben»*. Einstimmig wird beschlossen, dem Stiftungsrat seine Wahl vorzuschlagen.

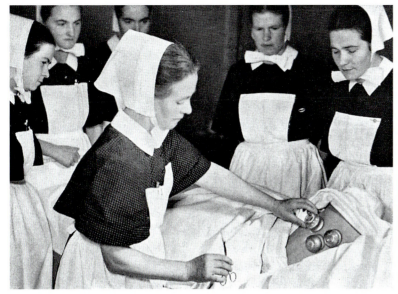

Schröpfen

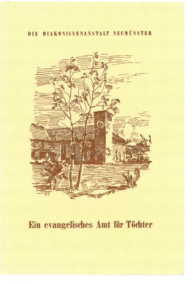

«Werberuf»

Im Übrigen

wird unter Traktandum 4 das Gesuch einer deutschen Ärztin, einer getauften Jüdin, behandelt. Sie möchte auf der Krankenabteilung ein Volontariat absolvieren. Die Chefärzte haben Bedenken. Der Präsident wird versuchen, die Sache mit ihnen zu regeln. Wie sie ausgegangen ist, erfahren wir nicht

eröffnete THEODOR FLIEDNER am 13. Oktober vor 100 Jahren in Kaiserswerth das erste Diakonissen-Mutterhaus. Zum Jubiläum fahren Pfarrer RAHN und Oberschwester ROSA HOFER an den Rhein. «*Die Vertreter all der Mutterhäuser (es sind 69 deutsche und 35 ausserdeutsche) versammelten sich denn auch in festlicher Konferenz in Kaiserswerth. Die Zeiten waren und sind auch heute zu ernst, als dass man grosses Gepränge hätte machen wollen. Die Festtage wurden allerdings zu Tagen dankbarer Rückschau, aber ebenso zu Tagen ernster Selbstprüfung und mündeten aus in das Gelübde, mit neuer Treue ‹evangelischen Dienst am Volk› zu tun, wie Gott ihn der Diakonie aufgetragen hat.*» «Dienst am Volk» ist im Deutschland dieser Zeit eine von Seiten der Kirche oft gebrauchte, zwiespältige Formel. Sie kann im Sinn der Nationalsozialisten ebenso wie im Sinn der kirchlichen Opposition gedeutet werden

zählt die Neumünster-Schwesternschaft 547 Mitglieder

1937

Das Ehepaar Spörri

Der neue Vorsteher, Pfarrer lic. theol. GOTTLOB SPÖRRI, nimmt am 1. April seine Arbeit auf; am 11. April setzt ihn OSKAR FARNER, inzwischen Pfarrer am Grossmünster, in sein Amt ein.

In der 34. Sitzung vom Donnerstag, dem 22. April, verhandelt der Leitende Ausschuss über die «Handhabung des künstlichen Abortus in unserm Haus». Das Thema, das nicht auf der Traktandenliste steht, wird von Professor FEER, dem Direktor des Kinderspitals und Mitglied des Leitenden Ausschusses, zur Sprache gebracht. Im Unterschied zu andern Häusern gilt für das Spital Neumünster, *«dass nur die medizinische Indikation das Recht zu diesem Eingriff gibt»*.

Schwangerschaftsabbrüche sollen ausschliesslich durch den Gynäkologen vollzogen werden dürfen. Auch muss jedes Mal der Präsident der Krankenhauskommission zuhanden des Leitenden Ausschusses über den Fall und die Motive des Abbruchs orientiert werden. Die Eingriffe dürfen nur mit Zustimmung des Chefarztes der medizinischen Abteilung durchgeführt werden. Soweit Professor Feer.

Der Aktuar Pfarrer G. Spörri schlägt vor, jeder einzelne Fall sei auch dem Vorsteher mitzuteilen. Dieser muss vor allem gegenüber den Schwestern und befreundeten Kreisen die Verantwortung mittragen. Professor Feer ist mit dem Antrag des Aktuars einverstanden. Der Leitende Ausschuss stimmt den abgegebenen Voten grundsätzlich zu. Bevor eine offizielle Mitteilung an die Ärzte ergeht, wird der Vorsteher die Sache persönlich mit ihnen besprechen.

Ist es Zufall, dass dieser Vorstoss drei Wochen nach dem Amtsantritt des neuen Vorstehers erfolgt, oder ist bereits dessen Einfluss spürbar? Aus Aufzeichnungen der Schwester von Pfarrer Carl Brenner junior geht hervor, dass es schon früher zu Spannungen zwischen den Anstaltsgeistlichen und den Ärzten in Gewissensfragen kam. Vermutlich ging es auch dabei teilweise um das Problem des Schwangerschaftsabbruchs. Jedenfalls war dieses entscheidend für den Rückzug der Diakonissen aus der Frauenklinik des Kantonsspitals. Merkwürdigerweise werden im Protokoll der Verhandlung weder der chirurgische Chefarzt noch der Gynäkologe zitiert.

Am ersten von Pfarrer G. Spörri verfassten Jahresbericht fallen nicht nur das neue Titelblatt und die neue Schrift – nicht mehr Fraktur! – auf, sondern vor allem der durchgehend veränderte Ton. Der oft etwas neblige pietistische Jargon weicht einer grösseren Sachlichkeit. Freilich ist damit ein stärkerer innerer Druck im Werk verbunden. Der Jahresbericht erwähnt den Tod der bisherigen Sekretärin des Vorstehers und einer jüngeren Diakonisse. Aus Archivunterlagen geht hervor, dass die eine plötzlich durch eine junge Schwester ersetzt wurde, darob erkrankte und starb, während die andere aus Verzweiflung darüber, dass sie in den Operationsdienst versetzt wurde, sich das Leben nahm. Im Jahresbericht heisst es dazu verschleiernd: *«Sie schied mitten aus der Blüte ihrer Jahre heraus von uns.»*

Die neue Führung verlangt widerspruchslosen Gehorsam, den sie als Gehorsam Christus gegenüber verstanden wissen will, was dem Präsidenten des Stiftungsrates Anlass zu Bedenken gibt.

Im Übrigen

stirbt kurz nach seinem Rücktritt Pfarrer CARL BRENNER junior

1938

Im Erholungshaus Adetswil

«Wir sind nicht für uns selber da, sondern für diejenigen, die uns zugewiesen sind, dass wir ihnen dienen sollen.» So war es am Anfang eindeutig gemeint. Darum kommen im offiziellen Namen der Anstalt die Kranken zuerst und die Diakonissen an zweiter Stelle. Was aber, wenn das Dienen, wie in der Krankenpflege immer mehr, zur Sache hochqualifizierter Spezialistinnen wird? Der Spitalseelsorger, Pfarrer WALTER STRASSER, zitiert einen Patienten, der von den *«Ferien im Grand Hotel Zollikeralp»* redete. Das Niedrige, auch Selbsterniedrigende, das zum Dienst, dem «Sklavendienst», der Jüngerschaft Jesu im Neuen Testament gehört, ist in den neuen Verhältnissen nicht mehr so leicht zu erkennen. Ein Dilemma scheint sich zu öffnen zwischen christlichem Dienst und – verweltlichter – Tätigkeit in einem modernen Spital. Damit rückt statt der Sorge um die Kranken die um den Dienst der Schwestern in den Mittelpunkt. Das erkennt Stiftungsratspräsident MOUSSON früh und mit zunehmender Sorge.

Der Vorsteher GOTTLOB SPÖRRI dagegen beschreibt das Dilemma als Kampf unvereinbarer geistiger Bewegungen und macht daraus ein Entweder-oder. *«Ein Jahresbericht kann ja nur einen schmalen Ausschnitt geben von dem, was wir das ganze Jahr hindurch miteinander erleben. Und namentlich von den innern Kämpfen, die keinem Menschen erspart bleiben, der seinen Weg gehen will im Gehorsam gegenüber Gottes Ruf, und die auch keiner Gemeinschaft von Menschen erspart bleiben, die sich im Bekenntnis zu Jesus Christus zusammenfinden, lässt sich am wenigsten erzählen. Die geistigen Bewegungen unserer Zeit machen uns, wenn wir es sonst nicht wissen wollten, ernstlich darauf aufmerksam, dass der Fortbestand christlicher Werke in dieser Welt keine Selbstverständlichkeit ist. Eben aus der Erfahrung heraus, dass das Leben unserer Schwestern und das Leben unseres Werkes Kampf bedeuten, und im Blick auf eine ungewisse Zukunft möchten wir unserm Freundeskreis zurufen: lass nicht nach für uns bittend einzutreten vor Gott und das uns Auferlegte mit uns zu tragen.»*

Worum genau geht der Kampf? Beim Lesen bekommt man den Eindruck eines schleichenden Unbehagens, nicht den einer klaren Analyse.

Im Übrigen

- referiert der Verwalter in einer Sitzung über die Vergabe der Kohlenlieferungen. Es soll wieder einmal ein Versuch mit der Zeche Klein Rosseln gemacht werden, die schon früher geliefert hat. Mit der Zeche Merlenbach ist eine Lieferung von 500 Tonnen, mit der Zeche Saarschicht eine Lieferung von 400 Tonnen zum gleichen Preis wie im Vorjahr abgemacht, während Klein Rosseln 100 bis 200 Tonnen pro Tonne zehn Franken billiger liefert. Sollte die Qualität dieser Zeche enttäuschen, hat sich der Verwalter abgesichert, dass er das Geschäft abbrechen kann
- führen die Schwestern aus Anlass des 80-jährigen Bestehens der Anstalt ein Festspiel mit Bildern aus Geschichte und Gegenwart des Mutterhauses auf
- wird im Hinblick auf die Landesausstellung des nächsten Jahres im Auftrag der schweizerischen Diakonissenhäuser im Neumünster ein Film über Leben und Arbeit der Diakonissen gedreht
- stirbt am 30. August BERTHA RIETER-BODMER. Ihre Stelle nimmt die Tochter, INEZ WILLE-RIETER, Feldmeilen, ein
- referiert an einem Abend der Bibeltage im Oktober Dr. med. E. DENZLER, neues Mitglied des Stiftungsrates, über Mobilmachungsfragen. 43 Schwestern sind für den Mobilmachungsfall militärisch eingeteilt und müssen am zweiten Mobilmachungstag einrücken

1939

Gottlob Schrenk

Seit dem 1. September ist Krieg. Deutsche Armeen marschieren in Polen ein. Am 3. September erklären England und Frankreich Deutschland den Krieg.

Am 30. August wird von der Vereinigten Bundesversammlung HENRI GUISAN zum General der Schweizer Armee gewählt, am 1. September wird in der Schweiz Kriegsmobilmachung befohlen.

GOTTLOB SPÖRRI schreibt: *«Wenn wir am Schluss unseres letzten Jahresberichtes schrieben, dass Diakonie vor allem auch Kämpfen bedeutet, so hat sich das gerade im Berichtsjahr bewahrheitet. Nicht nur der Krieg, der in Europa ausbrach und dem letzten Viertel dieses Jahres das Gepräge gab, hat auch in unserem Haus und auf unseren Stationen Störungen gebracht, deren Überwindung vermehrten Krafteinsatz forderte, auch sonst gab es innen und aussen allerlei Bedrängnis. Es ist wohl eine gute Ordnung, dass nach Anfangszeiten im Dienst, in denen die Sonnentage überwiegen, Zeiten folgen, wo wir uns in kleineren und grösseren Ungewittern erproben müssen.»*

Hier sieht einer vor lauter Bäumen den Wald nicht mehr! Die Welt geht in Flammen auf, und der Vorsteher des Mutterhauses Neumünster schreibt von kleinern und grössern Ungewittern und davon, dass das wohl eine gute Ordnung sei. In Europa ist ein Kampf zwischen Freiheit und Knechtschaft im Gang, und der Berichterstatter scheut sich nicht, internes Gezänk damit in einem Atemzug zu nennen.

Denn internes Gezänk prägt dieses Jahr im Neumünster. Nachdem der eigene Dienst zum zentralen Thema gemacht worden ist und der Vorsteher den Anspruch erhebt, zu bestimmen, was richtiger Dienst sei, ist das Diakonissenhaus vorwiegend mit sich selbst beschäftigt. Da zudem die Massstäbe des richtigen Dienstes unklar sind, müssen Kompetenzstreitereien entstehen. Wie in einem Dienstleistungsbetrieb unausweichlich, sind Aussenstehende davon betroffen, was dazu führt, dass die Krankenasyle Horgen und Richterswil aus Verstimmung über Entscheide des Vorstehers den Vertrag mit der Diakonissenanstalt kündigen.

Der Vorsteher scheint Rückendeckung zu suchen, wenn er im Zusammenhang mit der verminderten Belegung des Krankenhauses schreibt: *«Es sind nicht nur finanzielle und statistische Gründe, die uns bedauern lassen, dass sich an unserer Privatabteilung die Zeitumstände ungünstig bemerkbar machen. Es täte uns leid, wenn die Patienten gerade aus denjenigen Kreisen der stadtzürcherischen Bevölkerung, die unser Werk seit seiner Gründung treulich mitgetragen haben, künftig aus allerhand Gründen anderen Häusern den Vorzug gäben, trägt doch nichts so zu einer lebendigen Verbindung zwischen den uns traditionell und gesinnungsmässig nahestehenden Familien und unserem Hause und seiner Schwesternschaft bei, wie wenn einmal ein Glied einer solchen Familie bei uns die nötige Pflege geniessen darf.»*

Im Übrigen

- sind die beiden Chefärzte bisher von der Mobilisation ausgenommen
- predigt am Jahresfest in der Kirche Neumünster GOTTLOB SCHRENK, Professor für Neues Testament an der Universität Zürich. Schrenk wird als Berater während der internen Querelen zugezogen und wirkt versachlichend und beruhigend
- tragen die «freien Schwestern», die im Neumünster ausgebildet, jedoch nicht Diakonissen werden, fortan eine besondere Tracht mit besonderer Brosche

Werbung für die Mutterhaus-Diakonie durch die Post

1940

Die Krise

Am Vormittag des 10. Mai findet eine Unterredung zwischen dem Präsidenten des Stiftungsrates, Dr. HENRI MOUSSON, und dem Vorsteher, Pfarrer GOTTLOB SPÖRRI, im Haus des Präsidenten statt. Sie verläuft so erregt, dass Spörri wegläuft. Mousson muss später betonen, dass er ihn nicht hinausgeworfen habe.

Man hat einen «führermässigen» Vorsteher gesucht und gefunden. Er sollte *«die genuinen Anliegen des Werkes wahrnehmen und den spezifischen Auftrag wieder klarer herausstellen.»* Gottlob Spörri tut beides. Er füllt seinen Inhalt in die bereitgestellten Worthülsen und setzt ihn durch. Worauf Leitender Ausschuss samt Stiftungsrat erstaunt und betroffen sind, dass dieser Inhalt sich als explosiv herausstellt und das Werk zu sprengen droht.

Es kommt zu hässlichen Auseinandersetzungen. Mousson, als verdienter Magistrat gewohnt, dass ihm mit Respekt begegnet wird, ist brüskiert, weil der Vorsteher sich für gewisse Entscheide nicht vor ihm rechtfertigen will. Wo es um Fragen der theologischen Leitung geht, soll der Laie Mousson nichts zu sagen haben.

Ausgelöst wird der Konflikt schliesslich durch die Entlassung einer Diakonisse. Ihr warf der Vorsteher einen Fehler vor, den sie, wie sich herausstellte, als das Porzellan bereits zerschlagen war, gar nicht begangen hatte. Der Vorsteher hätte es wissen können, wenn er sauber abgeklärt hätte. Dass er's nicht tat, erweckt nicht nur beim Präsidenten den Eindruck, er habe es gar nicht wissen wollen. Was für den Präsidenten ein Grund ist, zu bezweifeln, dass Spörri der richtige Mann am richtigen Platz sei.

Anderseits verdächtigt der Vorsteher den Präsidenten, das Werk säkularisieren zu wollen. Eine Theologie in fortwährendem Kriegszustand erblickt überall Feinde, muss sie sich sogar erfinden. Es wird ausgestreut, Mousson sei Freimaurer, was nicht zutrifft.

Zu der für den Nachmittag des 10. Mai anberaumten Sitzung des Stiftungsrates erscheint Spörri nicht. Der Vorsitzende ist darüber erstaunt, denn noch vor wenigen Stunden hat der Vorsteher ausdrücklich gewünscht, den Leitenden Ausschuss umfassend zu informieren, *«worauf der Vorsitzende darauf verzichtet hat, die Sitzung angesichts der erschütternden Tagesereignisse zu verschieben»*.

Am 10. Mai 1940 nämlich, morgens um 5 Uhr 35, hat mit dem Überfall auf Belgien und Holland der deutsche Angriff Richtung Westen begonnen. Am 22. Juni schliesst die französische Regierung einen Waffenstillstand mit Deutschland. Die Schweiz ist von den «Achsenmächten» umgeben.

Am 7. September erklärt Gottlob Spörri seinen Rücktritt. Die Schwestern geraten in einen Loyalitätskonflikt. Wenn Schwester ANNEMEI SCHÄFER aus 68 Jahren Abstand zurückblickt, sagt sie: *«Es war eine schwierige Zeit. Jede von uns musste sich entscheiden.»* Im Februar 1941 wird Spörri sich in einem Rundschreiben an die Schwestern wenden und sie auffordern, mit ihm ein neues Diakoniewerk aufzubauen. 17 Schwestern folgen dem Ruf. Die diakonische Schwesternschaft Braunwald entsteht.

Im Übrigen

___ tritt auch die langjährige Oberschwester ROSA HOFER zurück. Ihre Nachfolgerin ist Schwester SOPHIE KÄGI

___ zählt das Mutterhaus 572 Schwestern

___ wird Pfarrer ROBERT BAUMGARTNER aus Lyss zum neuen Vorsteher gewählt

___ kehrt bis zum Antritt des neuen Vorstehers Pfarrer LOUIS RAHN interimistisch ins Mutterhaus zurück

1941

Georges von Schulthess
Oberschwester Sophie Kägi

«Müssen wir es mit dem gesamten Volk als ein besonderes Geschenk ansehen, dass unser Land, rings umschlossen von Staaten, die ins grausige Kriegsgeschehen der Gegenwart hineingerissen wurden, ein Jahr des Friedens hatte, so dass auch wir die uns aufgetragene Arbeit unbehindert durch äussere Not das ganze Jahr hindurch treiben durften, so hat unser Werk noch ganz besonderen Grund, mit tiefem Dank zurückzuschauen. Der letzte Jahresbericht musste unseren Freunden Kenntnis geben von der schweren Krise, durch die unser Haus hat hindurchgehen müssen. Einen Augenblick lang drohte ihm schwerstes Unheil, ein Auseinanderbrechen der Schwesternschaft, ein Abgleiten besonders unseres Nachwuchses und ein Abbruch an Vertrauen in weiten Kreisen. Nun dürfen wir im Rückblick auf all diese Not aufatmen mit einem dankbaren: Gottlob!»

Ein Freudscher Verschrieb? Immerhin hiess der Auslöser der Krise mit Vornamen Gottlob. Oder das Bewusstsein, dass die Krise Klärung und dadurch zuletzt Stärkung brachte? Dann bekäme Gottlob Spörri mit dem, was er 1939 schrieb, doch noch Recht, wenn auch nicht in dem Sinn, den er meinte.

Der Neuanfang wird auch durch die Wahl eines neuen Präsidenten unterstrichen. Im Herbst tritt Dr. HENRI MOUSSON zurück; an seiner Stelle wählt der Stiftungsrat Dekan GEORGES VON SCHULTHESS-RECHBERG, Pfarrer in Männedorf, Sohn des langjährigen Direktionsmitglieds Professor GUSTAV VON SCHULTHESS-RECHBERG.

Henri Mousson wird nach seinem Rücktritt *«über die Vorkommnisse, in deren Verlauf ich als Präsident der Stiftungsbehörden der Kranken- und Diakonissenanstalt Neumünster/Zürich zurücktrat»*, einen Bericht verfassen. Es ist die Rechenschaft eines spürbar verletzten, sich dennoch bewundernswert um Objektivität bemühenden Mannes. In dem Pfarrer- und Frömmigkeitsjargon, der die Affäre umwölkt, tut nur schon Moussons sachliche Sprache gut. Aus zeitlichem Abstand wird man festhalten können, dass der Jurist und Politiker Mousson in der Krise der Einzige war, der durchwegs eine klare Linie einhielt und sie mit grosser theologischer Konsequenz begründete. Er beharrte darauf, dass der Dienst an Kranken die erste Aufgabe des Werkes sei, dass darin sein christlicher Akzent liege und dass das Kreisen um besondere Christlichkeit eben diese verletze. Damit traf er präzis den fragwürdigsten Punkt seiner Gegner. Im Übrigen bezweifelte Mousson zu Recht, dass aus dem Neuen Testament Einzelheiten für die Ausgestaltung des neuzeitlichen Diakonissenamtes erhoben werden könnten.

Im Übrigen

werden Nahrungsmittel und Brennstoffe knapper. Doch muss niemand Mangel leiden. *«Der Tisch war uns stets reichlich gedeckt. Wir sind Selbstversorger geworden und decken weithin unsere Bedürfnisse an Frischgemüse und Kartoffeln aus dem eigenen Land.»* Auch sonst sind Reserven angelegt. Im Zollikerberg ging noch lange der Spruch um: *«Wer während des Krieges einen richtigen Bohnenkaffee trinken wollte, musste einen Besuch im Diakonissenhaus machen.»*

leisten Neumünster-Diakonissen Dienst in zwei Militär-Sanitäts-Anstalten und zwei chirurgischen Ambulanzen

Robert Baumgartner

1942

Am 19. April wird der neue Vorsteher eingesetzt. Aufschlussreich, dass fortan die Jahresberichte nicht mehr mit «Der Vorsteher» und dem Namen des Pfarrers unterschrieben sind, sondern mit «Die Vorsteherschaft: Pfarrer ROBERT BAUMGARTNER, Oberschwester SOPHIE KÄGI».

Auch sonst sind neue Akzente erkennbar. Gottlob Spörri betonte den Dienstcharakter der Schwesternschaft. Für Robert Baumgartner ist sie in erster Linie Gemeinde Jesu Christi. «*In dieser Gemeinde steht der Tisch mit Speise und Trank, in ihr ist die Schatzkammer des Wortes Gottes, die Waffenkammer, aus der sich das Fähnlein Christi rüstet, der Exerzierplatz, darauf sich die Kämpfer üben, hier ist der Sammelplatz der Soldaten Christi, hier auch der Zufluchtsort der Müden und Verwundeten.*»

Den Diakonissendienst, der bei Spörri etwas Abstraktes anzunehmen und auf formale Unterwerfung hinauszulaufen drohte, versteht Baumgartner als besonderen Aspekt des Auftrags, den Christus seiner Gemeinde gegeben hat. Die Gemeinde soll «*mit ihren Gliedern das Rettungswerk ausführen, das ihr vom Haupt, Jesus Christus, befohlen ist*».

Die «*Mutterhausgemeinde*», findet freilich auch Baumgartner, sei andern Formen christlichen Lebens überlegen. «*Wir dürfen, kraft unserer Geschlossenheit, in der Christenheit und in der Welt in ganz besonderer Weise, gleichsam zeichenhaft, beispielhaft, Gemeinde sein und diese Gemeinde verkündigen. Dass wir diese Gabe immer klarer erkennen und zum Ausdruck bringen, muss unser wichtigstes Anliegen sein.*» Damit droht die Frage wieder aufzubrechen, wie und ob überhaupt die Beispielfunktion erfüllt wird. Daran war Spörris Vorsteherschaft gescheitert.

Glücklicherweise führt der folgende Gedankengang wieder aus dem Teufelskreis der Selbstbeobachtung hinaus in die Freiheit und Fülle der Gaben Gottes. «*Die der Gemeinde verordneten Ämter: Predigtamt, Priesteramt und Helferamt (nach Epheser 4 und Apostelgeschichte 6) wollen von uns übernommen und ausgeübt werden. Wenn wir als besonderes Glied am Leib in besonderer Weise aufs Helferamt verwiesen sind, so dürfen die beiden anderen Ämter nicht versäumt werden. Wir haben unsere Gemeindeglieder darum weitgehend auszubilden zum Verständnis und zur Auslegung des Wortes, zu seelsorgerlichem Dienst wie zu tätiger Hilfe. Wir können den Beruf der Diakonissin nicht anders verstehen als das kirchliche Amt der ‹Handreichung›. Wenn aber der Herr der Gemeinde zu einem der beiden andern Ämter herausruft, so darf die Diakonissin auch da nicht versagen. Wir gehen vielleicht einer Zeit entgegen, wo dieser Dienst von unseren Schwestern in ganz besonderer Weise verlangt wird.*» 1946 wird von einem eindrücklichen Beispiel zu berichten sein.

Im Übrigen

leisten 35 Schwestern längere Zeit Militärdienst

Erna Aufricht   Johanne Aufricht

1943

Ermordete und Vertriebene

«Im Sommer besuchte uns der Präsident des Kaiserswerther Diakonissenhauses, Herr von Cossel, der uns Grüsse brachte und viel Wertvolles, aber auch viel Trauriges zu berichten wusste.» Soviel steht im Jahresbericht. Weiter nichts, auch nicht in den Protokollen des Leitenden Ausschusses oder des Stiftungsrates.

Baron HANS VON COSSEL war von 1935 bis 1965 Vorstandsvorsitzender der Diakonissenanstalt Kaiserswerth. In solchen Zeiten lernte einer, sich mit den herrschenden Mächten zu arrangieren, sonst wäre er schnell erledigt gewesen.

Erzählte Herr von Cossel vielleicht von den beiden Kaiserswerther Diakonissen JOHANNE und ERNA AUFRICHT, die, weil jüdischer Herkunft, seit 1941 den «Judenstern» tragen mussten, am 20. Juli 1942 zum Düsseldorfer Schlachthof gebracht und von da in das Konzentrationslager Theresienstadt deportiert wurden? Auch der Vorsteher – es war Pastor Graf LÜTTICHAU – habe sich am Ende geschlagen gegeben, steht in einer Gedenkrede zu lesen. Wobei die Geschlagenen ja in Wahrheit die beiden Schwestern waren. Am 19. Oktober 1944 wurde Erna Aufricht in Auschwitz ermordet. Johanne Aufricht überlebte Theresienstadt und kehrte 1945 krank und elend nach Kaiserswerth zurück, wo sie 1968 starb.

Im Übrigen

fühlt man sich im Leitenden Ausschuss bemüssigt, zu betonen, dass der neue Oberarzt Dr. HANS RUDOLF BLOCH trotz seines *«nicht-arisch tönenden Namens»* protestantisch und die Familie seit dem Mittelalter in Solothurn ansässig und ansonsten katholisch sei

1944

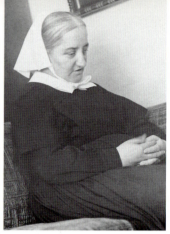

Louise Buchmann

Im Juni 1944 gelang es Dr. RUDOLF KASZTNER, einem jüdischen Juristen und Journalisten in Budapest, in direkten Verhandlungen mit den Nazi 1684 Menschen aus Budapest «freizukaufen», also vor dem Transport in ein Vernichtungslager zu bewahren. Sie sollten entweder in die Schweiz oder nach Spanien gebracht werden. Die Einreise in die Schweiz wäre zu diesem Zeitpunkt gar nicht möglich gewesen. Denn erst am 12. Juli 1944 erliess das Eidgenössische Justiz- und Polizeidepartement eine Weisung, nach der alle an Leib und Leben gefährdeten Zivilpersonen, die Einlass in die Schweiz begehrten, aufzunehmen seien.

Die Fahrt des «Kasztner-Zuges» ging jedoch zunächst nicht in die Freiheit, sondern in das Vernichtungslager Bergen-Belsen. Von dort konnten aber im August 318 Personen und im Dezember 1366 weitere in die Schweiz reisen, unter ihnen auch der Rabbiner JOEL TEITELBAUM (1887–1979) und der Schicksalsanalytiker LEOPOLD SZONDI (1893–1986).

In der Schweiz angekommen, wurden die Flüchtlinge vorübergehend in öffentlichen Gebäuden untergebracht und gepflegt, so auch in Zürich. Wo genau, ist nicht mehr festzustellen.

Im Jahresbericht der Diakonissenanstalt heisst es lediglich: «*Unsere Schwestern waren aufgeboten, kranke Insassen von Konzentrationslagern zu pflegen. Die meisten waren Ruinen. Nach der Rettung erfolgte oft genug ein seelischer Zusammenbruch und nicht selten der Tod. Was sie erzählten, war schlimmer, als was die Presse berichtete. Als sie weiterzogen, hatte einer ein paar Verse an die Wandtafel des Schulzimmers geschrieben:*

Wir waren dort   *Jetzt sind wir hier*
Und konnten es kaum fassen.   *Und können's nicht erfassen,*
Wir haben bloss gesehen,   *Dass es auch Menschen gibt,*
Dass sich die Menschen hassen.   *Die lieben und nicht hassen.*»

Und weiter unten: «*Aus Deutschland wird gemeldet, dass die Diakonissenanstalten von Hamburg, Stuttgart, Bremen und Mannheim zerstört sind, dazu ein grosser Teil der Anstalt Bethel bei Bielefeld. Es sind wohl nicht die einzigen.*»

Im Übrigen

_____ stirbt am 5. April Dr. HENRI MOUSSON, der frühere Präsident des Stiftungsrates. Die letzten Wochen bis zum Tod verbrachte er im Krankenhaus der Anstalt

_____ stirbt Diakonisse LUISE BUCHMANN. Schon als Kind berichtete sie von Visionen und Eingebungen. 1906 trat sie ins Mutterhaus ein und arbeitete bis zu ihrer Erblindung im Spital Liestal. Mit Vertrauten gründete sie das Erholungsheim Eben-Ezer in Frenkendorf und entfaltete dort eine weitreichende Seelsorgetätigkeit

Kleine Patienten und grosse

1945

In der Amtszeit von Pfarrer ROBERT BAUMGARTNER wird von der Sekretärin des Vorstehers unter dem Titel *Memoiren* ein Tagebuch geführt. Darin steht unter dem 11. Dezember 1944: *«Herr A. LEVY, Emigrant, reist ab, Frankreich zu.»* Und unter dem 27. Februar 1945 heisst es: *«Abreise Mme Levy mit ihren beiden Kindern nach Frankreich.»*

Aus gelegentlichen Notizen geht hervor, dass die Diakonissenanstalt während des Krieges oftmals Flüchtlinge beherbergte. Jedoch ist über Anzahl, Herkunft, Aufenthaltsdauer und das weitere Schicksal nichts Näheres zu erfahren. Sofort nach Kriegsende werden Pfarrerfamilien und Schwestern aus den Kriegsländern zu Erholungsaufenthalten aufgenommen. Auch hier fehlen genaue Angaben.

«Als am 8. Mai die Glocken den ersehnten Waffenstillstand verkündeten und die christliche Gemeinde allerorten zusammenströmte, um Gott zu danken für die gnadenvolle Bewahrung unseres Landes, da hat wohl jeder rechte Christenmensch sich gelobt: Jetzt heisst es helfen, so aussichtslos die kleine Hilfe scheint, die wir Schweizer in das namenlose Elend hinauswerfen können – wir müssen helfen.»

«Und nun sind unsere Krankenhäuser überfüllt, neue sind im Werden, Sanatorien sollten eröffnet werden, unsere Tb.-Kranken müssen ja viel zu lange warten. Wir sollten jetzt Tür und Tor auftun können für die Kranken und Elenden aus den kriegsverwüsteten Gebieten – und allerorten fehlt es an Schwestern. Der Nachwuchs hat nicht Schritt gehalten mit den Anforderungen der modernen Medizin. Bezirksspitäler, die um die Jahrhundertwende fünf Schwestern benötigten, brauchen jetzt fünfunddreissig.»

Zwar beträgt die Zahl der Schwestern 571; 1945 treten 21 künftige Diakonissen und 15 Lehrtöchter ein. *«Aber wir könnten das Doppelte und Dreifache an Eintritten brauchen.»*

Im Übrigen

___ stirbt am 5. Dezember Pfarrer LOUIS RAHN, der frühere Vorsteher
___ erwägt der Leitende Ausschuss den Bau eines neuen Schwesternhauses im Zollikerberg,
___ sucht nach einem Ferienheim für die Schwestern und berät über den Bau eines neuen Altersheims in Zürich
___ kostet ein Pflegetag im Spital Fr. 14.42

Die Gemeindeschwester

1946

«Wir hörten von einer Stadt in der russischen Zone des schwergeprüften Deutschland. Kein Arzt ist mehr da, kein Pfarrer, keine Geburtshelferin, niemand ist mehr da, den Rest der 7500 Evangelischen zu betreuen als eine, noch eine einzige Diakonisse. Eine Diakonisse ist seit zwei Jahren Arzt, Pfarrer, Geburtshelferin. Sie tauft, konfirmiert, predigt, beerdigt, pflegt, steht den Müttern bei in ihrer schweren Stunde. Am Karfreitag hat sie an 331 das Abendmahl ausgeteilt, 118 konfirmiert, in zwei Jahren mehr Menschen das Gebet am Grabe gehalten als der Pfarrer zuvor in zehn.»

«Wir hörten von einem Flüchtlingslager in Süddeutschland. Auf einem riesigen Militärflugplatz Tausende von Heimatlosen, Entwurzelten, Kranken und Hungernden. Mitten im Lager aber steht ein Mutterhaus mit 120 Schwestern, dem Rest eines schlesischen Diakonissenhauses. Dieses Mutterhaus besteht aus einer Militärbaracke. Die Schwestern schlafen darin zusammengedrängt wie in einer Konservenbüchse. Ein einziger Schrank – er genügt. Doch geht von dieser Baracke ein Strom von Hilfe und Liebe nach allen Richtungen ins Elend hinaus.»

Hat man solches von Pfarrer FRIEDRICH VON BODELSCHWINGH vernommen und seiner Frau JUTTA, der ehemaligen Lehrerin für die Schwestern, die zu Besuch da waren und über «Bethel in den Kriegsjahren» berichteten?

Im September findet in Utrecht und Amsterdam eine internationale Konferenz der Diakonissenhäuser statt, die den Grund zu einer internationalen Organisation legt. Diakonie soll mehr als bisher eine Funktion der Kirche sein, die Diakonissen Dienerinnen der christlichen Gemeinde. *«Die Diakonie ist einer der vier Dienste unserer Kirche, neben den Diensten der Verkündigung, der Sakramente und der Gebete insbesondere der Dienst der Barmherzigkeit.»*

Das klingt angesichts der Erfahrung jener Diakonisse in einer Stadt der russischen Zone stark nach Restauration amtlicher Kirchlichkeit. Umso mehr, als die Versammlung auch noch feststellt, *«dass vorab in den nordischen Ländern die Formen der Mutterhausdiakonie und die Grundordnungen von Kaiserswerth stark aufgelockert worden waren. Anpassung an Wünsche und Bedürfnisse moderner Zeitströmungen oder Festhalten am Alten, Bewährten?»* Was die Mehrheit der Versammlung dachte, zeigt die Formulierung deutlich genug. Schuld, dass weniger Schülerinnen eintreten, ist die «Hochkonjunktur». *«Sie ist jetzt begehrt, diese Jugend. Man reisst sich förmlich um sie, die Geschäftswelt und der Vergnügungspark.»*

Im Übrigen

- zählt das Mutterhaus 575 Schwestern. So viele werden es nie mehr sein; die Anmeldungen gehen zurück
- wird als Mitglied des Stiftungsrates ein Arzt gesucht. Er sollte auch ein bekennender Christ sein, und es ist nicht einfach, jemanden zu finden
- werden die Chalets auf dem Uetliberg verkauft

1947

Ernte beim Spital

Vor 90 Jahren wurde das erste Haus am Hegibach eingeweiht; im Jahr darauf die Anstalt förmlich gegründet. Anlass zu einem Rückblick und zu einer Standortbestimmung. Sie fällt eher resignativ aus. *«Seit zehn Jahren ist die Zahl der Eintritte mehr oder weniger stabil geblieben. Ein Zeichen, dass die weibliche Diakonie in ihrer jetzigen Form überlebt sei? Dass Gott sich nicht mehr zu ihr bekenne?»*

Man ist entschlossen, am Überlieferten festzuhalten und spricht sich trotzig Mut zu: *«Aber die Diakonie ist eine Glaubenssache. Sie ist nach unserem Glauben vom Herrn der Kirche selbst eingesetzte Funktion seiner Gemeinde, seines Leibes.»*

«Es ist wahr, die Konjunktur der Zeit ist der Diakonie nicht sehr günstig gestimmt. Vor 90 Jahren stand ein grosser Kreis überzeugter, tatenfroher Christen hinter dem jungen Werk. Die weibliche Jugend wuchs z. T. in Familien auf, wo sie zum Dienen erzogen wurde und wo die Bibel das Hausbuch war. Heute wächst dieselbe Jugend vielfach in glaubensloser Umgebung auf. Sie ist von überall her heiss umworben, findet mannigfaltige Berufsmöglichkeiten, hat rasch einen guten Lohn und alle Gelegenheiten zu einem ungebundenen Geniessen.»

«Dabei sind wir der festen Überzeugung, dass die Diakonie heute mehr denn je nötig ist. In einer Zeit, da der Dienst am Kranken und Armen immer mehr in Gefahr steht, verschablonisiert, vertechnisiert und damit mehr und mehr entseelt zu werden, hat sie in besonderer Weise den Auftrag, die Menschlichkeit, die Barmherzigkeit und die Liebe zu hüten.»

In frühern Jahren sah sich der Jahresbericht oft zu einer theologischen Auseinandersetzung mit Krankheit, Elend und frühem Tod genötigt, die als Erziehung zur Seligkeit interpretiert wurden, manchmal auch als Strafe für menschliche Leichtfertigkeit und Schuld. Die Auseinandersetzung tritt zurück, je grösser die Fortschritte der Medizin sind. In den Jahresberichten aus dem neuen Haus im Zollikerberg kommt sie kaum noch vor. Jedoch setzen mit der Nachkriegszeit die Klagen über die Hochkonjunktur und ihre Gefahren ein.

Im Übrigen

- muss wegen des Schwesternmangels der Vertrag mit dem Kreisspital Männedorf gekündigt werden
- verzichtet der Leitende Ausschuss auf Antrag der Schwesternschaft auf den Erwerb eines Hotels in Davos
- tritt das Mutterhaus Neumünster der Internationalen Konferenz der Diakonissenhäuser bei
- halten sich Schwestern, Ärzte und Pfarrer aus Österreich, Ungarn, Dänemark, der Tschechoslowakei, Holland, Polen, Schlesien und Deutschland zu kürzeren oder längeren Erholungsaufenthalten im Mutterhaus im Zollikerberg auf

Werbung

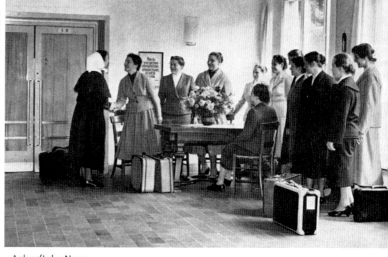

Ankunft der Neuen

1948

90 Jahre Diakonie in Zürich. *«Frauen im Dienste Christi! Wie ist durch Christus die Frau aus Rechtlosigkeit und Verachtung herausgeholt, auch die ledige Frau, ja sie besonders, zu wertvollem Dienst gerufen worden.»*

Wie geht es weiter? Zwar treten im Lauf des Jahres 14 junge Frauen neu ein. Trotzdem nimmt die Zahl der Schwestern ab; in diesem Jahr sterben elf Schwestern; so viele waren es noch nie. *«Am 5. Juli fand eine grosse Schwesternkonferenz statt, an der es zu einer eingehenden Aussprache über die wichtigsten Fragen unseres Werkes kam. So über die Disharmonie zwischen unserer Kraft und unseren Aufgaben, durch die unser diakonischer Dienst so oft in Frage gestellt ist. Dazu kam die Frage des mangelnden Schwesternnachwuchses zur Sprache und die Pflege unseres geistlichen Lebens.»*

Die Mutterhaus-Diakonie muss sich vermehrt verteidigen. *«Reich sind die Möglichkeiten des Dienstes in der Diakonie. Wie viele Bitten werden doch Jahr um Jahr an uns gerichtet, neue Aufgaben zu übernehmen. Wenn es immer wieder Leute gibt – merkwürdigerweise auch in der Kirche – die die Berechtigung der Diakonie anzweifeln, so möchten wir sie ernstlich vor die Frage stellen: Woher kommt es, dass man so sehr nach der Diakonie ruft?»*

Ob das ein spezifischer Ruf nach der Mutterhaus-Diakonie ist? Jedenfalls wird von Seiten des Mutterhauses Gewicht darauf gelegt, dass seine Hilfe in bestimmter Weise qualifiziert ist. *«Diakonisch arbeiten heisst, den leidenden Bruder im Sinn und Geiste Jesu Christi zu beherbergen und zu pflegen.»*

Aber eben die besonders qualifizierte Hilfe der Diakonissen scheint durch die Entwicklung der Medizin und des Spitalwesens gefährdet. *«Wenn wir an den Dienst in unseren Spitälern denken, an den oft so gehetzten Betrieb, an die stete Zunahme der Beanspruchung unserer Schwestern durch neue Verordnungen und Behandlungsmethoden, so drängt sich uns oft die Frage auf, wie unser Dienst noch richtig ausgeübt werden kann.»* Im Stiftungsrat betont eine Schwester, *«dass der wissenschaftliche Betrieb unseren Diakonissen es mehr und mehr schwer mache, den Dienst froh zu verrichten. Man fragt sich, ob Gott für die Diakonie andere Aufgaben stellen werde, ja es drängt sich einem oft die Frage auf, ob Gott heute nicht mehr zur Diakonie berufe.»*

Immerhin wächst die Zahl der «freien Schwestern» in der Krankenpflegeschule. Im letzten Jahr waren es erstmals mehr freie Lehrtöchter als Vorprobeschwestern. Auffallend ist jedoch die spürbare theologische Zurückhaltung den «Freien» gegenüber. *«Gottlob haben wir bis heute noch keinen nachteiligen Einfluss auf den Charakter des Hauses und unserer Schule gemerkt.»*

Im Übrigen

kostet der Pflegetag im Spital Fr. 17.50

1949

Schwester Hedwig

Das Geheimnis aller Pflege ist die Liebe

Zwar wurde im Stiftungsrat die Frage aufgeworfen, ob der Jahresbericht «*nicht kürzer abgefasst und vor allem die grundsätzlichen theologischen Ausführungen vermindert werden sollten*». Das Ergebnis der Diskussion: «*Es soll im nächsten Jahresbericht versucht werden, das Sachliche in den Vordergrund zu stellen, das Religiöse eher nur am Schlusse zu unterstreichen.*» Eine interessante Unterscheidung, die da getroffen wird!

Trotzdem beginnt der diesjährige Jahresbericht mit einem ebenso präzisen wie eindrücklichen theologischen Gedankengang: «*Was ist denn das Besondere an der Diakonie? Die Brüder zu lieben, das ist der besondere Auftrag, dem hilfsbedürftigen Menschenbruder in Liebe zu dienen. Lieben, lieben, lieben – so will es Gott haben. Nicht nur barmherzig sein, sondern lieben; nicht nur pflegen, sondern in Liebe pflegen; nicht nur dienen, sondern in Liebe dienen. Wir haben in der Diakonie viele Fragen und Anliegen auf dem Herzen. Aber nichts, nicht die Arbeitszeit, nicht die Freizeit, nicht die Tracht, nicht die Ausbildung, nicht die Organisation, nicht die Form, gar nichts geht über das eine grosse, zentrale Anliegen: die Liebe. Das Geheimnis aller Pflege ist die Liebe, die Liebe Christi.*»

Schwester LINA tut das im dritten Jahr im «Home» der Freundinnen Junger Mädchen in der ägyptischen Hafenstadt Alexandria.

Schwester LIESELOTTE tut es in der Schweizer Baracke des «Hilfswerks der Evangelischen Kirchen der Schweiz» in Wien, wo Flüchtlinge untergebracht sind.

Schwester HEDWIG tut es als Leiterin der «Mariahalde» in Erlenbach, wo 25 «geistesschwache» Kinder beherbergt werden. «*Meine Aufgabe ist es, dass ich armen und geistesschwachen Kindern dienen darf. Da wir es mit Kindern und Jugendlichen zu tun haben, beobachten wir Tag für Tag, wie wichtig es ist, alle Kräfte zu üben, zu stärken, zur Entfaltung zu bringen, damit sich unsere Schützlinge im Leben zurechtfinden und behaupten können. Unsere Aufgabe besteht darin, ihnen zu helfen, sie zu lieben, zu tragen und ihnen viel Sonne in ihr Dasein zu bringen.*»

Im Übrigen

- wird der Kauf einer eisernen Lunge für 10 000 Franken beschlossen
- stellt der Vorsteher vor dem Stiftungsrat fest: «*Wir können unseren Verpflichtungen nicht mehr nachkommen.*» Grund dafür ist der Rückgang der Schwesternzahl
- tagt die Konferenz der 1946 gegründeten «Diakonia», der «Internationalen Föderation der Verbände von Diakonissen-Gemeinschaften» im Juni in Zürich. Zum ersten Mal nach dem Krieg sind auch die deutschen Diakonissenhäuser vertreten

Eingesegnet

1950

Seit 1933 das neue Spital im Zollikerberg bezogen wurde, tauchen immer wieder Bedenken auf, die medizinische Wissenschaft nehme überhand und bedrohe die Arbeit der Diakonissen. Jetzt bekommen die besorgten Schwestern Unterstützung durch die Spitalseelsorger. *«Auch im Krankenhaus ist der Mensch als Mensch bedroht durch das materialistische Denken unserer Zeit, das mechanistische Menschenbild der Wissenschaft. Der Kranke wird zum blossen Fall, man sieht nicht mehr den Menschen, den leidenden Menschenbruder.»*

Dazu in auffallendem Gegensatz steht die Sorge des Vorstehers, dass die Belegung des Krankenhauses seit 1944 um über 17 Prozent zurückgegangen ist. Der Hauptgrund liegt nicht bei der Pflege, sondern insbesondere bei der Chirurgie. *«Der Name des Spitals hat gelitten.»*

Umso schöner, wenn im Jahresbericht über das Magdalenenheim an der Witellikerstrasse in Zürich, wo 34 Töchter aus schwierigen Verhältnissen wohnen, berichtet werden kann: *«Welche Freundlichkeit durften wir kurz vor Weihnachten erfahren, als eine Tochter, die vor vielen Monaten das Heim eigenwillig verliess, selbst heimkehrte und um Aufnahme bat. Viele Tage und Nächte brachte sie in Not und Angst in Höhlen zu. Nun hat sie des Umherirrens genug, und Freude erfüllt das ganze Haus.»*

Im Übrigen

- muss wegen des Schwesternmangels der Vertrag mit der Augenklinik Zürich gekündigt werden. Ihr Leiter, Professor AMSLER, der selbst im Stiftungsrat sitzt, bedauert, hat aber Verständnis dafür
- wollen sich die Diakonissen nicht für eine Reduktion der Wochenarbeitszeit auf 48 Stunden einsetzen
- kostet der durchschnittliche Pflegetag Fr. 20.90
- arbeitet eine Diakonisse in der Evangelischen Heimstätte Boldern in Männedorf

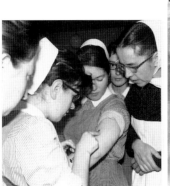
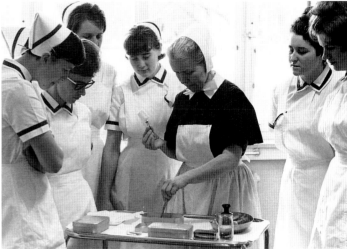

Die Lehrschwester

1951

Die «Krankenanstalt Neumünster Zollikerberg» stellt sich vor:

Abteilungen:

Medizinische Abteilung mit Infektionsabteilung
Chirurgische Abteilung
Gynäkologische Abteilung
Röntgen-Abteilung (Diagnostik, Therapie)
Laboratorium
Elektrotherapie
Physikalische Therapie
Heilbäder

Unsere Einrichtungen stehen auch auswärtigen ambulanten Patienten mit ärztlichem Zeugnis zur Verfügung.

Pflegeklassen:

1. Klasse mit Behandlung durch die Anstaltsärzte oder nach freier Ärztewahl
2. Klasse mit Behandlung durch die Anstaltsärzte
3. Klasse mit Behandlung durch die Anstaltsärzte
Auskunft erteilt die Verwaltung

Aufnahmen:

Es werden Kranke jeden Alters aufgenommen, mit Ausnahme von offener Lungentuberkulose und Geisteskrankheiten sowie Wöchnerinnen. Anmeldungen sollen schriftlich erfolgen. In Notfällen genügt telefonische Anfrage des behandelnden Arztes. Über die Aufnahme entscheiden die Abteilungsärzte.

Im Übrigen

ist die Gemeindeschwester von Nesslau, eine Neumünster-Diakonisse, von einem Motorrad angefahren worden und liegt schwer verletzt im Spital

verunfallt die Gemeindeschwester von Rorschach, auch sie Diakonisse aus dem Mutterhaus im Zollikerberg, auf einem Dienstgang tödlich

1952

Drei von neun

Am 28. September wurden in der Kirche des Diakoniewerks Neumünster neun Diakonissen eingesegnet. Von ihnen gehören 2007 noch drei der Schwesternschaft an. Die Stationen ihrer Tätigkeit zeigen, wie vielfältig die Arbeit der Diakonissen war.

Diakonisse LUISE WITTWEILER (1921)
arbeitete nach der Krankenschwesternlehre schon vor ihrer Einsegnung seit 1951 bis 1964 im Spital Wetzikon, zuerst in der Pflege, dann lernte sie Röntgen, und nachdem sie auch das Instrumentieren gelernt hatte, arbeitete sie im Operationssaal. In dieser Zeit betreute sie oft auch Schwesternschülerinnen während der Praktika. 1964 bis 1966 war sie als Stationsschwester im Pflegeheim Rehalp. Nach entsprechender Ausbildung unterrichtete sie von 1966 bis 1980 praktische Fächer an der Krankenpflegeschule des Diakoniewerks. 1980 bis 1985 kehrte sie als Stationsschwester und Ablösung der Heimleiterin noch einmal ins Pflegeheim Rehalp zurück. Dann trat sie in den Ruhestand.

Diakonisse GERTRUD STRAUB (1924)
wurde nach der Krankenschwesternlehre und einem einjährigen Kuraufenthalt in Davos im Spital Zollikerberg zur Operationsschwester, insbesondere für das Instrumentieren, ausgebildet.
1956 bis 1959 arbeitete sie als Operationsschwester im Spital Herisau,
1959 bis 1961 wieder im Spital Zollikerberg, ebenfalls als Operationsschwester,
1961 bis 1964, auch als Operationsschwester, im Bezirksspital Bülach,
1964 bis 1967 erneut als Operationsschwester im Spital Zollikerberg und
1967 bis 1968 als Abteilungsschwester im Spital Zollikerberg.
1968 übernahm sie die Stelle der Gemeindeschwester in Zollikon. 1988 trat sie in den Ruhestand.

Diakonisse HEDWIG BUCHMANN (1924)
übernahm nach Krankenschwesternlehre und Einsegnung ihrer Vorbildung in der Sozialen Frauenschule entsprechend zunächst die Kinderstube des Kantonsspitals Chur als Aushilfe für eine erkrankte Schwester. Darauf arbeitete sie zweieinhalb Jahre in der Kinderkrippe und dem Kinderheim der reformierten Kirchgemeinde Luzern, wo sie für die grösseren Kinder zuständig war. Es folgten drei Jahre im Büro des Schulthess-von Meiss-Stiftes, dann acht Jahre als Leiterin der Kinderkrippe Wipkingen. Zehn Jahre führte sie den Kindergarten in Bauma, und schliesslich arbeitete sie während 13 Jahren bis zur Pensionierung als Kindergärtnerin in Regensdorf.

Im Übrigen

_____ beschliesst der Leitende Ausschuss, angesichts der wachsenden Teuerung vor allem die Taschengelder der jungen Schwestern zu erhöhen. Sie erhalten neu vierteljährlich im ersten Jahr 60 Franken (bisher 30 Franken), im zweiten Jahr 70 Franken (bisher 60 Franken), im dritten bis fünften Jahr 80 Franken (bisher 60 Franken). Alle andern Schwestern erhalten vierteljährlich 100 Franken statt wie bisher 90 Franken

_____ steigen die Kosten eines Pflegetages von Fr. 20.60 auf Fr. 22.15

Hauspflege in den Bergen

Pause im Spital

1953

Die Arbeitsfelder der Neumünster-Diakonissen:

	Einrichtung	Schwestern
	Diakonissenanstalt, Mutterhaus	38
18	Kantons-, Bezirks- und andere Spitäler	262
2	Krankenheime für Chronischkranke	11
2	Sanatorien	12
11	Altersheime	16
2	Krippen	4
2	Kindergärten	2
	Kinderheim	1
	Heim für geistig behinderte Kinder	2
	Heim für gefährdete Töchter	2
4	Ferien- und Erholungsheime	9
	Taubstummenfürsorge	1
	Sanatorium für Gemütskranke	6
	Anstalt für Epileptische	1
	Mitternachtsmission für Frauen	1
	Kirchgemeindehelferin	1
55	Gemeindepflegen	73
	Äussere Mission	1

Auf 106 Stationen arbeiten 443 Schwestern, eine von ihnen in Afrika, eine andere nimmt sich unter dem Titel «Mitternachtsmission» der Prostituierten in der Zürcher Innenstadt an.

Im Übrigen

stirbt Schwester VRENELI SCHILLING, geboren 1866 in Löhningen. 1889 trat sie ins Mutterhaus ein, arbeitete im Kinderspital Zürich, dann in vielen Privatpflegen, bis sie zur Oberschwester des «Asilo Evangelico» in Mailand berufen wurde. Während des Ersten Weltkriegs leitete sie Verwundetentransporte, dann betreute sie das Ferienheim in Hemberg. Den Ruhestand verbrachte sie im Mutterhaus bei guter Gesundheit. Hier stirbt sie am 17. Februar

verabschiedet die Kaiserswerther Generalkonferenz in Schwäbisch Hall ihren Präsidenten, Pfarrer Graf LÜTTICHAU, *«der durch die schwierigsten Zeiten das Ruder des Verbandes und der Konferenz in Händen gehalten hatte»*

Walter von Wyss

1954

«Ein Kranz von Schwestern- und Bruderhäusern hat im Mittelalter unsere Ostschweiz geziert, während Jahrhunderten Brennpunkte christlicher Barmherzigkeit, in denen Herbergsdienst, Pflegedienst und Fürbittedienst getan wurde. Es ist in der Kirche der Reformation lange gegangen, bis in den Anfang des 19. Jahrhunderts, bis wieder solche Stätten dienender Barmherzigkeit entstanden. Heute ist unser Land übersät von Werken christlicher Liebestätigkeit. Bruderschaften freilich sind wenige mehr gegründet worden – wir erinnern an das Diakonenhaus in Greifensee -, wohl aber Schwesternschaften der Diakonie. Es gibt heute zwölf Diakonissenhäuser in unserem Schweizerland. Ob sie sich überlebt haben? Ob sie veraltet sind?»

Zwar geht die Zahl der Schwestern zurück, was das Aufgeben von Aussenstationen mit sich bringt – in diesem Jahr das Kantonsspital Chur. Dennoch ist im Jahresbericht festgehalten: *«Wir glauben vielmehr, dass sie mehr denn je ihren notwendigen Auftrag haben. Neugründungen, wie die Häuser von Grandchamp, Wildberg, in Frankreich Taizé-Cluny, beweisen, dass solche Bruderschaften und Schwesternschaften in unserer Kirche einem Bedürfnis entsprechen. Mögen die Häuser, die mehr der Contemplation und der Verkündigung dienen möchten, der heutigen Zeit entsprechender scheinen, so behalten nichtsdestoweniger die Häuser der dienenden Liebe ihren vollgültigen Auftrag.»*

Man liest diese Worte ein halbes Jahrhundert später und fragt sich: Spricht Zuversicht aus ihnen oder verschleierte Existenzangst?

Im Übrigen

- tritt der langjährige Chefarzt der medizinischen Abteilung, Professor Dr. WALTER VON WYSS, zurück
- wird beschlossen, zur Entlastung des Vorstehers einen dritten Pfarrer anzustellen
- findet am 13. September die Grundsteinlegung des Schulthess-von Meiss-Stiftes statt, das in Hottingen anstelle des alten «Wäldli» gebaut wird und 48 Pensionären Unterkunft geben soll

1955

Das Schulthess-von Meiss-Stift

Am 8. August bezieht Schwester ELSBETH MONHART, die Hausmutter, mit ihren Mitarbeiterinnen das neue Schulthess-von Meiss-Stift an der Asylstrasse 26 in Hottingen. Am 19. September tritt die erste Pensionärin ein; am 1. Oktober ist die Einweihung. Der vorausgegangene Bazar ergab einen Reingewinn von über 62 000 Franken. Die Baukosten belaufen sich auf Fr. 1 265 550.70. A. DEBRUNNER, der Architekt, der auch Mitglied des Stiftungsrates und des Leitenden Ausschusses ist, hört von aussen einige Kritik. Das Heim sei zu luxuriös; vor allem bei den technischen Einrichtungen, etwa der Ventilation, sei übertrieben worden. Es wird keine 40 Jahre dauern, bis Klagen über Mangel an Komfort auftreten.

In diesem Jahr gehen an Gaben ein

für die Diakonissenanstalt	Fr. 11 790.20
für die Schwesternkasse	Fr. 39 827.06
für das Krankenheim Rehalp	Fr. 3 507.77
für das Schulthess-von Meiss-Stift	Fr. 175.00
für das Altersheim Wäldli	Fr. 2 594.26
für das Altersheim Patumbah	Fr. 1 000.00
für das Heim Abendsonne	Fr. 593.10
Total	Fr. 59 487.39

Ein Vergleich dieser Zahlen mit denen etwa vor dem Bau des oberen Krankenhauses am Hegibach zeigt, dass die Spendefreudigkeit stark zurückgegangen ist.

Im Übrigen

stirbt der Gynäkologe Professor Dr. med. EMIL FEER, lange Jahre Mitglied des Stiftungsrates und des Leitenden Ausschusses

In Afrika

1956

Diakonissen in Afrika!

«Schwester E M M A S C H E R R E R *wurde am 15. Januar an einer Feier in unserer Kapelle verabschiedet und flog nach Dormaa-ahenkro (Goldküste), nach Ankunft von Schwester* D O R A W E L T I N *weiter nach Buea (Kamerun) zum Sprachstudium. Aber kurz darauf erhielt sie bereits das Aufgebot nach dem Leprosy-Settlement, dem Aussätzigendorf, in Manyemen (Kamerun). Sie schreibt beglückt von ihrem Dienst unter 400 Kranken, von denen 64 meist heidnische Schulkinder sind. Sie berichtet von einem Tauffest, an dem 35 Kranke in die christliche Gemeinde aufgenommen werden durften, von einer Säuglingskrippe, die eröffnet werden sollte, und von der Hoffnung auf eingeborene Töchter, die in diakonischem Sinn dienen möchten. Ein kleiner Anfang sei da.*

Am 24. Juni ist anlässlich des Basler Missionsfestes Schwester Dora Weltin zum Missionsdienst eingesegnet worden. Am 1. Juli, anlässlich unseres Jahresfestes, wurde sie im Mutterhaus verabschiedet. Am 20. Juli kam sie wohlbehalten in Agogo (Goldküste, dem heutigen Ghana) an. Sie half zunächst im dortigen Spital. Bereits nach einer Woche ging's weiter nach Dormaa-ahenkro in das staatliche, aber von der Basler Mission betreute kleine Spital mit etwa 30 Betten, wo sie mit ihren Missionsgeschwistern nun ihres Dienstes vornehmlich an Wöchnerinnen und vielen Poliklinikpatienten waltet. Sie hat letzthin die vielen Feierlichkeiten der Selbständigerklärung von Ghana miterlebt.

Schwester R O S M A R I E P E T E R *kehrte am 8. Oktober von Bafut (Kamerun) nach dreieinhalbjähriger Abwesenheit und gesegnetem Dienst unter Frauen und Kindern auf Urlaub in die Heimat zurück. Am 30. Dezember reiste sie nach England zu einem Apothekerkurs.»*

Im Übrigen

_____ schliessen sich die freien Neumünsterschwestern zu einem Verband zusammen, der in den «Verband diplomierter Krankenschwestern und Krankenpfleger» (SVDK) aufgenommen wird

_____ findet im September die zweite Kaiserswerther Generalkonferenz nach dem Krieg statt, und zwar in den Bodelschwinghschen Anstalten in Bethel-Bielefeld

Singen mit Schwester Annemei

Besuch in Kloten

1957

«In der protestantischen Welt gedenkt man des 150. Geburtstags eines Mannes, der zu seiner Zeit in besonderer Weise ein Sendbote der Liebe Christi war, JOHANN HINRICH WICHERNS. Nach den napoleonischen Kriegen ging durch das protestantische Europa eine Erweckungsbewegung, die weite Kreise erfasste. Eine Reaktion auf einen blutleeren Rationalismus und eine erstarrte Kirchlichkeit. Eine bleibende Frucht dieser Erweckung waren zahlreiche ‹Werke der Liebe im Namen Jesu›. In Hamburg eröffnet im Herbst 1833 der 25-jährige Theologiestudent Wichern, ein Kind dieser Erweckungszeit, das ‹Rauhe Haus›, eine strohbedeckte Hütte, Zufluchtsort für verwahrloste Jugend. Ein Rettungsdorf soll daraus werden, darin ‹Jesus Christus der lebendige Mittelpunkt unserer Arbeit und das höchste Ziel› sein soll. Elf Jahre später schickt er die ersten 25 Brüder als Diakone aus, als Herbergsleiter, Auswandererprediger, Gefängnisfürsorger.

Unterdessen hat ein anderer Pfarrer 1836 in Kaiserswerth am Rhein sein kleines Gartenhaus als ‹Hütte der Liebe› für strafentlassene weibliche Gefangene geöffnet, THEODOR FLIEDNER. Bald darauf nimmt er die ersten Töchter auf, sie zu Dienerinnen Christi, zu evangelischen Diakonissen auszubilden, damit sie die Liebe Christi zu den Kranken und Elenden brächten.» So der Vorsteher, Pfarrer ROBERT BAUMGARTNER, im Jahresbericht.

Im Übrigen

muss die alte, etwa 200-jährige Ulme beim «Wäldli» gefällt werden, da sie an der Ulmenkrankheit leidet. Die Bevölkerung wird durch einen Zeitungsartikel darauf vorbereitet. Die Entfernung des Baumes kostet 4700 Franken; das Holz kann für 1700 Franken verkauft werden

wird der Bau eines neuen Schwesternhauses als Ruhesitz beschlossen

Das Jubiläum

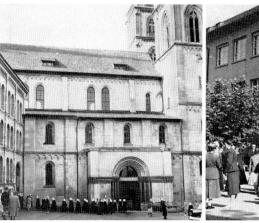 

1958

«Das zweite Jahrhundert hat begonnen, und sein Anfang sieht wohl anders aus als vor hundert Jahren. Wie vieles hat sich auch in der Krankenpflege und nicht zum wenigstens durch die Diakonie völlig verändert. Statt der ‹Lohnwärterin› von einst steht seit Jahr und Tag die ‹Schwester› am Lager der Kranken. Wirklich? Steht sie noch? Ist es noch die Schwester, die als Beauftragte Jesu Christi im Sinn und Geist ihres Herrn dem Elenden hilft? Ist die Schwester heute nicht mancherorts in Gefahr, blosse Lohnwärterin zu werden?

Das ‹Schwesterntum›, aus früheren Jahrhunderten übernommen, hiess es kürzlich in einer Zeitschrift, werde ja jetzt teilweise ersetzt durch den Komfort im Spital. Nein! Hoffentlich nicht! Kein Embru-Bett, kein Radio, kein Warmwasserhahn vermag die Schwester zu ersetzen, die rechte Schwester, die Dienerin Christi. Oder müssen wir einen Schwerkranken fragen? Den Schwesterndienst vor völliger Säkularisierung zu bewahren, ihn zu erkennen als Auftrag unseres Herrn und auszuüben im Geiste Christi, das soll im zweiten Jahrhundert unser grosses Anliegen sein und bleiben.»

Wie die Bewahrung vor der Säkularisation aussieht, zeigt sich bei der Wahl des neuen Chefarztes der chirurgischen Abteilung. In einem Protokoll wird festgehalten, dass allen, die sich auf die Stelle meldeten, ein Grundlagenpapier zugestellt wurde, dessen Punkt 2 lautet: «Die Kranken- und Diakonissenanstalt Neumünster ist eine Stiftung der Evangelischen Gesellschaft des Kantons Zürich. Es wird erwartet, dass der Chefarzt der chirurgischen Abteilung bereit ist, sich in seiner Berufsarbeit dem christlichen Geist des Hauses einzuordnen.»

Eine Diakonisse äussert dazu, seit Jahren bete man um einen positiv christlichen Arzt. Und der Vorsteher betont, was das Wissenschaftliche anbelange, bestehe im Haus gegenwärtig ein Malaise, da die Schwestern überzeugt seien, auf der medizinischen Abteilung werde die Wissenschaft zu sehr betont auf Kosten der Patienten.

Eine andere Sicht deutet das Votum des Stiftungsratspräsidenten an: «Das Bethanienheim hat seinerzeit einen Chefarzt gewählt, obschon diesem die Kirche ein rotes Tuch ist. Heute ist das gegenseitige Verhältnis ausgezeichnet, und der Chef schätzt just das Diakonissenhaus und die Diakonissen sehr. Die Diakonie hat auch eine Mission an ihrem Chefarzt.»

Im Übrigen

- feiert die Kranken- und Diakonissenanstalt am 28. September das Jubiläum ihres 100-jährigen Bestehens
- hat der Vorsteher, Pfarrer ROBERT BAUMGARTNER, dazu eine Festschrift verfasst
- muss der psychiatrischen Klinik Hohenegg wegen des Schwesternmangels gekündigt werden
- tritt Schwester BERTA WEBER, die während 33 Jahren die Krankenhausküche leitete, in den Ruhestand
- wird am 10. November der Grundstein zum neuen Schwesternhaus gelegt

1959

Zuwendung auch im modernen Spital

Vom Asyl zur Klinik

«Wir lasen von einem Spital in Dänemark, einem der modernsten Europas, mit allen Schikanen vom Restaurant bis zu den psychologisch abgestimmten Farben der Krankenzimmer. Ein Patient fühlt sich nicht gut und klingelt nach der Schwester. Sie kommt – nicht. Dafür hört man am Lautsprecher – und alle Kranken hören es mit – eine Stimme: Was wird gewünscht? Der Patient antwortet, dass ihm nicht gut sei. Wieder die Stimme am Lautsprecher: Ich werde ihnen eine Pille schicken. Eine Hilfsschwester stellt etwas aufs Nachttischchen. Es ist grossartig organisiert und man spart Arbeit. Das Unpersönliche sei eine Art Therapie. Die Menschen sehnen sich nach ihrer Familie, ihrer Arbeit. Auch ein Standpunkt. Der unsrige ist es jedenfalls nicht. Uns soll vornehmste Arbeit sein und bleiben, den Kranken in seiner Schwachheit zu begleiten in der Liebe Christi. Die Organisation darf nicht den Geist töten. Der Kranke soll uns eine Gabe Gottes bleiben.»

Verpasst hier jemand die Entwicklung im Verständnis von Krankheit und Spitalaufenthalt? Wer vor 1858 ins «Spital» musste, war ein armer Tropf. Das alte Spital auf dem Zürcher Zähringerplatz war eine Versorgungsanstalt für die Allerärmsten gewesen, schlimmer als das Armenhaus. Noch in den ersten Jahrzehnten der Krankenanstalt Neumünster traten kaum gutbetuchte Patienten ein; das «Asyl» war immer noch eine Zuflucht für Menschen, die keine andere Hilfe hatten.

Das hat sich inzwischen völlig verändert. Der Spitalaufenthalt ist keine Frage der sozialen Stellung mehr, sondern eine medizinische. Lange nicht alle Patienten sind auf den Tod krank. Vieles, was um die Jahrhundertwende noch lebensgefährlich war, ist inzwischen heilbar geworden. Darum stellen sich im Zusammenhang mit den meisten Erkrankungen auch keine «letzten Fragen» mehr. Der Spitalaufenthalt ist nicht mehr zwangsläufig eine Lebenskrise.

Im Übrigen

<u>   </u> treten in diesem Jahr acht Vorprobeschwestern als künftige Diakonissen ein und 29 freie Schülerinnen. *«Unseren jungen Diakonissen wird es zur Anfechtung, dass sie unter den vielen freien Schwestern nur noch wenige sind.»*

<u>   </u> wird im Dezember das neue Schwesternhaus eingeweiht

<u>   </u> ist vor 50 Jahren das Pflegeheim Rehalp eröffnet worden

Emmy Scherrer

1960

SOPHIE KÄGI, Oberschwester seit 1942, tritt altershalber zurück. Als Nachfolgerin schlägt der Schwesternrat einstimmig Schwester EMMA SCHERRER vor. Sie wird vom Stiftungsrat gewählt und am 20. November eingesetzt.

Schwester Emmy trat 1946, 22-jährig, als freie Schülerin in die Krankenpflegeschule ein und erhielt 1949 das Diplom. 1951 meldete sie sich zur Aufnahme als Diakonisse und wurde der Basler Mission zur Verfügung gestellt. Sie absolvierte den Hebammenkurs in Zürich, wurde 1954 eingesegnet, lernte Englisch und erwarb Apothekenkenntnisse in Birmingham. 1956 reiste sie nach Agogo in Ghana aus, war dann tätig in Dormaa-ahenkro und zuletzt in der Aussätzigensiedlung Manyemen in Kamerun. Als sie für die Wahl zur Oberschwester angefragt wurde, weilte sie auf Heimaturlaub.

Nach einer Bedenkzeit sagte Schwester Emmy zu. Zur Vorbereitung auf das neue Amt arbeitete sie einige Zeit als leitende Schwester im Krankenhaus im Zollikerberg, absolvierte dann den siebenmonatigen Oberschwesternkurs in der Rotkreuz-Fortbildungsschule Zürich; Besuche in ausländischen Diakonissenhäusern wie Neuendettelsau und Bethel-Bielefeld schlossen sich an.

Im Übrigen

- beschliesst die Gemeindeversammlung von Zollikon, vom Krankenhausdefizit jährlich maximal 30 000 Franken zu übernehmen. 12 Prozent der Patienten kommen aus Zollikon
- haben die Reformierten im Zollikerberg eine eigene Kirche gebaut und brauchen die Kirche der Diakonissenanstalt nicht mehr

Gemeindeschwestern unterwegs

1961

Seit den 30er-Jahren regt sich ständig die Sorge um die eigene Existenz. *«Und die Mutterhausdiakonie? Ist sie nicht unmodern geworden, überlebt? Ist sie noch nötig angesichts der staatlichen Wohlfahrtspflege, des freien Schwesternberufes?»* Dabei bricht Zukunft mitten in der Anstalt an!

«Die Zahl der Betagten und Hochbetagten wächst von Jahr zu Jahr und damit die Zahl der Pflegebedürftigen, der Hilflosen. Früher hielten Söhne und Töchter es als Ehrenpflicht, ihre Eltern bis ans Ende zu pflegen, und Enkel und Enkelinnen nahmen viel wertvolle Erinnerungen ins Leben mit. Das Leben ist anders geworden. Berufsbeschäftigung von Mann und Frau, Wohnungsnot und Raumfrage nötigen sie, die betagten Eltern in Alters- und Pflegeheimen unterzubringen. Längst sind unsere Pflegeheime überfüllt, die Spitalabteilungen mit alten Leuten besetzt, unsere Schwestern überbeansprucht von der oft zeitraubenden und mühsamen Pflege. Das führte uns dazu, besondere Kurse für Pflegerinnen Chronischkranker und Betagter einzuführen. Im Herbst 1960 haben wir einen ersten Kurs mit sieben Schülerinnen eröffnet, im Herbst 1961 einen zweiten Kurs mit zwölf Teilnehmerinnen. Nun haben die sieben des ersten Kurses ihr Examen bereits mit gutem Erfolg bestanden, dank der Ärztin und der beiden Schulschwestern, die sich der Sache besonders angenommen hatten. In etwas vereinfachter Form wurden die üblichen Hauptfächer erteilt, dazu kamen Vorträge über Alterskrankheiten, Psychologie der Betagten, Begegnungen mit alten Menschen usw. Gesamtzahl der Unterrichtsstunden 294 in anderthalb Jahren. Das Praktikum verbrachten die Teilnehmerinnen in unserem Krankenhaus, im Krankenheim Rehalp, in den Spitälern von Dielsdorf, Thalwil und im Bürgerspital St. Gallen. Stecken wir im ganzen noch in den Anfängen und im Versuchsstadium, so hoffen wir nichtsdestoweniger auf einen guten Fortgang zum Wohle unserer Chronischkranken und Betagten und zur Entlastung unserer Schwestern.»

Hier ist eine Entwicklung erkannt.

Im Übrigen

- kündigt der Vorsteher, Pfarrer ROBERT BAUMGARTNER, seinen Rücktritt auf Frühling 1962 an
- verunglückt die Gemeindekrankenschwester von Kloten, Diakonisse ROSA KUSTER, bei einem Autounfall im Dienst tödlich
- werden zwei Diakonissen und 19 freie Schülerinnen als Krankenschwestern diplomiert
- kostet der durchschnittliche Patiententag im Spital Fr. 41.18
- beträgt das Defizit der Krankenanstalt 822 000 Franken
- werden im Krankenhaus für über 200 000 Franken medizinische Apparate angeschafft

Hans Dürig

Hans Zollikofer

1962

Aus der 123. Sitzung des Leitenden Ausschusses vom «Dienstag, dem 9. Oktober 1962, 14.00 Uhr im Jungschwesternzimmer der Diakonissenanstalt auf Zollikerberg»:

«Es hat sich ein Neger aus Nigeria gemeldet, der gegenwärtig Oberarzt in Uznach ist, und der noch einiges hinzulernen sollte, weil er in seiner Heimat einen akademischen Posten versehen sollte. Er rede Schweizerdeutsch, und die Leute gewöhnten sich rasch an ihn. Herr Dr. Zollikofer hält dafür, dass auch dies zu unserer Verpflichtung für entwicklungsfähige Länder gehöre. Leider hat der schwarze Bruder sich zu spät gemeldet. Erst im nächsten Mai wird eine Assistentenstelle frei, es sei denn, dass wir ihn zusätzlich anstellen und besolden. Die Schwestern erklären sich bereit, ein Mögliches zu tun. In diesem Sinne wird beschlossen, ihn kommen zu lassen.»

«Die Liebe wird uns leiten», ist man versucht, das Lied von Zinzendorf zu zitieren, auch wenn die Political Correctness noch nicht ganz korrekt ist.

Im Übrigen

wählt der Stiftungsrat am 10. Mai HANS DÜRIG, geboren 1923, bisher Pfarrer in Meiringen, zum neuen Vorsteher. Er wird am 4. November eingesetzt

tritt der Chefarzt der medizinischen Abteilung, Professor Dr. FRITZ KOLLER, zurück, da er auf eine Professur in Basel berufen wurde

wählt der Stiftungsrat den bisherigen Oberarzt Dr. HANS ZOLLIKOFER zum neuen Chefarzt der medizinischen Abteilung

tritt Schwester ALINE EGLI, Oberschwester der medizinischen Abteilung, nach 30 Dienstjahren in den Ruhestand

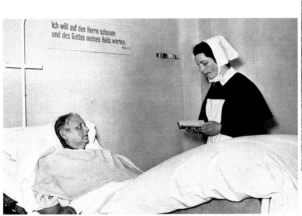
Seelsorge

Im Kinderspital

1963

Der neue Vorsteher zur Lage: «Bekommen sie Recht, die der Mutterhausdiakonie längst ihr Ende angekündigt haben? Und sie, welche offen oder verborgen über dieses Dienstvolk lächelten, werden sie in ihrer Haltung bestärkt? Wir wünschen es unserer Kirche nicht, wir wünschen es aber auch unserem Volk nicht. Wir haben erkannt, dass wir bewusst den Weg in die Beschränkung zu gehen haben. Dass wir uns nicht mit letzter Kraft an unsere Stellungen klammern dürfen und sie erst preisgeben, wenn schon weitere Posten in Mitleidenschaft gezogen sind. Es gilt, die Aufgaben den uns zur Verfügung stehenden Kräften anzupassen. Wir haben aus den Händen zu legen, was wir nicht zu tragen vermögen. So können wir das, was uns bleibt, freudig und gern tun. So dürfen wir aber auch sein, wer wir sind, und brauchen nichts vorzumachen.»

- 56 Diakonissen sind im Mutterhaus beschäftigt,
- 6 in Ferienhäusern,
- 82 im Krankenhaus,
- 18 in Tochteranstalten,
- 148 in Spitälern,
- 31 in Heimen,
- 50 in Gemeindepflegen,
- 92 sind im Ruhestand,
- 11 sind krank,
- 13 sind beurlaubt,
- 4 sind in Ausbildungskursen.

Im Übrigen

bekommen die Schwestern das Ferienhaus «Marguerita» in Zuoz geschenkt

Die «Abendsonne» in Schönenberg

1964

Neuer Name und neue Statuten

Bisher hiess es: «Kranken- und Diakonissenanstalt Neumünster». Aber die Stiftung hat im Lauf der Jahrzehnte viele verschiedene diakonische Aufgaben übernommen. Darum heisst sie neu: «Diakoniewerk Neumünster». Und was die Statuten betrifft: Der Präsident des Stiftungsrates ist nicht mehr selbstverständlich auch Präsident des Leitenden Ausschusses. Der Leitende Ausschuss soll ein Gremium von Fachleuten sein, welches das Werk führt und dazu vermehrte Kompetenzen bekommt. Oberste Behörde bleibt der Stiftungsrat.

Neuerungen wecken Ängste. *«Sie nahmen unsere Aufmerksamkeit zeitweise derart in Anspruch, dass man meinen konnte, in ihnen liege die erwartete Erneuerung unseres Werkes. Das wäre eine folgenschwere Täuschung. Solche Neuerungen sollen nur helfen, ein Werk so zu gestalten, dass dadurch der ihm gegebene Auftrag wirksamer geschehen kann und dass auch in allen äusseren Dingen etwas von der Herrlichkeit und der Ordnung Gottes sichtbar wird.»* – *«Vieles von dem, was unsere Umwelt erarbeitet zur Erleichterung und Wirtschaftlichkeit der Betriebsführung, ist ja auch für uns eine Hilfe zur besseren Bewältigung unseres geistlichen Auftrages. Natürlich haben wir darüber zu wachen, dass diese Dinge ihren dienenden Charakter bewahren und nicht zu Hauptsache werden.»*

Im Übrigen

- beträgt das Durchschnittsalter der Diakonissen 57 Jahre
- müssen im Spital Verbote ausgehängt werden, weil die Bleistiftabsätze die Böden zerstören
- wird das Haus «Abendsonne» in Schönenberg verkauft

1965

Robert Kurtz

Ein Jahr der Profile. Was beschlossen wurde, beginnt sichtbar zu werden. Die neuen Statuten sind vom Regierungsrat genehmigt. Der neue, 20 Mitglieder umfassende Schwesternrat ist gewählt. Zehn Schwestern werden in den Stiftungsrat, drei in den Leitenden Ausschuss und eine Schwester in die Vorsteherschaftssitzungen abgeordnet. Der Bau eines Schwesternschulgebäudes hat begonnen; es wird Platz für die Schule und für 112 Schülerinnen und ihre Lehrerinnen bieten.

Der Erneuerung und Expansion stehen Einschränkungen gegenüber. Im Spital Neumünster fehlen immer mehr Diakonissen als Abteilungsschwestern. Das bringt schwere finanzielle Einbussen mit sich; das Geld wird knapp. Das Betriebsdefizit des Spitals beträgt rund 2 Millionen Franken. 90 Prozent davon übernimmt der Kanton, und die Gemeinde Zollikon zahlt 30 000 Franken. Der Rest muss aus den Schwestereinkommen berappt werden, ebenso 52 Prozent der Kosten aller Neueinrichtungen – was allein für die neue Röntgenabteilung 676 000 Franken heisst. Damit ist die Zahlungskraft der Schwestern weit überfordert, umso mehr, als der Anteil der aktiven Diakonissen ziemlich schnell sinkt.

In einer Sitzung des Leitenden Ausschusses sagt der Vorsteher dazu: *«In unserer Leitung besteht heute die Tendenz, möglichst alle Sektoren fachgemäss zu führen, und wenn unser Betrieb lebensfähig sein soll, muss das Persönliche mehr als bisher zurücktreten. Dies bedeutet, sachlich zu handeln und doch im Vertrauen auf den Herrn die Arbeit fortzuführen.»*

Im Übrigen

tritt alt Dekan GEORGES VON SCHULTHESS als Präsident des Stiftungsrates zurück. Neuer Präsident wird Pfarrer ROBERT KURTZ, Präsident des Kirchenrates und bisher Pfarrer am Grossmünster in Zürich

stirbt Professor Dr. GOTTLOB SCHRENK, Neutestamentler an der Universität Zürich und viele Jahre mitwirkend in der Direktion beziehungsweise im Stiftungsrat des Diakoniewerks Neumünster

Das neue Schulgebäude

1966

Am 13. Oktober stirbt Schwester EMMA HUNZIKER, die um ein Haar eine Berühmtheit in der medizinischen Forschung geworden wäre.

Geboren 1884, tritt sie mit 18 Jahren als Vorprobeschwester ins Diakonissenhaus ein und wird 1906 eingesegnet. Nach verschiedenen Stationen übernimmt sie schliesslich die Leitung des Labors im Spital Neumünster. Hier macht Schwester Emma am Mikroskop eine Entdeckung. Bei einer Gruppe der Leukozyten (also der weissen Blutkörperchen), den Monozyten, verändert sich der Zellkern, wenn der Patient an Krebs erkrankt ist.

Der Chefarzt der Innern Medizin zeigt sich an Schwester Emmas Beobachtung interessiert. Es könnte ja sein, dass sich daraus eine Früherkennung von Krebskrankheiten entwickeln liesse. Also wird ein Assistent auf die Frage angesetzt, der sie zusammen mit Schwester Emmas Nachfolgerin, Schwester DOROTHEE KÜNDIG, genauer unter die Lupe nimmt. Dabei stellt sich heraus, dass der Rückschluss vom veränderten Zellkern auf die Krankheit für eine wissenschaftliche Methode nicht zuverlässig genug ist. Auch bei andern als Krebserkrankungen treten die atypischen Monozyten, wie man sie nennt, auf.

Diese haben im Spital Neumünster jedoch längst einen eigenen Namen bekommen. Nach ihrer Entdeckerin Emma Hunziker werden sie «Emmazyten» genannt. Die Sage freilich, der Begriff «Emmazyten» sei sogar in eine der unzähligen Auflagen des *Pschyrembel*, des berühmten klinischen Wörterbuches, gelangt, ist nichts weiter als eben eine Sage; die «Emmazyten» haben sich nie über das Spital des Diakoniewerks hinaus verbreitet.

Und so ist denn die Diakonisse Emma Hunziker nicht in die Medizingeschichte eingegangen. Oder besser gesagt: Sie ist eine der zahllosen ungenannten Pionierinnen und Pioniere geblieben, denen wir im Wesentlichen die Fortschritte der medizinischen Wissenschaft verdanken.

Im Übrigen

- gibt es im Diakoniewerk Neumünster noch 485 Schwestern
- verhandelt die Leitung des Diakoniewerks mit den Nachbargemeinden über eine stärkere Beteiligung an der Trägerschaft
- stirbt EMIL BRUNNER, der berühmte Theologe und Freund des Diakoniewerks, in Zürich

Der Neubau in Hemberg

1967

Zum Gleichnis vom barmherzigen Samariter:
«Sehr eilig haben wir Christen uns – wohl ahnend, dass solches Handeln Gott wohlgefällig ist – mit dem Mann aus Samaria gleichgestellt und uns entsprechend von den beiden Hartherzigen abgesetzt. Hat deswegen unser ‹barmherziges Handeln› nicht viele Hilfsbedürftige enttäuscht und gedemütigt?

Heute wird uns viel von dem ‹barmherzigen Handeln› durch öffentliche Einrichtungen abgenommen. Manche Hilfsbedürftige fühlen sich dort freier, weniger gedemütigt. Diese Beobachtung macht uns kritischer gegen uns selber, wir haben sachlicher sehen gelernt. Wir Christen gehen heute auch durch eine Demütigung wie nie zuvor, vor allem auch wir Menschen der Werke der Inneren Mission. Nicht, weil wir um des Glaubens willen verfolgt würden. Es ist schlimmer als das: Wir haben die Achtung verloren und damit auch die Beachtung.

Was geht uns in solcher Lage auf? Wohl dies: Wir sind in den Augen Gottes die Verwundeten und bedürfen darum der Hilfe. Jener Mann aus Nazareth muss sich zunächst unser annehmen. Der sogenannte Samariter, das ist der ganz andere, nicht der Mensch; es ist der Herr, der ganz allein barmherzig zu handeln versteht, und der niemand demütigt.»

Wer schreibt, die Beachtung zu verlieren sei schlimmer, als um des Glaubens willen verfolgt zu werden, hat den Massstab verloren. Das ist nicht erstaunlich bei den obwaltenden Verhältnissen. Der Vorsteher muss sich vorkommen wie ein Mann in einem lecken Schiff. Stopft er ein Loch, dringt das Wasser durch ein anderes ein.

Doch gibt es auch Positives zu berichten. Mit den Kantonen Thurgau und Schaffhausen wird ein Vertrag über ihre Beteiligung an der Krankenpflegeschule abgeschlossen. Und die Ausbildung der freien Schwestern geht erfolgreich voran.

Im Übrigen

- ist der Neubau des Ferienheimes in Hemberg im Toggenburg fertig
- werden die neu geschaffenen Stellen eines Spitalverwalters und eines Sekretärs für die kaufmännische Leitung des Diakoniewerks besetzt
- bekommen Diakonissen auf Spezialposten für ihre Arbeit ein Jackettkleid. Eine Stimme aus dem Leitenden Ausschuss: die jetzige Tracht sei unmodern
- feiern die Bodelschwinghschen Anstalten in Bethel-Bielefeld ihr 100-jähriges Bestehen

In der Spitalküche

1968

Fräulein S., Hausangestellte in der Spitalküche, wird nach 17 Dienstjahren pensioniert. Von der Alterskasse bekommt sie 141.75 pro Monat. Es wird vorgeschlagen, ihr aus dem Personalfürsorgefonds monatlich 50 Franken als Zusatzrente zu gewähren. Dem wird unter dem Vorbehalt zugestimmt, dass die finanziellen Verhältnisse von Fräulein S. abgeklärt werden, namentlich soll noch die Altersbeihilfe und wenn nötig der Fonds des Altersheims Wäldli beigezogen werden.

In diesem Zusammenhang sollen auch die finanziellen Verhältnisse der übrigen pensionierten Mitarbeiterinnen und Mitarbeiter im Altersheim Wäldli überprüft und allenfalls zusätzliche Beiträge aus dem Wäldli-Fonds genommen werden.

Fräulein H., Hausangestellte im Diakonissenhaus, hat 40 Dienstjahre. *«In Anbetracht der langjährigen treuen Mitarbeit wird auch ihr eine Zusatzrente von Fr. 50.– zu ihrer Rente von Fr. 169.50 von der Alterskasse ausbezahlt.»*

Im Übrigen

- besteht das Mutterhaus noch aus 453 Schwestern
- gehen jedes Jahr 15 bis 20 Schwestern in den Ruhestand
- ist ein Drittel der Schwesternschaft im Ruhestand

Freiere Formen

1969

Eine neue Schwesternordnung wird beschlossen. Der Vorsteher nennt sie eine neue Lebensordnung. Haupteindruck eines Votanten in der Sitzung des Stiftungsrates: *«Die strengen Formen sind fallen gelassen.»*

Einige Hauptpunkte:
- Die Schwesternschaft ist durch Mannigfaltigkeit gekennzeichnet. So wird nicht mehr jede neueintretende Diakonisse Krankenschwester.
- Das Schwesternleben soll geprägt sein von einem Rhythmus aus Besinnung und Arbeit.
- Mitbestimmungs- und Selbstbestimmungsrecht werden verstärkt.
- Es wird nicht mehr selbstverständlich vorausgesetzt, dass eine Schwester ihr Leben lang Diakonisse bleibt; die Dauer bestimmt sie selbst.
- Ehelosigkeit ist nicht absolute Bedingung für die Zugehörigkeit.
- Arbeit und Arbeitsplatz werden in Absprache mit der Schwester festgelegt.

Für das ganze Werk aber gilt, was der Vorsteher im Jahresbericht schreibt: *«Die Leitung stand am Scheideweg. Die Alternative hiess:*
- *Fallenlassen der angeschlossenen Betriebe entsprechend dem Rückgang des Diakonissennachwuchses.*
- *Weiterführung dieser Betriebe mit Hilfe anderer Menschen, die in einem andern Zugehörigkeitsverhältnis stehen.»*

Im Übrigen

- beschliesst der Leitende Ausschuss als Experiment für das Jahr 1970 die Auszahlung eines persönlichen Gehalts von 1800 Franken pro Jahr für die aktiven Schwestern bis zum 65. Altersjahr sowie 900 Franken pro Jahr für die Schwestern vom 66. Altersjahr an

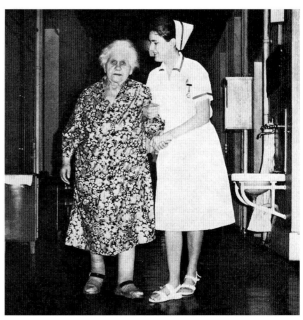

In der «Rehalp»

1970

Baufragen beschäftigen den Leitenden Ausschuss

Was soll mit dem Pflegeheim Rehalp geschehen, das dringend der Renovation bedarf?

___ Ein Vorschlag lautet:

ein neues Haus beim Spital im Zollikerberg bauen und das alte Haus verkaufen.

___ Ein zweiter Vorschlag:

die Chirurgie im Spital aufgeben und den frei werdenden Raum als Pflegeheim einrichten.

___ Dritter Vorschlag:

Das Pflegeheim Rehalp bleibt, wo es ist. Jedoch wird die alte «Villa» abgerissen und ein Neubau errichtet.

___ Vierter Vorschlag:

Das Pflegeheim Rehalp bleibt, wo es ist und wird renoviert.

Vorschlag Nummer vier wird schliesslich ausgeführt werden.

Ein viel grösseres Vorhaben ist der Neubau eines Altersheims auf dem Areal des alten «Wäldli» in Hottingen. Ein Wettbewerb unter ausgewählten Architekten wird ausgeschrieben. Am meisten überzeugt das Projekt «Herbst» des Architekturbüros Hertig+Hertig+Schoch. Es soll für die Ausführung aufbereitet werden.

Die Vorsteherschaft ist überzeugt, dass ein künftiger Schwerpunkt der Tätigkeiten des Diakoniewerks in der Altersbetreuung liegt.

Im Übrigen

___ arbeiteten 1962 100 Diakonissen im eigenen Spital; heute sind es noch 40

___ zählt die Schwesternschaft 424 Diakonissen

___ wird die neue Schwesternordnung von den leitenden Gremien endgültig gutgeheissen

___ wird beschlossen, dass die Schwestern künftig Zivilkleider tragen dürfen, wenn sie wollen.

Dafür bekommen sie pro Jahr 600 Franken

 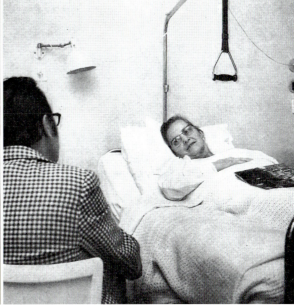

CPT in der Theorie   CPT in der Praxis

1971

Im Diakoniewerk beginnen Kurse für «Clinical Pastoral Training», kurz CPT. Es ist die erste spezifische Ausbildung für Spitalseelsorgerinnen und -seelsorger in der Schweiz. CPT wurde in den USA aufgrund der nichtdirektiven Gesprächsführung von C. R. ROGERS entwickelt. Der holländische Theologe H. FABER vermittelt sie in die Schweiz. Er hält auch die ersten Kurse.

Die Methode überlässt dem Patienten im seelsorgerlichen Gespräch die Initiative. Er soll, sanft angeleitet, seine Probleme und ihre Lösung selbst finden. Damit steht CPT auf den ersten Blick im Gegensatz zur überlieferten Spitalseelsorge, die den Patienten mit dem Wort Gottes anreden wollte, in der Überzeugung, dass er dessen am dringendsten bedürfe. Jetzt versteht sich der Seelsorger mehr als jemand, der dem Patienten die Zunge löst. Dass diese Zuwendung ebenfalls evangelische Anrede ist, wurde von den Kritikern von CPT gern übersehen.

Für die nächsten Jahre ist das Diakoniewerk Neumünster ein schweizerisches Zentrum für die CPT-Ausbildung. In Verbindung mit der Zürcher Landeskirche wird der niederländische Experte Pfarrer Dr. HANS VAN DER GEEST als Ausbildungsleiter angestellt. Heute ist CPT aus der praktischen Ausbildung der Pfarrerinnen und Pfarrer, vor allem der in Spitälern tätigen, nicht mehr wegzudenken.

Im Übrigen

wird der Bau des Altersheims in Hottingen in Zusammenarbeit mit der Kirchgemeinde Hottingen geplant. Es soll nicht «Stift Hottingen» heissen, wie ein Vorschlag lautet, sondern «Sunnepark». Die Berechnungen ergeben einen Preis von 1100 Franken pro Monat und Person. Die Einzimmeralterswohnung wird 412 Franken kosten, die Zweizimmerwohnung 618 Franken

wird Dr. ARNOLD WIDMER zum chirurgischen Chefarzt gewählt

findet die Kaiserswerther Generalkonferenz im Diakoniewerk Neumünster statt

wird das neue Schulgebäude eingeweiht

Altersturnen unter dem Blick der Ahnen

1972

Die Schwesternschaft umfasst noch 409 Diakonissen; 180 von ihnen sind im Ruhestand. Nicht erstaunlich, dass den Vorsteher Sorgen quälen, beinahe Panik ergreift. Er sieht den Tag kommen, an dem keine einzige Schwester mehr im Spital tätig sein wird. Soll man angesichts solcher Aussichten am Spital festhalten? Pfarrer DÜRIG ist der Meinung, man solle nicht.

Das grosse Altersheim Sunnepark in Hottingen ist in Planung. Nach solchen Heimen wird bald noch stärkere Nachfrage sein, davon ist der Vorsteher überzeugt. Und die Zukunft wird ihm Recht geben. Alterspflege – das wäre von der kleiner werdenden Schwesternschaft zu bewältigen. Man muss ja beachten, dass in den letzten fünf Jahren keine einzige Diakonisse mehr in Krankenpflege ausgebildet worden ist. Warum also nicht noch weiter gehen, als der Vorsteher schon einmal wollte? Damals schlug er vor, die Chirurgie aufzugeben. Jetzt sagt er: Geben wir das Spital überhaupt auf. Machen wir ein Alters- und Pflegeheim daraus!

Das ist vielen Behördemitgliedern zu radikal. Auch den Schwestern. Aus ihrem Kreis wird gerade die Tatsache, dass in den letzten Jahren niemand mehr ausgebildet wurde, gegen die Änderung des Bestehenden ins Feld geführt. Und im Leitenden Ausschuss tönt es, wenn auch freundlich und nur verhalten: Der Vorsteher soll nicht immer zu viel auf einmal wollen. Und bitte nicht fortwährend neue Vorschläge! Am einmal Beschlossenen bleiben. Und keine pessimistische Grundstimmung aufkommen lassen, Herr Pfarrer!

Es ärgert ihn, dass sie ihn bremsen. Er hätte Visionen, vielleicht nicht immer restlos schlüssige, aber immerhin Visionen. Doch kann er sie nicht durchsetzen. Und er muss wohl hin und wieder gefunden haben, seine Behörden handelten mut- und perspektivelos. Da kann einer schon pessimistisch werden.

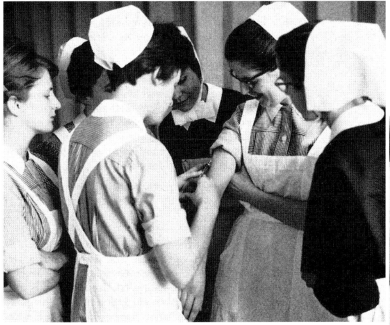
Selbstversuch

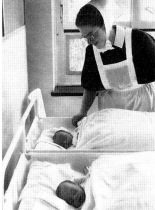
Mütterlichkeit

1973

Unsicherheit, wohin man schaut

Aus der Schwesternschaft treten sechs Diakonissen aus; die meisten von ihnen können sich mit der neuen Schwesternordnung nicht anfreunden. Eine Schwester tritt ein; sie ist katholisch und möchte das auch bleiben.

Der Vorsteher redet von einem nach aussen hin friedlichen Jahr, das jedoch von innern Spannungen geprägt worden sei. Worin sie bestehen, wird zwar nicht näher ausgeführt, ist aber zu erraten. Durch den Rückgang der Diakonissenzahl wird die Frage nach der Zukunft immer dringender. Ganze Sitzungen des Leitenden Ausschusses sind dem Thema gewidmet, ohne dass sich eine klare Richtung ergäbe. Die Frage, ob aus dem Spital eine geriatrische Klinik werden soll, ist nur ein Aspekt. Innerhalb der Behörden ist man in beinahe jeder Zukunftsfrage geteilter Meinung.

Immerhin beschliesst der Leitende Ausschuss – nicht zuletzt unter dem Druck der bereits geschaffenen Fakten – im Grundsatz den Bau des «Sunnepark» in Hottingen, nachdem er sich mit der Stiftung Altersheim Hottingen über eine Zusammenarbeit einigen konnte. Gemäss dem Voranschlag wird der Neubau etwas über 14 Millionen Franken kosten. Die Höhe des Betrags und die damit notwendigerweise verbundene Kreditaufnahme verschlägt einigen Mitgliedern angesichts der ungewissen Zukunft den Atem.

Inmitten aller grossen Fragen und Beträge ein Stück konkrete Diakonie. Es geht um eine Familie in sehr prekären Verhältnissen. Der Mann Arbeiter mit einem Lohn von 1800 Franken monatlich. Die Frau verdient mit vier Stunden Arbeit täglich 20 Franken dazu. Sie haben sieben Kinder, von denen eines schwer behindert ist; das achte ist unterwegs. Da eine Familie mit so vielen Kindern und so wenig Geld keine Wohnung findet, kaufte sie ein Häuschen, alles mit fremdem Geld. Und nun reicht es nicht mehr fürs tägliche Leben. Der Leitende Ausschuss beschliesst: Die Leute bekommen ein unverzinsliches Darlehen. Da sie es kaum werden zurückzahlen können, müssen sie es auch nicht; das übernehmen die Diakonissen mit ihrer Kasse für die Entwicklungshilfe.

Im Übrigen

greifen am jüdischen Versöhnungsfest, dem 6. Oktober, Ägypten und Syrien Israel an

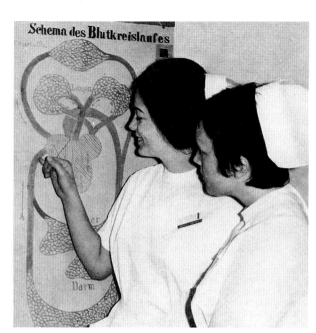

Andere Tracht – gleicher Blutkreislauf

1974

Das Spital bleibt!

Wieder treten sechs Schwestern aus. Im Spital arbeiten nur noch 30 Diakonissen. Soll das Spital sich nach einer andern Trägerschaft umsehen? Diskussionen darüber verursachen einen «Klinikwirbel». Von Führungskrise ist die Rede. Die mit dem Spital verbundenen Gemeinden machen sich Gedanken über die Verlässlichkeit des Partners. Da erklärt die Schwesternschaft verbindlich, sie gedenke das Spital Neumünster und das Pflegeheim Rehalp in den nächsten 10 bis 20 Jahren weiterzuführen.

Ist das Leichtsinn und Naivität? Es ist der Mut des Glaubens! Und er wirkt ermutigend. Plötzlich werden die Verhältnisse klarer. Entscheide fallen. Es braucht zur Entlastung des Vorstehers eine leitende Persönlichkeit für das Spital. Das Conradstift, das nicht mehr in vernünftigem Rahmen geführt werden kann, wird an die Gemeinde Kilchberg verkauft.

Als ziehe der Mut die Hilfe an, erhält das Diakoniewerk an den Bau des Altersheims «Sunnepark» von einer privaten Spenderin 2 Millionen Franken.

Mut kommt aus dem Glauben. Darum soll, so wird beschlossen, das gemeinsame geistliche Leben der Schwesternschaft vertieft werden. Denn hier und nirgendwo sonst ist die Quelle der Zukunft.

Der «Sunnepark» im Bau

1975

Wer sich zu viele Sorgen um die Zukunft macht, wird von der Gegenwart überrascht. Luther wird der Ausspruch zugeschrieben, wenn er wüsste, dass morgen die Welt untergehe, würde er trotzdem heute – nicht sich grämen, nicht die Hände in den Schoss legen und den Dingen ihren Lauf lassen, sondern – noch ein Apfelbäumchen pflanzen.

In diesem Jahr sterben 16 Schwestern. Drei treten aus. Eine Schwester tritt ein. Im Ganzen sind es noch 359 Diakonissen. Während sich Behörden und Vorsteherschaft eifrig und manchmal ruhelos Gedanken um die «Fahrtüchtigkeit» des Werkes machen, pflanzen einige Schwestern, zumindest bildlich, zwar keinen Baum, jedoch einen Weinstock. Sie sticken nach dem Entwurf und unter der Anleitung der Textilkünstlerin MARGRIT ROELLI in monatelanger Arbeit einen Bildteppich. Er soll den in Erinnerung rufen, der sagte:

«Ich bin der Weinstock, ihr seid die Schosse.
Wer in mir bleibt und ich in ihm, der trägt viel Frucht;
denn ohne mich könnt ihr nichts tun.» (Johannesevangelium 15,5)

Im Übrigen

- ist im Mai Aufrichte des «Sunnepark»
- beschäftigt sich die Herbstkonferenz der Diakonissen mit dem Auftrag der Diakonie. Unter den Referenten und Referentinnen sind auch eine Ordensfrau aus Fribourg und die Vorsteherin von Kaiserswerth

Der fertige «Sunnepark»

1976

«Noch stellt die Diakonissenschwesternschaft die geistliche Mitte des Werkes dar», heisst es im Jahresbericht. Wie lange noch?

Eine eher beiläufige Bemerkung im Protokoll des Stiftungsrates weist darauf hin, dass die geistliche Mitte nicht nur, vielleicht nicht einmal in erster Linie, durch den Rückgang der Schwesternzahl gefährdet ist. Da heisst es: *«Der strikte Stellenplan des Kantons lässt der Schwester nur noch wenig Raum für persönliche Gespräche.»* Gemeint sind Gespräche mit den Patienten.

Die weibliche Diakonie wollte immer körperliche und seelische Pflege der Kranken zugleich sein. Darum verstanden sich die Diakonissen auch als christliche Seelsorgerinnen durchs Wort, nicht nur durch die Tat. Da aber das Spital auf staatliche Gelder angewiesen ist und der Staat mit seinen Finanzen haushälterisch umgehen, die Pflegestellen also beschränken muss, bleibt für das Wort immer weniger Zeit. Diese Einschränkung scheint sogar für einige Diakonissen der Grund zum Austritt zu sein.

«Wir suchen in dieser Beziehung nach neuen Möglichkeiten», ist im Protokoll zu lesen. Wie könnten sie aussehen? Sicher ist, dass professionelle Seelsorgerinnen und Seelsorger kein vollwertiger Ersatz für die Seelsorge durch die pflegenden Schwestern sind. Was bisher zusammengehörte und im Blick auf die psychosomatische Einheit des Menschen sinnvoll ist, droht aus finanziellen Gründen in Fachbereiche aufgespalten zu werden. Mit CPT (Clinical Pastoral Training) hofft die Leitung des Diakoniewerks der Tendenz entgegenwirken zu können.

Im Übrigen

- ist der Rückgang der Konjunktur unter anderem am Rückgang des Personalwechsels abzulesen
- wird am 18. Juni das Alterswohnheim Sunnepark in Zürich-Hottingen eingeweiht
- sind auch dieses Jahr zahlreiche vorwiegend in der Kirche tätige Leute aus Ostblockstaaten Gäste des Diakoniewerks. Es sind 40 bis 50 pro Jahr, und sie bleiben durchschnittlich einen Monat

1977

Der Diakonissentracht sieht man's nicht an, jedoch den Topfhüten der Damen und dem Postauto. Dieses übrigens ist angeschrieben mit «St. Peterzell – Hemberg – Wattwil». Es muss 1927 sein, in dem Jahr, als zum ersten Mal Neumünster-Schwestern nach Hemberg kamen. Vielleicht ist eine der beiden Damen mit Hut Fräulein JULIE HANHART. Sie  hat im Jahr vorher ihre Hemberger Liegenschaft «Dreieggli» der «Kranken- und Diakonissenanstalt Neumünster» geschenkt mit der Auflage, dass hier in erster Linie die Diakonissen Ferien machen könnten. Das ehemalige Bauernhaus, das früher einmal vom Nachtwächter bewohnt wurde, dann Ferienkolonien beherbergte, bevor es Julie Hanharts Feriendomizil wurde, bekommt den Namen «Heimeli».

Die Pflegerin ist ihrer Ferien wert, könnte man in Abwandlung des Wortes Jesu in Lukasevangelium 10,7 sagen. Die Schwestern, die hart arbeiten, sollen sich erholen können. Diese Ansicht hat sich im Diakoniewerk früh durchgesetzt. Darum sind die vorstehenden Gremien von Anfang an um die Gesundheit der Schwestern besorgt, gibt es schon kurz nach der Gründung einen freien Tag in der Woche und jährliche Ferien. Und bald taucht auch die Frage nach geeigneten Ferienplätzen auf. Obermeilen wird eines dieser Häuser, wo Diakonissen ausspannen können, die Chalets auf dem Uetliberg, die «Abendsonne» in Schönenberg sind weitere. Zuoz kommt dazu und eben, noch vorher, Hemberg.

1960 wurde das «Heimeli» an die Diakonissenfürsorgestiftung übertragen. Weil das Haus allmählich baufällig wurde, erwog man, es zu verkaufen. Da stellte der Schwesternrat 1965 den Antrag, neu zu bauen. Am 1. April 1969 konnten die drei neuen Häuser in Betrieb genommen werden. Seither beherbergte das Hotel Pension Heimeli mit seinen 28 Zimmern ungezählte Gäste.

Im Übrigen

- stirbt im Januar Pfr. Dr. THEODOR RÜSCH, seit 1959 Stiftungsrat, von 1974 bis 1976 Vorsitzender ad interim des Leitenden Ausschusses
- stirbt Pfarrer WALTER STRASSER, der 28 Jahre lang Spitalseelsorger gewesen ist
- verkauft das Diakoniewerk die Villa Patumbah an die Stadt Zürich

Ernst Meili

1978

Zwei festliche Tage prägen die erste Hälfte dieses Jahres, der 90. Geburtstag von Diakonisse SOPHIE KÄGI und das Neumünsterfest am 11. Juni.

Sophie Kägi wurde in der schwierigen Zeit des Jahres 1940 interimistisch und 1942 definitiv zur Oberschwester gewählt. Ihrer Umsicht, ihrer klaren Haltung und vermittelnden Kraft ist es wesentlich zu verdanken, dass das Werk damals die existenzbedrohende Krise überstand. Während 18 Jahren versah sie das leitende Amt. 1958, zum 100-jährigen Jubiläum, schrieb sie, die auch sonst gern Gedichte verfasste, das «Neumünster-Diakonissenlied», dessen erste Strophe heisst:

Zum Feldzug der Barmherzigkeit   *Als Feldherr geht uns selbst voran,*
kommt, macht euch allesamt bereit   *der Samariterdienst getan*
zu dienen gern.   *an uns zuerst.*

Es tönt wie aus Pioniertagen. Doch sind die Pioniertage vorbei. Inzwischen ist «der Feldzug der Barmherzigkeit» sich selbst zum Problem geworden. Was einst ein mutiger Weckruf war, droht jetzt eine Durchhalteparole zu werden.

Dass der Feldzug der Barmherzigkeit in die Schwachheit führen könnte, dass der Feldherr selbst dorthin vorangehe, und dass darin die schwer begreifliche Stärke dieses Feldherrn liege – das ahnte Sophie Kägi wohl erst, als sie martialische Barmherzigkeit verkündete. An ihrem Geburtstagsfest wird betont, die Schwestern im Ruhestand bildeten den geistlichen Hintergrund des Diakoniewerks.

Worin dieser geistliche Hintergrund bestehe und wie er in der Gegenwart verständlich gemacht werden könne, ist die Frage des Podiumsgesprächs am Neumünsterfest unter der Leitung des Zolliker Gemeindepräsidenten Dr. MAX HUMBEL.

Aus der Rückschau ist kennzeichnend für diese Jahre, dass Theologie in der Auseinandersetzung mit den Zeiterscheinungen und den Fragen der eigenen Zukunft immer weniger Raum einnimmt. Die Vorsteherschaft ist mit Tagesproblemen so stark beschäftigt, dass sie zu grundsätzlicheren Überlegungen nicht kommt.

Im Übrigen

- zählt die Diakonissenschaft noch 336 Schwestern; 199 von ihnen sind im Ruhestand
- tritt alt Kirchenratspräsident Pfarrer ROBERT KURTZ als Präsident des Stiftungsrates zurück; Nachfolger wird Kirchenrat Pfarrer ERNST MEILI

1979

«Schwesternschaft lebt»

Seit 1947 gibt es die «Diakonia», den internationalen Verband für Frauendiakonie. Anfangs Jahr tagt der Verband in Manila auf den Philippinen unter dem Thema «Ein köstlicher Weg» im Anschluss an 1. Korintherbrief 12,31 (in der Lutherübersetzung: *«Strebet aber nach den besten Gaben! Und ich will euch noch einen köstlicheren Weg zeigen.»*). Oberschwester EMMY SCHERRER und zwei Begleiterinnen reisen in den Fernen Osten und vertreten das Diakoniewerk Neumünster. *«Eine Gemeinschaft der Schwestern aus aller Welt bedeutete besonders für die kleinen und abgelegenen Gruppen eine grosse Stärkung»*, heisst es im Jahresbericht dazu. Abgelegen ist das Diakoniewerk Neumünster aus europäischer Perspektive nicht. Jedoch auf dem Weg, eine kleine Gruppe zu werden. Es zählt am Ende dieses Jahres noch 128 aktive Schwestern, 195 sind im Ruhestand. Je kleiner die Gruppe, desto wichtiger die Verbindung mit andern.

Das gilt auch von der Kaiserswerther Generalkonferenz, die im Oktober 1979 in Dresden in der DDR stattfindet. Das Thema ist dreiteilig:

«Schwesternschaft lebt in der Kirche.»
«Schwesternschaft lebt in der Gesellschaft.»
«Schwesternschaft lebt im Werk.»

In der DDR sind die Kirchen wie im ganzen Ostblock unter Druck. Darüber kann auch die Erlaubnis der Regierung an die Generalkonferenz, in der sächsischen Hauptstadt zusammenzukommen, nicht hinwegtäuschen. Manch einer Teilnehmerin, einem Teilnehmer aus dem Westen wird es vorgekommen sein, die Unterschiede seien, was das Leben in der Gesellschaft angehe, in den zwei Welten nicht allzu gross. Vor dem Eisernen Vorhang eine säkularisierte Gesellschaft, in der die Diakonissen immer weniger werden. Hinter dem Eisernen Vorhang ein absolutistischer Staat, der die Diakonissen nur mit misstrauischen Einschränkungen duldet. Beiderorten ist die Diakonie, wie die ganze Kirche, auf dem Weg zur kleinen Gruppe. Muss das ein verlorener Weg sein? Ist es vielleicht der einzig verheissungsvolle, wenn es, wie der Jahresbericht festhält, Aufgabe der Diakonie ist, Hinweis auf Jesus Christus zu sein?

Im Übrigen

stirbt am 11. Februar im Krankenheim Rehalp Pfarrer ROBERT BAUMGARTNER, Vorsteher von 1942 bis 1962

wird der Chirurgieflügel des Spitals Neumünster renoviert

beginnt die Planung neuer Schwesternwohnungen; das Haus wird später «Im Baumgarte» heissen

Wilhelm Bernoulli

1980

Der Schlossherr von Greifensee

WILHELM BERNOULLI – Pfarrer, Doktor der Theologie ehrenhalber, Erforscher der Geschichte des Diakonenamtes insbesondere bei den Vätern der Reformation, seit 1929 Leiter des 1923 aus der Anstalt für Epileptische hervorgegangenen Diakonenhauses, mit dem er 1937 nach Greifensee übersiedelte, wo er im Landvogteischloss Wohnsitz nahm – er war eine Wucht, stimmlich, geistig, an Gelehrsamkeit und einer Frömmigkeit, die bei allem Pietismus nie, wie Gottfried Keller gesagt hätte, näselte und winselte.

Von seinen Freunden nannten ihn viele eine Posaune des lieben Gottes. Seine Feinde hielten ihn eher für die Posaune des Jüngsten Gerichts. Er konnte nur schwer und an zwei Stöcken gehen, seit die Kinderlähmung ihn als jungen Mann heimgesucht hatte. Aber seine Stimme trug so weit, dass von ihm erzählt wurde, wenn er im Spital Uster in der einen Ecke predige, verstehe man jedes Wort im ganzen Haus. Über seinen – liberalen – Gemeindepfarrer sagte er nach einem Gottesdienst: «*E gscheite Khaib, aber e Preedig ischs nid gsii.*» Trotzdem ging er Sonntag für Sonntag hin, und Sonntag für Sonntag war's in der Kirche von Greifensee ein stiller theologischer Zweikampf.

Der Übername kam nicht von ungefähr. Er war ein exzellenter Blechbläser und ein noch leidenschaftlicherer Sammler alter Blechblasinstrumente und Trommeln. Im Schloss Greifensee waren die Wände des Treppenhauses von unten bis oben voll von gelbglänzenden Meisterwerken der Instrumentenmacherkunst. Heute rühmt sich das Historische Museum Basel dieser grössten privaten Sammlung. Wenn er aus einem der Schlossfenster über den See hin ins Horn blies, konnte es einem schon kalt den Rücken hinunter fahren.

Konservativer Basler Bürger durch und durch, vermochte Wilhelm Bernoulli die Französische Revolution nicht zu verdauen und trug den Basellandschäftlern ihre Trennung von der Stadt immer noch nach. Dabei war er in seiner theologischen Formation selbst ein Produkt des 19. Jahrhunderts, nämlich der Verbindung der späten Orthodoxie mit dem Pietismus, welche zwei sich um 1830 gegen den heraufkommenden Liberalismus zusammenfanden.

1969 trat er von der Leitung des Diakonenhauses zurück, das er nach teilweise reaktionären, aber immer interessanten und niemals farblosen Grundsätzen geführt hatte. Im selben Jahr stellte er seinen Sitz im Stiftungsrat des Diakoniewerks Neumünster zur Verfügung. 1980 starb er.

Im Übrigen

___ stirbt am 25. Februar die ehemalige Oberschwester SOPHIE KÄGI kurz nach ihrem 92. Geburtstag

___ beschliesst der Leitende Ausschuss die Anschaffung einer elektronischen Schreibmaschine mit Speicher für 14 500 Franken

___ erhöht der Leitende Ausschuss die Gehälter der Schwestern. Bis zum 75. Altersjahr beträgt das persönliche Gehalt neu jährlich 3000 Franken, ab dem 76. Altersjahr 2280 Franken

___ wird das Feriengeld für die Schwestern von 1150 auf 1500 Franken erhöht

___ umfasst die Schwesternschaft 112 aktive Schwestern und 190 Schwestern im Ruhestand

___ sind Diakonissen in folgenden auswärtigen Diensten tätig:
   a) Krankenhäuser
      Acha-Tugi (Afrika), Bülach, Chur, Davos, Essen, Herisau, Rüti ZH, St. Gallen, Thalwil, Zürich
   b) Alters- und Pflegeheime
      Brunnadern, Grüningen, Masans, Pfäffikon ZH, Romanshorn, Urdorf, Zürich
   c) Gemeindepflegen
      Amriswil, Bülach, Chur, Glattbrugg, Maur, Waldstatt, Wolhusen, Zollikon, Zürich-Wipkingen
   d) andere Stationen
      Aarau (Mütterberatung), Chur (Arztpraxis), Glarus (Pro Senectute), Hemberg (Landschule), Regensdorf (Kindergarten), Stäfa (Wohnheim), Zürich (Krankenstation, Epilepsie-Klinik, Sonderheim «Tanne», Töchterheim Hirslanden)

___ müssen sich die Diakonissen wegen Personalmangel aus dem Behindertenheim Mariahalde in Erlenbach zurückziehen

Der Jahresbericht für den Freundeskreis

1981

Wenn im Frühsommer der Jahresbericht auch an den Freundeskreis des Diakoniewerks verschickt wird, sind es mehrere Tausend Hefte. Der Vorsteher betont, wie wichtig dieser Freundeskreis ist. Gleichzeitig kann er nicht verhehlen, dass die Verhältnisse sich geändert haben, seit die Defizite des Spitals und der Heime vom Staat und den umliegenden Gemeinden getragen werden. Was einst eine private Initiative war, ist Teil des staatlichen Gesundheitswesens geworden. Damit hat der Freundeskreis an Verbindlichkeit eingebüsst. Die grossen Vorhaben werden nicht mehr, wie es einst war, von Privaten finanziert. Jene Gesellschaftsschicht reicher Pietisten, aus welcher der Diakonie grosse Geldbeträge zuflossen oder gar Landhäuser geschenkt wurden, gibt es nicht mehr. Der Staat zahlt; die Verpflichtung, als einzelner Bürger etwas Wichtiges für die Allgemeinheit zu tun, leuchtet viel weniger ein als früher.

Das Diakoniewerk bekommt die Veränderung zu spüren. Seine gesellschaftliche Verankerung wird schwächer. Und die, die in seinen Gremien sitzen, sind nicht mehr, wie 1858, dieselben, welche die Werke auch materiell tragen. Dies obwohl immer noch erstaunlich viel an Gaben zusammenkommt, was der Vorsteher ausdrücklich und dankend vermerkt.

Im Übrigen

- kündigt Oberschwester EMMY SCHERRER ihren Rücktritt auf 1983 an
- wird darüber diskutiert, ob das Krankenheim Rehalp am bisherigen Standort bleiben oder ins Spital integriert werden soll
- finden seit zehn Jahren im Diakoniewerk Neumünster die Kurse in Klinischer Seelsorge-Ausbildung (CPT) statt; erstmals nehmen die Teilnehmerzahlen etwas ab

Robert Kurtz im Gespräch

1982

War da eben die Rede von schwindenden finanziellen Zuwendungen? Es gibt noch die grossen Überraschungen! Das Spital erhält ein Legat von 400 000 Franken.

Anderes freilich wirbelt mehr Staub auf. Was sich vor zehn Jahren verheissungsvoll anliess und seither gut entwickelte, endet unschön. CPT, die Klinische Seelsorge-Ausbildung, als neuer Tätigkeitsbereich des Diakoniewerks gedacht, wird seit acht Jahren geleitet von Pfarrer Dr. HANS VAN DER GEEST. Dieser veröffentlicht im *Zürcher Kirchenboten* einen Artikel über Homosexualität, der die Gemüter weit über das Diakoniewerk hinaus erregt. Die Behörden finden, van der Geests Ausführungen widersprächen der Grundhaltung des Werks. Im Jahresbericht ist dazu zu lesen: «*Das Diakoniewerk übt eine freie Toleranz und weiss sich zugleich dem Inhalt der Heiligen Schrift verpflichtet.*» Der Leiter des CPT-Zentrums beruft sich in seiner Stellungnahme ebenfalls auf die Bibel. Doch van der Geest muss gehen. Der ganze Schwerpunkt CPT ist in Frage gestellt.

Im Übrigen

- stirbt alt Dekan GEORGES VON SCHULTHESS, Präsident des Stiftungsrates von 1942 bis 1965
- stirbt auch sein Nachfolger im Präsidium des Stiftungsrates, alt Kirchenratspräsident ROBERT KURTZ
- beschliesst der Stiftungsrat, das Schwesternhaus «Im Baumgarte» zu bauen; das Schwesternferienhaus in Obermeilen wird nur noch betrieben, bis der «Baumgarte» fertig ist
- ist Pfarrer HANS DÜRIG seit 20 Jahren Vorsteher
- sind von den 287 Diakonissen 193 im Ruhestand

Emilie Lieberherrs Festrede

Basar

1983

125 Jahre Diakoniewerk Neumünster, 50 Jahre Spital und Mutterhaus im Zollikerberg. Das Jahr steht unter dem Satz aus dem Buch Hiob (14,7): *«Denn für den Baum gibt es doch eine Hoffnung: wird er gleich umgehauen, er kann wieder treiben, und seine Schosse hören nicht auf.»* Ein grosses Zelt ist aufgestellt, und eine ganze Woche wird gefeiert:

- Bettag, 18. September, Schwesternkonvent. Im Mittelpunkt steht die Schwesternschaft als Trägerin und Erhalterin der geistlichen Kräfte im Werk.
- Montag, 19. September, Tag der älteren Menschen. Ständerätin und Stadträtin EMILIE LIEBERHERR hält den Festvortrag.
- Dienstag, 20. September, Tag der Krankenpflegeschule.
- Mittwoch, 21. September, Ökumenisches Schwesterntreffen. Die «Motette der Hoffnung» erklingt, ein Werk von Schwestern.
- Donnerstag, 22. September, Spitaltag. Der Direktor der Schweizerischen Epilepsie-Klinik referiert über «Technik und Mitmenschlichkeit im Krankenhaus heute».
- Freitag, 23. September, offizielle Feier mit Referaten von alt Stadtpräsident Dr. SIGMUND WIDMER und Pfarrer HANS DÜRIG.

Am folgenden Wochenende wird das alle vier Jahre stattfindende «Bergfäscht» der Gemeinde Zollikon gefeiert, diesmal in enger Verbindung mit dem Diakoniewerk.

Im Jahresbericht heisst es mit ernüchterndem Unterton, das Jahr habe viele schwere Stunden und Enttäuschungen gebracht. *«Aber es war doch noch viel mehr ein Jahr grosser Ermunterung, der Erneuerung und des Segens Gottes.»*

Im Übrigen

- zählt die Schwesternschaft 279 Diakonissen; 191 von ihnen sind über 65 Jahre alt
- wird das Ferienhaus in Obermeilen der Gemeinde Meilen verkauft
- sind Planungen für einen Neubau des Pflegeheims Rehalp im Gang
- wird das Schwesternhaus Im Baumgarte bezogen

Margrit Scheu

Max Faes

1984

Spitalseelsorge

Für die Seelsorge im Spital, im Pflegeheim Rehalp, im Wäldli und im Sunnepark sorgte bisher das Diakoniewerk. Seit der Gründung waren immer Personen angestellt, die sich dieser Aufgabe besonders widmeten. Beim Weggang von Pfarrer MARTIN SCHÄRER stellt sich auch hier die Frage der Finanzen. Die Diakonissenschaft kann sich den Unterhalt einer besonderen Spitalseelsorgestelle nicht mehr leisten.

Verhandlungen mit sieben umliegenden Kirchgemeinden und mit der Zentralkirchenpflege der Stadt Zürich führen zu einem positiven Ergebnis. Fortan wird die Seelsorge im Spital, vorübergehend auch die im Pflegeheim Rehalp, von diesen Gemeinden bezahlt.

Für die katholische Spitalseelsorge ist das katholische Pfarramt Zollikerberg zuständig; sie wird während Jahrzehnten vor allem durch die Pfarrhelferin HELEN JANDA wahrgenommen.

Im Übrigen

- wird Diakonisse ROSMARIE VON DER CRONE zur neuen Oberin, wie es jetzt heisst, gewählt. Sie soll im Herbst 1986 eingesetzt werden
- tritt MARGRIT SCHEU zurück, die erst als Diakonisse, dann als freie Schwester während vielen Jahren die Krankenpflegeschule leitete
- übernimmt MAX FAES die Leitung der Krankenpflegeschule
- übergibt, als sollten Klagen über den Rückgang von Spenden Lügen gestraft werden, ein Ungenannter dem Diakoniewerk 100 000 Franken

«Heisser Abbruch» des Operationstraktes

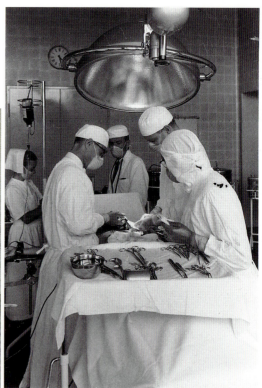

Die Operationen gehen weiter

1985

Der alte Operationstrakt des Spitals hat ausgedient und muss ersetzt werden. Damit der Operationsbetrieb während der zweijährigen Bauzeit ohne Einschränkungen weitergehen kann, wurde schon im letzten Jahr ein Provisorium errichtet. Zuletzt dient der alte Trakt einer sehr realistischen Feuerwehrübung. Ende 1985 ist der Neubau unter Dach, der ausserordentlich diffizile Ausbau kann beginnen und wird mehr als ein Jahr in Anspruch nehmen.

Im Übrigen

- wird Mitte Jahr die GOPS, die «geschützte Operationsstelle» eingeweiht, eine unterirdische Ausweichstelle für den Kriegs- und Katastrophenfall im Rahmen des Zivilschutzes. Die Kosten von knapp 6 Millionen Franken werden von Bund, Kanton, umliegenden Gemeinden und dem Diakoniewerk getragen
- gab es bisher für die Schwestern, die in den Aussenstationen und Gemeindepflegen tätig waren, einmal im Jahr regionale Kontaktkreis-Zusammenkünfte. Dabei wurden die Schwestern von einem Mitglied des Schwesternrates über Veränderungen informiert und tauschten Gedanken aus. Da immer weniger Schwestern auswärts tätig sind, werden die regionalen Tage durch eine jährliche Zusammenkunft im Mutterhaus ersetzt
- kostet der Pflegetag im Spital Fr. 349.21, bei einem Ertrag von Fr. 291.91

Max Stäubli

Die neue und die alte Oberin

Schwester Hedwig Gonzenbach am 100. Geburtstag

1986

Diakonisse ROSMARIE VON DER CRONE tritt als Nachfolgerin von Diakonisse EMMY SCHERRER das Amt der Oberin an.

Rosmarie von der Crone wurde in Bülach geboren und wuchs im Baselbiet und in Chur auf, wo ihre Mutter in der Stiftung «Kinderheime Gott hilft» arbeitete. Früh schon war es ihr klar, dass sie Krankenschwester werden wolle. 1953 begann sie im Neumünster die Lehre, zuerst mit der Absicht, freie Schwester zu werden. 1955 entschloss sie sich zum Eintritt in die Diakonissen-Schwesternschaft. 1960 wurde sie eingesegnet.

Als Schwesternschülerin arbeitete sie 1956 zum ersten Mal im Spital Rüti. Hierhin kehrte sie 1958 als diplomierte Krankenschwester zurück. Nachdem sie die Kaderschule des Roten Kreuzes absolviert hatte, war sie seit 1964 Oberschwester in Rüti.

1984 wurde sie zur Oberin der Diakonissen-Schwesternschaft gewählt und am 21. September 1986 in das neue Amt eingesetzt.

Im Übrigen

- übernimmt der ehemalige Zolliker Gemeindepräsident ERNST HOFMANN den Vorsitz des Leitenden Ausschusses von Dr. MAX KARRER
- tritt der medizinische Chefarzt Dr. HANS ZOLLIKOFER in den Ruhestand; an seine Stelle wird PD Dr. MAX STÄUBLI gewählt
- wird der Sikna-Stiftung der Israelitischen Cultusgemeinde in der Rehalp ein Stück Land zum Bau eines jüdischen Pflegeheims im Baurecht abgetreten
- stirbt mit 102 Jahren die älteste Diakonisse, Schwester HEDWIG GONZENBACH. Sie ist 1919 ins Mutterhaus eingetreten
- belaufen sich die Produktionskosten pro Verpflegungstag im Spital auf Fr. 31.78, im Diakonissenhaus auf Fr. 16.70

Arnold Widmer

1987

In seiner letzten Sitzung dieses Jahres beschliesst der Leitende Ausschuss im Hinblick auf die Pensionierung von Pfarrer H A N S D Ü R I G im Juni 1988 die nebenstehende Ausschreibung:

Diakonie in der heutigen Zeit

Das DIAKONIEWERK NEUMÜNSTER IN ZOLLIKERBERG

ist eine seit 130 Jahren bestehende Stiftung. Das Werk umfasst das traditionsreiche Diakonissen-Mutterhaus und das Spital Neumünster als regionales Akutspital mit 200 Betten, die Freie Evangelische Krankenpflegeschule Neumünster mit 180 Schülern, das Krankenheim Rehalp mit 40 Betten sowie das Alterszentrum Hottingen mit 230 Betten.

Im Zuge der altersbedingten Ablösung des bisherigen Stelleninhabers suchen wir eine gereifte, ausgewogene

Führungspersönlichkeit

die aufgrund ihrer persönlichen Ausstrahlung, ihrer Führungserfahrung und ihrer (wenn möglich akademischen) Ausbildung in der Lage ist, mit Weitsicht und Initiative ein Werk zu leiten, in dem sich über 400 Mitarbeiterinnen und Mitarbeiter sowohl um das medizinische als auch um das menschliche Wohl von Patienten und Pensionären bemühen.

Als Direktor ist die gesuchte Führungskraft dem Stiftungsrat gegenüber für die Gesamtleitung des Diakoniewerkes verantwortlich und steht zugleich der Leitung des Spitals Neumünster vor.

Wir suchen eine reformierte Persönlichkeit, die auf christlicher Grundlage steht und bereit ist, sich mit ganzer Kraft dem Dienst des Werkes zu widmen.

Wenn Sie sich von dieser Aufgabe angesprochen fühlen, so senden Sie bitte Ihre Bewerbungsunterlagen an den Stiftungsrat des Diakoniewerkes Neumünster, zuhanden von Herrn Pfr. Hans Dürig, Trichtenhauserstrasse 24, 8125 Zollikerberg.

Telefonische Auskünfte erteilt gerne der Delegierte des Stiftungsrates, Herr E. Hofmann, Telefon 01/391 70 51 privat oder 01/55 11 22 Geschäft.

Der Stiftungsrat des
Diakoniewerkes Neumünster

595607

Das Inserat erscheint im Januar 1988 je zweimal in der NZZ, im *Reformierten Forum*, in der *Schweizerischen Handelszeitung*, in *Leben und Glauben*, in der *Weltwoche* und im *Tages-Anzeiger*. Der auffallendste Punkt: Es wird nicht ausdrücklich ein Theologe oder eine Theologin gesucht.

Im Übrigen

- stirbt Ende November der chirurgische Chefarzt Dr. med. A R N O L D   W I D M E R
- ist der neue Operationstrakt des Spitals Neumünster fertig
- werden im Bürgerspital St. Gallen und im Bezirksspital Herisau die letzten Neumünster-Diakonissen abgelöst
- erholen sich auch in diesem Jahr Gäste aus der DDR, Polen, Ungarn, Rumänien und Russland im Diakoniewerk
- zählt die Schwesternschaft noch 251 Diakonissen

Bild Seite 174/175: In der Schwesternstube

Ernst Gemsenjäger

Karin Gödri, Rosmarie von der Crone, Jürg Suter

Das Ehepaar Dürig

1988

Am 30. Juni tritt der bisherige Vorsteher, Pfarrer HANS DÜRIG, in den Ruhestand. Auf den 1. Oktober wählt der Stiftungsrat den Juristen Dr. JÜRG SUTER, bisher Vorsitzender eines international tätigen Industrieunternehmens und Kirchgemeindepräsident von Zollikon, zum Gesamtleiter.

Damit beginnt im 130. Jahr des Werks eine neue Epoche; die dritte, was die Leitung betrifft. In der ersten, von 1858 bis 1883, stand die Oberschwester der Anstalt allein vor, unterstützt von der ehrenamtlichen Direktion. Das in ausdrücklichem Unterschied zum Vorbild Kaiserswerth, wo Pfarrer THEODOR FLIEDNER von Beginn an der starke Mann war.

Nach 25 Jahren fand dann die prägende Persönlichkeit der Direktion, alt Bezirksrat HOFMEISTER, es brauche nun, da das Werk grösser geworden sei, auch im Neumünster eine «männliche Kraft» an der Spitze. Pfarrer CARL BRENNER senior wurde zum ersten «Inspektor» gewählt und hiess bald, wie alle seine Nachfolger, «Vorsteher».

Das «Werk» ist inzwischen längst ein Unternehmen geworden. Dieses steht vor Aufgaben, die wirtschaftliche Kompetenz erfordern. Doch soll nicht einfach theologische Kompetenz durch wirtschaftliche ersetzt werden. Darum wird die Stelle einer Theologin beziehungsweise eines Theologen in der Gesamtleitung geschaffen. Auf sie beruft der Stiftungsrat Pfarrerin KARIN GÖDRI-PETER, die 1987 interimistisch die Spitalseelsorge im Spital Neumünster übernommen hat. So besteht die Gesamtleitung des Diakoniewerks nun aus Dr. Jürg Suter, Oberin Rosmarie von der Crone und Pfarrerin Karin Gödri.

Im Übrigen

___ ist PD Dr. med. ERNST GEMSENJÄGER neuer chirurgischer Chefarzt des Spitals Neumünster
___ ermöglicht die grosse Schenkung einer Diakonisse, die Stabsstelle Theologie einzurichten

«Neumi» und «Pflegi» 1989–2008

Tag der offenen Tür

Hans Bührer und Ernst Hofmann

Jürg Suter

1989

Der neue Gesamtleiter schreibt:

«Unternehmerisches Denken und Handeln mit der Ausrichtung auf Effizienz (Vergleich von Nutzen und Kosten) und Effektivität (das Richtige tun) einerseits und Diakonie andererseits sind nicht Gegensätze oder gar Widersprüche. Es besteht vielmehr ein enger Zusammenhang. Wo das Tätigwerden von Menschen nicht in einem bestimmten Geist vollzogen wird und sich an bestimmten für alle gültigen Werten ausrichtet, wird in der Arbeit auch kein Sinn erfahren. Es ist hochmodern, von der Unternehmenskultur zu sprechen und sie zu pflegen. Was ist das anderes als ein Sichbesinnen auf die gemeinsamen Werte, nach denen sich alle ausrichten wollen?

Es besteht noch ein zweiter Grundsatz, von dem ich mich in meiner Tätigkeit leiten lasse: Die Erfüllung öffentlicher Aufgaben in privatwirtschaftlicher Form bürgt bei richtigem Verständnis für eine optimale Lösung.»

Das sind neue, ungewohnte Töne. Gemäss diesen zwei Grundsätzen wird die Stiftung in den kommenden Jahren unternehmerisch erneuert.

Im Leitbild des Spitals Neumünster, das in diesem Jahr erarbeitet wird, heisst es: *«Wir bemühen uns, dass der Patient sich auch in der aussergewöhnlichen Situation des Krankseins als ernstgenommener Mensch wohl fühlt. Eine hohe ethische Einstellung, ein christliches Menschenbild und der Wille, den Patienten bestmöglich zu betreuen, leiten unsere Arbeit. Wir streben eine moderne Medizin an, die den Patienten ganzheitlich betrachtet. Wir sind uns der Verantwortung für einen sorgsamen Umgang mit der Umwelt bewusst.»*

«Wir betreiben eine offene Informationspolitik gegenüber unseren eigenen Mitarbeitern wie auch gegen aussen. Deshalb pflegen wir bewusst unsere Beziehungen zu Patienten und Mitarbeitern, zur Ärzteschaft, zu Gemeinden und Kanton sowie allen am Gesundheitswesen Beteiligten. Dazu verlangen wir von uns selbst und von unseren Gesprächspartnern Fairness und Offenheit in allen Belangen.»

Im Übrigen

- vertreten die Oberin und der Gesamtleiter das Diakoniewerk Neumünster an der 34. Kaiserswerther Generalkonferenz der Diakonissen-Mutterhäuser vom 30. Mai bis zum 4. Juni in Magdeburg. Im November sind dann der Vorsteher der Pfeifferschen Anstalten in Magdeburg und seine Frau zu Gast im Diakoniewerk und berichten von der bewegten Zeit der «Wende»
- beherbergt das Diakoniewerk auch dieses Jahr Gäste aus dem Ostblock und mehr als 50 Flüchtlinge
- nimmt das Alterszentrum Hottingen die neue Pflegeabteilung in Betrieb
- legt die Sikna-Stiftung in der Nachbarschaft des Pflegeheims Rehalp den Grundstein zum Pflegeheim Esra
- bereitet sich das Pflegeheim Rehalp auf den Umzug ins Spital Neumünster vor, wo es während des Umbaus untergebracht sein wird
- besteht die Schwesternschaft aus 229 Diakonissen

1990

Der Neubau der «Rehalp»

«Gerade weil der kranke oder alte Mensch in seiner Not absolut angewiesen ist auf Hilfe, ist er seinen Betreuenden auch ausgeliefert. Die Haltung, die menschlich einfühlsame Art, in der diese Hilfe geleistet wird, ist für deren Wirksamkeit ganz entscheidend.» So Pfarrerin KARIN GÖDRI, die Theologin in der Gesamtleitung. Und unter Berufung auf Jesu Wort: *«Was ihr einem meiner geringsten Brüder getan habt, das habt ihr mir getan»*, fährt sie fort:

«In der Hinwendung zum schwächeren Mitmenschen geschieht letztlich Gottesdienst. Diese innere Haltung ist weit entfernt von einem mildtätigen Almosengeben. Nicht der hat die richtige Haltung, der aus seiner Überlegenheit heraus etwas Zeit oder Geld für die Armen opfert, sondern der, der sich dem Schwächeren innerlich gleichstellt. Die Hilfe und Betreuung soll also nie von oben herab kommen; bei aller fachlichen Kompetenz erscheint sie als partnerschaftliches Gegenübersein. Im Alltag mit seinen vielen Anforderungen denkt man nicht ständig über diese religiöse Dimension unseres Tuns nach. Doch um unsere Aufgabe wirksam wahrzunehmen, sind wir im Diakoniewerk Neumünster darauf angewiesen, dass die ethisch-theologischen Grundlagen lebendig bleiben und dass durch diese alten Wurzeln neue Kraft strömt.»

Im Dienst der angesprochenen Haltung steht das neu gegründete Forum Neumünster. Es soll der Weiterbildung von Mitarbeiterinnen und Mitarbeitern des Diakoniewerks dienen, die im Dienst an kranken und alten Mitmenschen tätig sind. In interdisziplinären Veranstaltungen werden Probleme des Gesundheitswesens und der Betreuung alter Menschen zur Sprache gebracht. Ein zentrales Thema des Forums ist ein auf die Gegenwart bezogenes Verständnis von Diakonie.

Im Übrigen

- reisen im Juni zehn Diakonissen nach Ostdeutschland, um die Mutterhäuser von Lehnin, Dresden, Niesky und Eisenach zu besuchen. *«Wir waren beeindruckt von den Veränderungen an der Grenze, in den Städten und Häusern. Wir spürten auch die Sorgen der Schwesternschaften.»*
- sind die Bewohner des Krankenheims Rehalp nun seit einem Jahr – und bis der Neubau fertig ist – im Spital Neumünster untergebracht
- wird eine Energiestudie in Auftrag gegeben. Sie soll zu einem Gesamtkonzept führen, mit dem in den nächsten Jahren die Emissionen reduziert und Energiekosten gespart werden können (rund 1 Million Franken pro Jahr). Zudem sollen alternative Energien (Sonnenstrahlung und Erdwärme) erschlossen werden

Im Ruhesitz

In der Patientenaufnahme

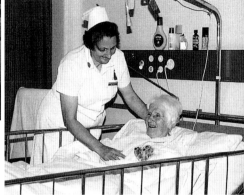
In der Pflege

1991

Der Umbau der Stiftung geht voran

Das Diakoniewerk wird durch eine umfassende Neuorganisation in eigenverantwortliche Teilbereiche gegliedert. *«Die neue Organisation unterscheidet klar zwischen der operativen Führung und den Aufsichtsorganen, insbesondere dort, wo Dritte an einzelnen Werkteilen beteiligt sind. Diese sind, wie zum Beispiel im Spital, im Pflegeheim Rehalp oder im Alterszentrum Hottingen, im Aufsichtsorgan vertreten. Die operative Führung wird überall von Angestellten wahrgenommen. Entsprechend ist auch das Finanz- und Rechnungswesen gegliedert.»*

Die Schwesternschaft zählt 205 Diakonissen. Die Mehrheit ist im Ruhestand. Von den andern sind einige im Mutterhaus tätig, im Spital Neumünster, in der Dermatologischen Klinik des Universitätsspitals Zürich und im Evangelischen Krankenhaus Essen, Deutschland, ferner im Altersheim Tägerhalde, Küsnacht, im Altersheim Neumünster, Zürich, und im Altersheim Sunnepark, Zürich. In Dübendorf und Herisau arbeiten Neumünster-Diakonissen als Gemeindeschwestern. Dazu kommen die Beratungsstelle Pro Senectute in Glarus, die Landschule in Hemberg, das Heim Rütibühl in Herrliberg, das Heim zur Tanne der Schweizerischen Stiftung für Taubblinde in Langnau a.A. und das Heim Hirslanden in Zürich.

»Ihren Auftrag sieht die Schwesternschaft im zeugnishaften Leben als christliche, in dieser Welt verantwortliche Gemeinschaft», schreibt Oberin ROSMARIE VON DER CRONE. Die diakonische Gemeinschaft als Teil der Stiftung nötigt zur Frage, was denn das Besondere der Diakonie sei und wie es sich in den Werken der Stiftung äussere. Darüber wird in diesen Jahren intensiv nachgedacht. Sind es der Respekt vor der Würde jedes Menschen und die mitmenschliche Zuwendung? Doch diese sind ja auch selbstverständlicher Bestandteil der Leitbilder vieler Institutionen ohne ausdrücklich christliche Tradition. Oder ist gerade diese Selbstverständlichkeit das Erbe der Diakonie?

Im Übrigen

- wechselt MARGRIT CONRAD, die als Spitalseelsorgerin tätig war, nach dem Abschluss ihres Theologiestudiums als Pfarrerin an die Kirchgemeinde Balgrist
- werden die Chefärzte der Chirurgie und der Inneren Medizin von der Universität Basel beziehungsweise Bern zu Professoren ernannt
- beträgt der Kostenvoranschlag für die Umsetzung der Energiestudie 4 Millionen Franken. *«Ob dieses Projekt 1992 noch ausgeführt werden kann, ist angesichts der angespannten finanziellen Situation beim Kanton fraglich.»*

Im Wilhof, bevor es das Diakoniewerk gab

1992

Die Gesellschaft altert; es braucht mehr Wohnmöglichkeiten für betagte Menschen, die zu selbständig für den Eintritt in ein Heim sind. Diesem Bedürfnis soll die Residenz Neumünster Park Rechnung tragen, die in diesen Jahren in Zusammenarbeit mit der Gemeinde Zollikon und zwei privaten Körperschaften auf dem Areal des Diakoniewerks Gestalt annimmt.

Zur Residenz gehört das Haus Im Baumgarte, das ursprünglich für Diakonissen im Ruhestand gedacht war. Diese finden inzwischen jedoch genügend Platz im Ruhesitz, der umgebaut wird und fortan den Namen «Quelle» trägt. Ebenfalls Teile der Residenz sind das bisherige Schwesternhaus Haus am Bächli an der Trichtenhauserstrasse und die beiden Neubauten an der Trichtenhauserstrasse 8 und 10.

Im Leitbild der Residenz Neumünster Park steht:
«Das Diakoniewerk Neumünster stellt auf seinem Areal in Zollikerberg Wohnungen für ältere Menschen zur Verfügung, die ihre dritte Lebensphase noch aktiv gestalten wollen und können. Aufnahme finden Menschen aller Glaubensbekenntnisse, welche dieses Leitbild anerkennen.
Wer seine dritte Lebensphase in der Altersresidenz «Neumünster Park» des Diakoniewerkes Neumünster verbringen will, soll die Gewissheit haben, sie nicht mehr verlassen zu müssen, vorbehältlich Ausnahmefälle.
Die Bewohner schliessen mit dem Diakoniewerk Neumünster einen individuellen Vertrag ab, der ihnen ein privates Zuhause zusichert, verbunden mit der Gewissheit, einer Institution angeschlossen zu sein, deren Dienste Einschränkungen in der Selbständigkeit ausgleicht.
Die Fortsetzung der Lebensgewohnheiten soll soweit wie möglich aufrechterhalten werden. Von den Bewohnern wird erwartet, dass sie bewusst Anstrengungen unternehmen, um ihre Selbständigkeit zu erhalten.»

«Im Baumgarte»

Im Übrigen

ändert die «Freie Evangelische Krankenpflegeschule Neumünster» aufgrund von Neuerungen in der Ausbildung ihren Namen in «Berufsschule für Gesundheits- und Krankenpflege Neumünster»

sollen in der Überbauung an der Trichtenhauserstrasse auch Arztpraxen entstehen, die das Angebot des Spitals abrunden

gibt Schwester EMMI BLEIKER ihre Tätigkeit in der Dermatologischen Klinik auf. Sie war die letzte Diakonisse im Universitätsspital

beendet Schwester MARIE-LUISE BRENNER nach 30 Jahren ihren Dienst in Heim und Schule Hirslanden, dem früheren Magdalenenheim, wo seit 1922 Diakonissen arbeiteten

fährt im Juni eine Delegation der Diakonissen an die Kaiserswerther Generalkonferenz nach Karjaa in Finnland; dort treffen sich 200 Menschen aus 16 Ländern

nehmen zwei Schwestern an der 16. Weltkonferenz der «Diakonia» (des Weltbundes von Schwesternschaften und Verbänden der Diakonie) in Wolfville, Kanada, teil

1993

Das erweiterte Pflegeheim Rehalp

Nach dreijähriger Bauzeit kann am 1. März das neue, vergrösserte Pflegeheim Rehalp bezogen werden. Im Juni wird es mit einem Tag für Behörden und Presse und einem Tag der offenen Tür eingeweiht. Etwa 80 Bewohnerinnen und Bewohner werden hier gepflegt und betreut. Im Zentrum steht immer noch die «Villa», das Haus, das 1909 eingeweiht wurde. Darin findet die eine Pflegestation Platz, die andern beiden im Neubau entlang der Forchstrasse.

Noch 20 Jahre vorher war das Pflegeheim die grosse Ausnahme. Inzwischen verbringen viele Menschen ihre letzte Lebenszeit in einer solchen Institution. Das Pflegeheim darum ein Sterbehaus zu nennen, wäre dennoch nicht richtig. Zwar wird im Pflegeheim viel gestorben, doch wird hier vor allem gelebt!

«Man nennt es Pflegeheim», sagte der alte Herr beim Eintritt. Und fügte verbissen hinzu: «Ich nenne es die Vorhölle.» Das linke Bein und der linke Arm waren von einem Schlaganfall gelähmt. Er gebrauchte dafür störrisch das alte Wort «Schlagfluss». Und vom Heim sprach er nur als vom Spittel, als wäre es immer noch die mittelalterliche Einrichtung, jenes Gemisch aus Irrenhaus, Krankenhaus und Armenanstalt.

Ohne Rollstuhl kam er nicht mehr aus. Und mit diesem kam er nicht zurecht. Überall stiess er an. Dann schimpfte er mit ihm, als könne das Gerät hören. Gut, dass der Rollstuhl kein Esel war; er wäre ein bedauernswerter Esel gewesen. Aber sein Besitzer schimpfte nicht nur mit dem Rollstuhl. Er schimpfte auch über das Essen, über die Pflege, über die Mitbewohner und überhaupt über alles. Und war auf dem besten Weg, aus der Abteilung eine Vorhölle zu machen. Als er wieder einmal einen Türpfosten rammte, rief ein anderer Rollstuhlfahrer: «Komm, Kollege, ich zeig dir, wie man's macht.» «Lass mich in Ruhe», rief er zurück, doch der andere gab nicht nach. Mit Freundlichkeit und Geschick erteilte er ihm eine regelrechte Lektion im Rollstuhlfahren.

Es brauchte zwei oder drei weitere Fahrstunden, bis er das Ding beherrschte. Aber jetzt hat er's im Griff. Und ist mit seinem Fahrlehrer befreundet, findet die Pflege ganz in Ordnung und das Essen gar nicht schlecht. Spittel sagt er zwar immer noch, jedoch mit einem ganz andern Unterton. Und neulich erklärte er einer Bekannten, die ihn besuchte und so tat, als wäre er eine arme, heimatlose Seele, mit Entschiedenheit: «Ich bin jetzt hier daheim.»

Im Übrigen

____ ist das Pflegeheim Rehalp im September voll belegt
____ feiert das Alterszentrum Hottingen sein 125-jähriges Bestehen
____ wird Dr. HANS FISCHER neuer Chefarzt der Radiologie im Spital Neumünster
____ kann das Spital zum ersten Mal mit einer ausgeglichenen Rechnung abschliessen, also alle Betriebskosten durch die Einnahmen decken

Die «Quelle»

Die Hausmutter

1994

Ein Jahr, in dem viel Renoviertes, Neu- und Umgebautes eingeweiht, eröffnet und bezogen wird. In der Röntgenabteilung wird ein Computertomograf in Betrieb genommen. *«Diese Installation gehört heute in einem Spital, das die Grösse und Leistungsfähigkeit unseres Hauses aufweist, zur Grundausrüstung und trägt bereits deutlich spürbar zur Attraktivität bei»*, schreibt der Chefarzt, Dr. HANS FISCHER.

Mit der Erneuerung und Erweiterung der Radiologie ist die Renovation des Spitals abgeschlossen. Vor fast 20 Jahren hat sie begonnen.

Die sechs Praxen des Facharztezentrums Prisma an der Trichtenhauserstrasse sind bezogen.

Die Residenz Neumünster Park wird am 5. Oktober offiziell eröffnet. Sie umfasst vorläufig 75 Wohneinheiten in verschiedenen Grössen. Im Haus «am Bächli» zieht bereits am 1. Oktober die erste Mieterin ein, am selben Tag kommen zwei Mieterinnen in den «Baumgarte». Ende Jahr sind von den 21 Wohnungen in den Neubauten an der Trichtenhauserstrasse vier bezogen. Leiterin der Residenz ist Schwester ELISABETH HUBER.

Am 1. Juli ist das Diakonissenhaus «Quelle» fertig umgebaut; mit einem Gottesdienst wird es am 29. September eingeweiht. 53 Diakonissen und die Mutter einer Diakonisse wohnen in der «Quelle».

Im Übrigen

- gibt es im Diakoniewerk noch 170 Schwestern. Die älteste ist 95, die jüngste 50 Jahre alt
- verlässt mit Schwester RUTH GROSSNIKLAUS die letzte Diakonisse als Mitarbeiterin das Spital Neumünster
- beschliesst der Schwesternrat, eine Stelle für Öffentlichkeitsarbeit der Schwesternschaft zu schaffen. Sie wird von Diakonisse MARGRIT MUTHER übernommen
- kann die durchschnittliche Aufenthaltsdauer im Spital von 15,7 Tagen im Vorjahr auf 12,3 Tage gesenkt werden

Karin Gödri

Schenkende Hilfsbereitschaft

1995

Grundwerte der Diakonie

«Im Gesundheitswesen weht ein rauher Wind», schreibt Pfarrerin KARIN GÖDRI. «Die einzelnen Spitäler und Heime müssen sich vermehrt in der heutigen Wettbewerbssituation behaupten. Es liegt im Konkurrenzprinzip der Wirtschaft, dass die Werte der Nächstenliebe dabei in den Hintergrund geraten können. Denn um sich erfolgreich durchzusetzen, müssen ökonomische Ziele wie

Stärke
Rationalität
Effizienz
Leistungssteigerung

realisiert werden.
Demgegenüber stehen die Grundwerte der Diakonie:

Sorge für die Schwachen
einfühlende Zuwendung
ganzheitliche, schenkende Hilfsbereitschaft
Zeit für menschliche Anteilnahme

Deshalb kommt dem Diakoniewerk Neumünster die folgende bedeutende Aufgabe zu: Verwirklichung der Tradition der Diakonie im Sinne der praktizierten Nächstenliebe unter den Bedingungen der heutigen ökonomischen Situation. Darum werden folgende Massnahmen getroffen:

1. Der weitere Ausbau des Neumünster-Forums mit der Zielsetzung, das diakonische Anliegen auf der Basis der freien Meinungsbildung zu fördern.

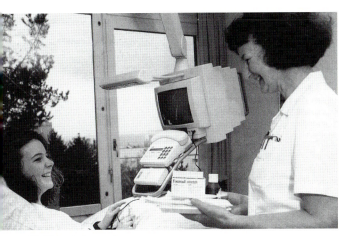

Einfühlende Zuwendung

André Werner

2. Klausuren der leitenden Mitarbeiterinnen und Mitarbeiter für alle Werkteile, um die unternehmerischen Ziele unter Einbezug des ethisch-theologischen Auftrags festzulegen.
3. Bildung von Qualitätszirkeln, um die Leistungen für unsere Patientinnen und Patienten zu verbessern und der Menschlichkeit einen zentralen Stellenwert zu geben.
4. Förderung der Seelsorge und der geistlichen Begleitung der Patienten, Pensionäre und Mitarbeiter.
5. Pflege der christlichen Feste und der Gottesdienste in allen Häusern.
6. Gewichtung der Diakonissen-Schwesternschaft als geistige Mitte des Diakoniewerkes. Wertschätzung des Auftrags der Fürbitte durch die pensionierten Diakonissen.
7. Erarbeiten neuer Stoffpläne im Bereich der ethisch-religiösen Bildung für unsere Berufsschule.»

Im Übrigen

- gehen ALFRED und MARGRIT VON BALLMOOS, das Leiterehepaar des Alterszentrums Hottingen, in den Ruhestand. Neuer Leiter ist ANDRÉ WERNER, bisher Hotelier im Fünfsterne-Hotel Euler in Basel
- arbeiten im Spital Neumünster rund 360 Personen, von denen 50 in Ausbildung sind
- besteht die Ärzteschaft aus 4 Chefärzten, 2 leitenden Ärzten, 6 Oberärzten, 20 Assistenzärzten, 30 Belegärzten und zahlreichen Konsiliarärzten
- kann das Spital rund 200 Patienten behandeln und betreuen

«Neumi» und «Pflegi»

Die Magnolien vor der «Magnolia»

1996

Der Jahresbericht kündet auf der ersten Seite einer verblüfften Leserschaft die geplante Fusion des Diakoniewerks Neumünster mit der Schweizerischen Pflegerinnenschule an. Und wie das durch Gynäkologie, Geburtshilfe und Neonatologie erweiterte Spital im Zollikerberg künftig heissen soll, steht auch schon fest: Pflegi-Neumünster.

Da kommen, durch die Überkapazität an Krankenhaus- und Pflegeplätzen erzwungen, zwei trotz mancher Ähnlichkeit unterschiedliche Kulturen zusammen. Beides sind von Frauen getragene Werke, das eine geprägt vom pietistischen Ideal der in Hingabe dienenden Frau, das andere mehr durch den Willen, Frauen in der Medizin zu gleichen Berufschancen wie den Männern zu verhelfen. Das Neumünster ist dezidiert christlich ausgerichtet, die Pflegi religiös neutral. Eine spannende und spannungsreiche Verbindung, die sich zu Beginn des 20. Jahrhunderts niemand hätte vorstellen können.

Jedoch verlaufen die theologischen Fronten inzwischen anders: Für die der Pflegi nahestehenden Kreise sind die Leute um das Diakoniewerk keine Frömmler mehr, und für die Kreise, die sich mit dem Diakoniewerk verbunden fühlen, stehen die Leute hinter der Pflegi nicht mehr unter dem Verdacht des Heidentums. Ökonomische Fakten erzwingen, vielleicht ohne dass alle Beteiligten es genau merken, eine Art Ökumene. Offensichtlich werden Ökonomie und Ökumene nicht von ungefähr so häufig sprachlich durcheinandergebracht.

Im Übrigen

___ wird als Teil der Residenz Neumünster Park das Pflegeheim Magnolia eröffnet, das später Wohn- und Pflegehaus Magnolia heissen wird

___ schliesst in der Berufsschule für Gesundheits- und Krankenpflege Neumünster der letzte Kurs nach den alten Richtlinien in «Allgemeiner Krankenpflege» (AKP) ab. Fortan nennen sich die Absolventinnen «Pflegefachfrauen Diplomniveau II» (DN II). Zur Ausbildung gehören neu auch Kinästhetik, basale Stimulation, Massage, Pflegetheorien, Kommunikationstheorien und Fallstudientechnik

___ erhält das Neumünster-Team für sein Abfallentsorgungsprojekt den «Ökologiepreis für innovative Umweltprojekte» des Verbandes Zürcher Krankenhäuser

1997

Gustav Egli

Als 1988 mit Dr. jur. JÜRG SUTER zum ersten Mal ein Nichttheologe zum Gesamtleiter des Diakoniewerks Neumünster gewählt wurde, gab es Diskussionen. 60 Jahre früher hätte man in apokalyptischen Tönen vor der drohenden Säkularisation gewarnt, Ende der 80er-Jahre redete man zwar nicht mehr so, aber manche dachten es wohl noch.

Knapp zehn Jahre später tritt Dr. Suter zurück – und niemand meint, es gehöre wieder ein Theologe an die Spitze. Die neue Führungsstruktur hat sich bewährt. Das Diakoniewerk, das nun bald endgültig «Stiftung Diakoniewerk Neumünster – Schweizerische Pflegerinnenschule» heissen wird, ist ein Unternehmen und muss auch wie ein solches geführt werden. Mangelnde Professionalität führt zum Verlust von Perspektiven für Gegenwart und Zukunft, und das wiederum schafft fragwürdige Verhältnisse. Der erste Nichttheologe an der Spitze des Werks hat gezeigt, dass es gelingen kann, Ökonomie, Diakonie und Theologie aufeinander zu beziehen und nicht isoliert nebeneinander stehen zu lassen.

Zu seinem Nachfolger wählt der Stiftungsrat Dr. rer. pol. GUSTAV EGLI, seit 1994 Stellvertreter des Gesamtleiters. Dr. Jürg Suter bleibt aber Projektleiter der Fusion und Mitglied im Leitenden Ausschuss.

Im Übrigen

- wird am 19. Dezember 1997 die Fusion der Stiftung Diakoniewerk Neumünster mit der Stiftung Schweizerische Pflegerinnenschule, Schwesternschule und Spital, vollzogen
- entsteht auf Initiative von Dr. PETER GUYER, Leitendem Arzt der Chirurgie, gemeinsam mit Hausärzten aus dem Einzugsgebiet des Spitals die Arbeitsgruppe «Neumimed». Sie will die Zusammenarbeit optimieren und damit zur weiteren Verbesserung der Patientenversorgung beitragen
- arbeiten im Alterszentrum Hottingen auf 90 Stellen 109 Personen. 58 sind voll-, 51 teilzeitbeschäftigt

1998

Früher Tod

Am Osterdienstag, dem 14. April, starb Pfarrerin KARIN GÖDRI im Spital Pflegi-Neumünster nach monatelanger Krankheit im Alter von 42 Jahren. Mit Dr. JÜRG SUTER und Oberin ROSMARIE VON DER CRONE hatte sie seit 1989 das Leitungsteam gebildet, von 1987 bis 1988 war sie Spitalseelsorgerin gewesen. «*Sie konnte zuhören – trösten*», sagt Schwester Rosmarie.

Im Jahresbericht 1996 hatte Karin Gödri zum letzten Mal über «Auftrag, Ethik und Theologie» geschrieben: «*Seit 138 Jahren setzen sich Menschen in unserem Werk für den Auftrag der Diakonie ein. Dabei ist die Orientierung an christlichen Werten für uns der Schlüssel zur Erfüllung dieses Auftrages.*

Überall, wo mit Menschen in kritischen Lebenssituationen gearbeitet wird, ist diese Aufgabe weit mehr als eine funktionale Tätigkeit. Das Gespräch, die Empathie, die menschliche Wärme im Berufsalltag spielen eine wichtige Rolle für die Qualität der Arbeit.

Deswegen ist die Seelsorge in allen Häusern des Diakoniewerkes ein wichtiger Teil unseres Auftrages. Menschen, die bei uns eine Krankheitszeit durchleben oder ihren Lebensabend verbringen, sollen sich als ganzheitliche Menschen mit Leib, Seele und Geist ernst genommen wissen. Die einfühlsame Zuwendung von Seiten der Ärzte und des Pflegepersonals wird ergänzt durch das Angebot des Gesprächs mit unseren Seelsorgerinnen und Seelsorgern. Dabei wollen wir für unsere Patienten und Pensionäre ein offenes Gegenüber sein, ihnen erleichtern, Ängste, Sorgen und Gedanken auszusprechen. Wir wollen insbesondere dem leidenden und einsamen Menschen in seiner empfindlichen und verletzlichen Lebensphase Würde geben und ihn ernst nehmen.»

Im Übrigen

ist es nach vollzogener Fusion der Stiftung Diakoniewerk Neumünster mit der Stiftung Schweizerische Pflegerinnenschule an der Zeit, sich noch einmal die «Marksteine in der Geschichte der Schweizerischen Pflegerinnenschule» zu vergegenwärtigen:

1896 Dr. med. ANNA HEER regt auf dem ersten Schweizerischen Frauenkongress in Genf die Gründung einer Schule für freie Krankenpflegerinnen an

1899 Gründung der Stiftung «Schweizerische Pflegerinnenschule mit Frauenspital» durch den Schweizerischen Gemeinnützigen Frauenverein. Die Finanzierung erfolgt durch eine Geldsammlung unter den Schweizer Frauen

1901 Eröffnung der Pflegi am 30. März. Dr. med. ANNA HEER wird erste Chefärztin des Spitals und IDA SCHNEIDER erste Oberin der Schule, an der Pflegerinnen in Allgemeiner Krankenpflege, Wochenbett- und Säuglingspflege ausgebildet werden

1929 Gründung des Vereins «Schwestern der Schweizerischen Pflegerinnenschule»

1936 Abschluss einer bedeutenden baulichen Erweiterung mit Umbauten und dem Neubau für das Kinderkrankenhaus

1946 Gründung des Vereins «Freunde der Schweizerischen Pflegerinnenschule». Mit den Mitgliederbeiträgen kann der von der Stiftung zu tragende Anteil des Betriebsdefizits jedes Jahr weitgehend gedeckt werden

1963 Bezug des neu erworbenen und umgebauten Hauses an der Carmenstrasse 43 als Schulhaus für die Schwestern für Allgemeine Krankenpflege

37. Kaiserswerther Generalkonferenz

Sylvia Michel

1971 Namensänderung der Stiftung «Schweizerische Pflegerinnenschule mit Frauenspital» in «Schweizerische Pflegerinnenschule, Schwesternschule und Spital, Zürich»

1976 Gründung des Vereins «Krankenpflegeschule Zürich» durch die «Pflegi» und die Stadt Zürich, in welchem beide Berufsschulen zusammengefasst werden

1988 Geburt des hunderttausendsten Kindes in der «Pflegi». Das Mädchen ANNIKA erblickt am 7. Dezember um 20.01 Uhr das Licht der Welt

1992 Information der Öffentlichkeit über die Pläne zur Gesamterneuerung. Das Vorprojekt wird der Gesundheitsdirektion zur Genehmigung eingereicht

1994 Verhandlungen mit dem Rotkreuz-Spital. Die Möglichkeit einer Fusion wird geprüft. Nach Abschluss der Planungsphase zieht die Gesundheitsdirektion ihre Unterstützung zurück und stellt den Zusammenschluss aus politischen Gründen in Frage. Trotzdem fordert sie mit der im November veröffentlichten Spitalliste eine Fusion mit einem andern Spital

1997 Fusionsverhandlungen mit dem Diakoniewerk Neumünster, Zollikerberg. Ende des Jahres werden diese erfolgreich abgeschlossen

1998 Die Stiftungen sind fusioniert, mit ihnen auch die Spitäler. Im Lauf des Jahres zieht das Pflegi-Spital in den Zollikerberg um und wird ins Spital integriert, das jetzt «Pflegi-Neumünster» heisst

_____ werden Pfarrerin SYLVIA MICHEL anstelle von Pfarrer ERNST MEILI zur Präsidentin des Stiftungsrates und Dr. jur. BRIGITTE VON DER CRONE als Nachfolgerin von ERNST HOFMANN zur Vorsitzenden des Leitenden Ausschusses gewählt

_____ kommen 160 Gäste zur 37. Kaiserswerther Generalkonferenz, die unter dem Thema «Diakonie als Dreiklang von Spiritualität, Ethik und Berufsalltag» im Diakoniewerk Neumünster stattfindet

_____ folgt PD Dr. THOMAS FRICK auf den altershalber zurücktretenden Prof. Dr. ERNST GEMSENJÄGER als Chefarzt der Chirurgie

Marianne Baer Müller

Menschliche Anteilnahme

Heinz Rüegger

Jürg Kunz

1999

Die Jüngsten und die Ältesten bedürfen, wenn sie krank sind, besonders intensiver Pflege. Um die Pflege der Ältesten hat sich das Diakoniewerk Neumünster seit seinen Anfängen gekümmert; das Alterszentrum Hottingen und das Pflegeheim Rehalp sind Zeugen dafür. Nun wird insofern eine Lücke gefüllt, als den Bewohnern der Residenz Neumünster Park versprochen wurde, sie müssten, einmal hier wohnhaft, die Institution nicht mehr verlassen. Also braucht die Residenz auch ein eigenes Pflegeheim. Im Komplex des Spitals, jedoch nicht als Teil des Spitals, wird das kleine Wohn- und Pflegehaus Magnolia geschaffen, genannt nach den beiden grossen, wunderbar blühenden Magnolienbäumen, die vor seinen Fenstern stehen. Hier findet Aufnahme, wer in der Residenz wohnt und mehr Pflege braucht, als die betriebsinterne Spitex bieten kann. Und zumindest vorläufig ist auch der Zuzug von ausserhalb möglich. Nicht selten geschieht es, dass ein Partner in der Alterswohnung bleibt, während der andere in der Magnolia gepflegt wird.

Durch die Fusion mit der Pflegerinnenschule und dem hochwillkommenen Einzug der Gynäkologie und Geburtshilfe unter der Leitung von Prof. Dr. JÜRG KUNZ im Spital Neumünster obliegt diesem nun auch die Pflege der Allerjüngsten. Insbesondere um diejenigen unter ihnen, die «Startschwierigkeiten» haben, kümmert sich die Neonatologie. Für viele Eltern ist die unmittelbare Nähe eines solchen Angebots bei der Geburtshilfe eine Beruhigung. Neugeborenen, die Spitalpflege nötig haben, wird der Transport in ein anderes Haus erspart. Das Spital Neumünster ist das einzige Schwerpunktspital im Kanton Zürich mit einer Neonatologie-Abteilung.

Im Übrigen

- wählt der Stiftungsrat Dr. theol. HEINZ RÜEGGER zum Theologischen Leiter und Mitglied der Gesamtleitung der Stiftung
- wird Pfarrerin ANEMONE EGLIN zur Seelsorgerin der Diakonissen gewählt, die nach dem Rücktritt von Oberin ROSMARIE VON DER CRONE zusammen mit Schwester ELSBETH KÜBLER und Schwester MARGRIT MUTHER die Leitung der Diakonissenschaft bilden wird. Anemone Eglin soll auch neue Angebote zeitgemässer Formen von Spiritualität entwickeln
- übernimmt MARIANNE BAER MÜLLER von Schwester ELISABETH HUBER die Leitung der Residenz Neumünster Park
- beginnt die intensive Arbeit an einem neuen Stiftungsleitbild, mit dem sich beide Fusionspartnerinnen identifizieren können
- ändert das Spital schon wieder den Namen und heisst neu Spital Zollikerberg
- führen die Stiftung und die Betriebe ein neues gemeinsames Erscheinungsbild ein
- besuchen an einem herrlichen Maiwochenende über 5000 Personen während zwei «Tagen der offenen Tür» das Spital

2000

Am 23. November genehmigt der Stiftungsrat das neue Leitbild
Sein erster Satz heisst: «*Die Stiftung Diakoniewerk Neumünster-Schweizerische Pflegerinnenschule ist ein soziales Werk auf christlicher Grundlage. Es wird von einer privaten Trägerschaft geführt; einige seiner Betriebe arbeiten eng mit der öffentlichen Hand zusammen.*»

Und die zusammenfassenden Leitsätze:
«*Die Stiftung als Ganzes ist ein gemeinnütziges Werk, arbeitet also nicht primär gewinnorientiert. In ihrem Handeln richtet sie sich nach dem Prinzip der Eigenwirtschaftlichkeit. In der Unternehmensführung sind betriebswirtschaftliche Gesichtspunkte massgebend.*
In ihrem wirtschaftlichen Handeln verpflichtet sich die Stiftung, ihre Entscheidungen ethisch zu verantworten. Dabei wird darauf geachtet, dass unter anderem auch ökologische Kriterien zum Tragen kommen.
Die Stiftung versteht sich als diakonisches Werk, das heisst, sie orientiert sich ‹an einer christlichen, dem Evangelium verpflichteten Haltung› (Statuten). Für eine solche Haltung sind folgende Gesichtspunkte zentral:
  Die Würde und das Lebensrecht jedes Menschen sind unantastbar.
  Jeder Mensch soll in seiner körperlichen, geistigen, psychischen, sozialen, kulturellen und spirituellen Ganzheit ernst genommen werden.
  Neben fachlicher Professionalität kommt der Qualität persönlicher Zuwendung grosse Bedeutung zu.
  Menschliches Leben bleibt verletzlich und fragmentarisch. Was verletzt ist, soll wenn möglich geheilt werden. Wo Heilung nicht möglich ist, wollen wir Menschen helfen, auch mit Grenzen möglichst gut zu leben.
  Zur Professionalität des Handelns gehört die Einübung in eine Kultur differenzierter ethischer Urteilsbildung.
Im Rahmen ihrer diakonischen Grundausrichtung ist die Stiftung offen für die Mitarbeit von Menschen unterschiedlicher religiöser und weltanschaulicher Überzeugungen.
Die Stiftung setzt sich für eine Kultur partnerschaftlicher Zusammenarbeit unter den Mitarbeitenden ein. Sie ermutigt konstruktiv-kritisches Mitdenken aller Beteiligten.
Der Personalförderung und -fortbildung kommt entscheidende Bedeutung zu. Frauenanliegen sollen in allen Bereichen gebührende Beachtung finden.
Die Stiftung ist daran interessiert, mit Partner-Organisationen zusammenzuarbeiten und sich regional, national und international zu vernetzen.
Die Stiftung setzt auf innovatives Verhalten, um sich kreativ auf neue Situationen einzustellen.»

Im Übrigen

übernimmt RALPH GROSSMANN interimistisch den Vorsitz des Leitenden Ausschusses
umfasst die Schwesternschaft 113 Diakonissen

25 Jahre «Sunnepark»

Therapie

Im neuen Therapiezentrum

Werner Widmer

Orsola L. Vettori

Margrit Muther

2001

Durch die Fusion von Neumünster und Pflegerinnenschule ist das Spital grösser geworden. Deshalb müssen die Führungsstrukturen angepasst werden. Die Personalunion von Gesamtleiter und Spitaldirektor ist nicht mehr zweckmässig.

Die bisherige dreiköpfige operative Leitung wird durch die Stelle des Stiftungsdirektors ersetzt. Der bisherige Gesamtleiter, Dr. GUSTAV EGLI, verlässt die Stiftung. Als Stiftungsdirektor wird der Ökonom und Spitalmanager Dr. WERNER WIDMER gewählt. Der Theologe Dr. HEINZ RÜEGGER übernimmt die Leitung der Stabsstelle Theologie und Ethik. Schwester MARGRIT MUTHER bleibt in der dreiköpfigen Leitung der Diakonissen-Schwesternschaft. Als Spitaldirektorin wird Dr. iur. ORSOLA L. VETTORI gewählt.

Im Übrigen

- entwickelt eine Arbeitsgruppe unter der Leitung von Dr. HEINZ RÜEGGER erstmals ein für die ganze Stiftung verbindliches Alterskonzept
- ist Dr. RITA M. FRITSCHI die neue Leiterin der Berufsschule für Pflege Neumünster. Sie löst Max Faes ab, der die Schule seit 1984 leitete
- werden das neue Therapie- und Seminarzentrum und die Lernwerkstatt als dritter Ort des Lernens («skills lab») eröffnet
- ist der «Sunnepark» in Hottingen 25 Jahre alt
- löst sich die Schwesternschaft Braunwald auf; die meisten ihrer Diakonissen kehren ins Diakoniewerk Neumünster zurück. «‹Im Jahr 1941 wurde von dem stattlichen Baum des Diakonissenhauses Neumünster auf dem Zollikerberg ein Zweiglein abgebrochen und im Glarnerland in den Boden gesteckt.› So beschrieb Pfarrer GOTTLOB SPÖRRI seinen Auszug mit 14 Schwes-

Zuzug aus Braunwald

tern aus dem Neumünster nach Braunwald. Er sah sich dazu veranlasst, weil er ein anderes Verständnis von Gemeinschaft und Dienst hatte. Professionalität und Diakonie im Sinne des Evangeliums konnte er nicht auf einen Nenner bringen. Und erst recht nicht sollten staatliche Vorschriften den Dienst beeinflussen. Im ‹Haus Bergfrieden›, dem neuen Mutterhaus, fing die Arbeit an. Ein Gästehaus wurde eingerichtet. Von Anfang an gehörten Verkündigung und Seelsorge dazu. Die Schwestern arbeiteten in Haus, Küche, Wäscherei, Näherei, Büro und Garten. Nach 25 Jahren gehörten 52 Schwestern der Gemeinschaft an. Sie arbeiteten im Mutterhaus, in Familien, in Häusern für betagte und erholungssuchende Menschen, im eigenen Kinderhaus, bei epileptischen Frauen, in Kirchgemeinden oder als Haushalthilfen. Manche Dienstleistungen geschahen unentgeltlich. Durch Verfügbarkeit und Bereitschaft zu jedem Dienst sollten die Schwestern die Liebe Jesu bezeugen. Leben und Arbeit der Schwestern wären aber nicht möglich gewesen, wenn nicht von Kirchgemeinden und einem grossen Freundeskreis reichlich Gaben gespendet worden wären. Solches Wagnis im Glauben gehörte zum Besonderen der Gemeinschaft. Bei aller menschlichen Schwachheit ist vom Wirken der Schwestern Segen ausgegangen. Für manche Menschen war der Bergfrieden ein Stück Heimat, ein Ort, der ihnen zur Kraftquelle wurde. Angesichts des Älter- und Schwächerwerdens der Schwestern zeigte sich, dass die Vision vom gemeinsamen Leben von Schwestern und Gästen nicht mehr zu realisieren war. Zur Sicherung der Zukunft der älter werdenden Schwestern wurde ein Wegzug aus Braunwald unumgänglich. So sind wir am Palmsonntag 2001 als kleine Gruppe von nunmehr 20 Schwestern in die Diakonissen-Schwesternschaft Neumünster aufgenommen worden. Wie fühlen uns hier zu Hause. Dafür gibt es kaum genug Worte des Dankes.» Soweit Diakonisse DOROTHEE VON TSCHARNER, die letzte Oberin der Schwesternschaft Braunwald.

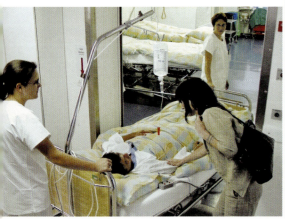
Akutmedizinische Dienstleistungen

Weiterbildung

Begleitung und Pflege älterer Menschen

Beat M. Fenner

2002

Die neue Stiftungsurkunde der Stiftung Diakoniewerk Neumünster – Schweizerische Pflegerinnenschule bestimmt in Artikel 2:

> «Die Stiftung hat zum Zweck, im Bereich der Gesundheitsfürsorge und des Sozialwesens gemeinnützig tätig zu sein. Sie engagiert sich dabei v. a. in vier Bereichen:
> a) Sie erbringt akutmedizinische und pflegerische Dienstleistungen durch den Betrieb eines Spitals.
> b) Sie unterhält Angebote für das Wohnen, die Begleitung und die Langzeitpflege älterer Menschen.
> c) Sie engagiert sich in der Aus- und Weiterbildung, v. a. im pflegerischen Bereich.
> d) Sie verpflichtet sich, für die Diakonissen des Mutterhauses in gesunden, kranken und alten Tagen zu sorgen. Dazu sichert sie das Mutterhaus für die Diakonissen-Schwesternschaft Neumünster und setzt sich ein für die Entwicklung zeitgemässer Formen von Spiritualität.»

Gestützt auf die Stiftungsurkunde wird ein neues Organisations- und Geschäftsreglement erarbeitet. Unter der Leitung von Dr. BEAT M. FENNER, dem neuen Vorsitzenden des Leitenden Ausschusses, wird eine Strategie für die Stiftung entwickelt. Dominierte bisher das Spital als «Flaggschiff», so sollen sich «die Stiftung und ihre Betriebe künftig auf hohe Kompetenz, auch in Dienstleistungen für ältere Menschen als gemeinsame Zielgruppe, und auf die gezielte Nutzung des Synergiepotentials innerhalb der Stiftung ausrichten. Die Vernetzung mit externen Partnern erfolgt ergänzend.»

Rund zehn Fachpersonen mit grosser Erfahrung und fundiertem Wissen in Gerontologie, Alterbetreuung und Alterspflege bilden das neu gegründete «Kompetenzzentrum für die Begleitung, Betreuung und Pflege älterer Menschen». Hauptamtlich arbeiten die Mitglieder in den verschiedenen Betrieben der Stiftung. Das Kompetenzzentrum verfolgt die Entwicklung von Wissenschaft und Praxis ausserhalb der Stiftung in Gerontologie, Geriatrie, Pflege und Betreuung, sorgt für den Transfer relevanten Wissens in die Betriebe der Stiftung und erarbeitet praxistaugliche Problemlösungen.

Elsbeth Kübler

Rosmarie Grob, Therese Wyss und Margrit Muther

Wohnungen statt Spital an der Carmenstrasse

Die Schwesternschaft gibt sich eine neue Leitungsstruktur. Diakonisse ELSBETH KÜBLER, während 30 Jahren stellvertretende Oberin, tritt in den Ruhestand. Die letzten drei Jahre war sie Mitglied der Dreierleitung der Schwesternschaft. Deren zweites Mitglied, Pfarrerin ANEMONE EGLIN, gibt die Stelle der Seelsorgerin der Schwesternschaft auf und ist fortan zuständig für den Arbeitsbereich Spiritualität im Forum Neumünster und im neu gegründeten Kompetenzzentrum.

Die Schwesternschaft beschliesst, auf die Dreierleitung zu verzichten und wieder eine Oberin zu wählen. Es ist Diakonisse MARGRIT MUTHER. Neue Seelsorgerin der Schwesternschaft wird Pfarrerin THERESE WYSS, die auch in Gerontologie ausgebildet ist. Das kommt ihr zugute, denn inzwischen ist die Hälfte der Schwestern über 80 Jahre alt.

«Wir haben Zeit
  um Rückblick zu halten auf unser Leben, Gelungenes und Nichtgelungenes anzuschauen,
  beides zu bejahen und in unser Leben zu integrieren;
  um langsam zu werden und zu lernen, mit dem Nachlassen der Kräfte und dem Sich-Einstellen
  von Krankheiten umzugehen;
  um unser Leben durch die gemeinsamen Gottesdienste und Gebetszeiten zu strukturieren und
  um Aktivitäten nachzugehen, von denen wir früher nur geträumt haben»,
schreibt die neue Oberin.

Im Übrigen

  ist Prof. Dr. ADRIAN REBER der neue Chefarzt der Anästhesie und Intensivmedizin
  tritt JUTTA MEYER als Leiterin des Pflegeheims Rehalp zurück
  werden die ersten Wohnungen in der neuen Überbauung auf dem Areal der ehemaligen
  Pflegerinnenschule an der Carmenstrasse in Zürich bezogen

2003

Examensfeier der Berufsschule

Pflegeausbildung

In der Mitte des 19. Jahrhunderts gab es zwei Möglichkeiten, die Krankenpflege zu erlernen und Krankenschwester zu werden. Beide waren – nicht zufällig – betont christlich geprägt: katholische Orden und evangelische Diakonissenhäuser.

Mit der Eröffnung des Krankenhauses am Hegibach 1858 entstand zugleich die erste Krankenpflegeschule in der Region Zürich. Denn von Anfang an erhielten die Diakonissen systematischen Unterricht. 1938 wurde die Schule vom Roten Kreuz anerkannt.

Seit 1883 wurden Diakonissen und freie Schwestern nebeneinander ausgebildet. Das Datum ist kein Zufall, denn 1882 gründete WALTER BION, Pfarrer an der Zürcher Predigerkirche, ein profilierter liberaler Theologe und sozialpolitischer Pionier, mit Gesinnungsgenossen die «Schwesternschule und Krankenhaus vom Roten Kreuz Zürich-Fluntern». Es war die Zeit der starken theologischen Richtungskämpfe zwischen den «Positiven» und den «Liberalen», woran die Einheit der reformierten Kirche beinahe zerbrochen wäre. Offensichtlich gab es junge Frauen, die, auch wenn sie nicht Diakonissen werden wollten, die Krankenpflege lieber in der «positiven» Diakonissenanstalt als im «freisinnigen» Rotkreuzspital lernten.

Mit dem Beginn des 20. Jahrhunderts wurde die Schweizerische Pflegerinnenschule zur zweiten «weltlichen» Alternative. Es blieb nicht bei den dreien. Schliesslich zählte der Kanton Zürich nicht weniger als 25 verschiedene Krankenpflegeschulen. Da sprach der Staat, der immer stärker für die Finanzierung sorgen musste, ein Machtwort. Zwei Bildungszentren für Pflegeberufe sollte es fortan im Kanton geben, eines in Zürich, eines in Winterthur.

Als Reaktion darauf findet auch hier zusammen, was einst als unverträglich gegolten hat. Die Stiftung Careum (hervorgegangen aus der Stiftung Schwesternschule und Krankenhaus vom Roten Kreuz Zürich-Fluntern), die Stiftung Diakoniewerk Neumünster – Schweizerische Pflegerinnenschule, die Eleonorenstiftung Kinderspital Zürich und die Kalaidos Bildungsgruppe Schweiz bilden eine gemeinnützige Aktiengesellschaft. Diese unterbreitet dem Kanton Zürich den Plan des Careum Bildungszentrums zur Ausbildung für Pflege- und weitere Gesundheitsberufe auf dem Areal des früheren Rotkreuzspitals in Zürich. Im Februar 2005 wird Careum den Auftrag vom Kanton Zürich erhalten; im August 2005 soll der Betrieb aufgenommen werden.

Die Tage der Berufsschule für Pflege Neumünster sind gezählt. Im Herbst 2007 legen die letzten Schülerinnen und Schüler ihre Examen im Zollikerberg ab.

Anemone Eglin und das «Magnolia»-Team

Die neue Küche

Mirjam Brühwiler

Peter Grämer

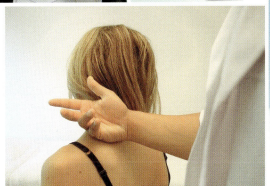
Medizinische Alternativen

Sandi Suwanda

Im Übrigen

- beschliesst der Leitende Ausschuss einen Strategischen Businessplan für die Jahre 2004 bis 2006, der zeigt, in welche Projekte die Stiftung künftig investieren will. Es handelt sich beispielsweise um Bauprojekte, die amortisiert werden, aber auch um Projekte à fonds perdu, mit denen im Rahmen des Stiftungszweckes neue Dienstleistungen entwickelt und ausprobiert werden
- beginnt das Kompetenzzentrum mit der monatlichen interdisziplinären Weiterbildungsveranstaltung «Lunch & Learn», in der am Mittag über ein im weitesten Sinn gerontologisches Thema referiert und diskutiert wird
- übernimmt PETER GRÄMER die Leitung des Pflegeheims Rehalp, wo er vorher als Seelsorger tätig war
- wird Pfarrerin ANEMONE EGLIN für die neue Teilzeit-Stabsstelle «Spiritualität» angestellt mit dem Auftrag, zeitgemässe Formen von Spiritualität in Begleitung, Betreuung und Pflege älterer Menschen zu entwickeln und zu erproben
- nimmt das Gastronomie-Team unter der Leitung von MIRJAM BRÜHWILER die neue Küche für alle Teile des Werks auf dem Zollikerberg in Betrieb. Sie ersetzt die beiden bisher parallel geführten Küchen für Spital und Schwesternschaft
- wird im Praxiszentrum Zollikerberg die Akademie für Chinesische Medizin unter der Leitung von Chefarzt Dr. SANDI SUWANDA eröffnet, die in Verbindung mit der Universität Beijing auch Schweizer Ärztinnen und Ärzte in Chinesischer Medizin ausbildet

Teichbau auf der Tiefgarage

Am Weg

2004

Früher war's ein Ackerfeld. Im Sommer wurde unmittelbar neben dem Spital Getreide geerntet. Dann wurde eine mächtige Baugrube mit Humus- und Schotterbergen an den Rändern daraus. Von den Fenstern des Spitals her konnte man meinen, es sei ein Sandkasten für Riesenkinder. Einige betagte Bewohner des Wohn- und Pflegehauses Magnolia schauten dem Treiben der Bauleute mit Interesse und Vergnügen zu, andere klagten über den Lärm.

In das grosse Loch kam die Tiefgarage. Als sie fertig war, wurde das Dach zwar wieder mit Erde zugedeckt, jedoch taugte die Fläche jetzt nicht mehr zum Acker. Zu wenig Tiefe, als dass hier noch Getreide wachsen könnte. Darum ergriffen die Landschaftsgestalter das Szepter. Zwei Teiche, ein kleiner Wasserfall dazwischen, ein Brücklein und eine Aussichtsplattform. Alles in der ersten Zeit noch etwas kahl. Jedoch wird hier bald eine Magerwiese mit vielerlei Gräsern und Blumen gedeihen.

Am Wasser steht die Cabane, Kopie einer der sieben Hütten, die JEAN NOUVEL am Murtensee für die Expo.02 gebaut hatte. Der Rost der Oberfläche stört auf Ordnung bedachte Leute. Der altgedienten Diakonisse, die jahrzehntelang in einem Spital gegen Rost und Grünspan kämpfte, fällt es schwer, zu akzeptieren, dass das Kunst ist. Sie wird es lächelnd zugestehen, wenn die Natur nicht nur als Rost auf dem Blech, sondern auch als Grün der Wiese und Farben der Blumen wieder die Oberhand hat.

In der Cabane ROLAND HERZOGS «Fingerregen». Hände, die aus den Wänden ragen; von den Fingerenden tropft Wasser, das Element des Lebens. Leben, Segen, vermittelt durch Hände.

Die Ergänzung zu den Händen in der Cabane ist der philosophische Rundgang auf den Wegen um die Cabane. Elf Tafeln mit Sätzen zu einem sporadisch wechselnden Thema. Sie sollen, wie die Hände, zum Denken reizen.

Im Übrigen

_____ empfängt die Eintretenden vor dem Spital die elfteilige Holzskulpturengruppe von STEFAN GORT: «Beistehendes Dasein, Gemeinsames Schweigen, Wohltuende Beständigkeit»

_____ ist Dr. MARION MÖNKHOFF neu leitende Ärztin der Neonatologie im Spital Zollikerberg

_____ wird die Zusammenarbeit der Neonatologie mit dem Universitätsspital vertraglich ausgebaut

_____ erscheint das Büchlein *In Leiden und Sterben begleiten. Kleine Geschichten, ethische Impulse* von ULRICH KNELLWOLF und HEINZ RÜEGGER

Neubau der Notfallstation

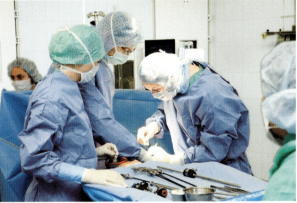

1175 Geburten und 5200 Operationen

Stephan Müller

2005

Ein neuer Vertrag zwischen dem Spital Zollikerberg und den zugewiesenen Gemeinden tritt in Kraft. Darin ist geregelt, dass ein allfälliges Spitaldefizit nicht mehr von den Trägergemeinden, sondern von der Stiftung getragen werden muss. Jedoch kann die Stiftung selbst über die Verwendung einer Unterschreitung des Globalbudgets bestimmen. Insgesamt tragen Stiftung und Spital mehr Risiko, erhalten aber gleichzeitig mehr unternehmerische Freiheit und Verantwortung.

Im Gefolge des neuen Spitalvertrages werden auch neue Verträge mit den Kaderärztinnen und Kaderärzten abgeschlossen. Ein Bonus-Malus-System betont ihre finanzielle Verantwortung für das gesamte Spital.

Im Übrigen

_____ tritt der chirurgische Chefarzt zurück; sein Nachfolger wird Dr. STEPHAN MÜLLER
_____ kommen in diesem Jahr im Spital Zollikerberg 1175 Kinder zur Welt
_____ werden 5200 Operationen durchgeführt
_____ beginnen im Spital Zollikerberg die rund zwei Jahre dauernden Bauarbeiten zur Erneuerung und Erweiterung von Notfallstation, Intensivstation und Sterilisation
_____ vertieft sich die Zusammenarbeit mit der Klinik Balgrist

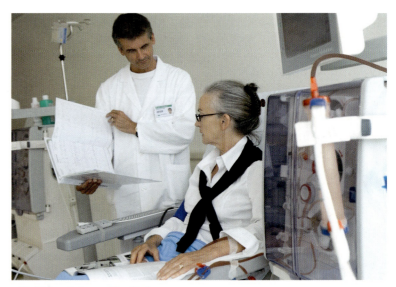
Die Dialysestation und ihr Chef

2006

Die Dialysestation

Etwa bei 3000 Menschen in der Schweiz arbeiten die Nieren weniger als 10 Prozent oder gar nicht, sodass sie auf eine Dialyse angewiesen sind. Bei neun von zehn Patienten ist es eine Hämodialyse, also eine «Blutwäsche» ausserhalb des Körpers durch einen Apparat. Ohne die Blutreinigung würde der Patient innert weniger Stunden sterben.

Wer Dialyse benötigt, muss dreimal pro Woche in ein Dialysezentrum, und zwar ohne Unterbrechung, lebenslang. Reisen und Ferien sind nur möglich, wenn ein Dialysezentrum in der Nähe ist. Die einzige Befreiung von dieser harten Regel ist eine gelungene Nierentransplantation, und sie kann lange nicht bei allen Nierenkranken vorgenommen werden.

Die Dialysestation des Spitals Zollikerberg hat 18 Plätze. Rund 9300 Dialysen werden hier jährlich vorgenommen. Chefarzt ist Dr. med. JÖRG BLEISCH, Leiterin des Pflegeteams MARGRET HÖRSCHLÄGER.

Die Behandlung dauert jedes Mal zwischen dreieinhalb bis vier Stunden. Neun bis zwölf Stunden Spitalaufenthalt pro Woche, das bestimmt die Zeitplanung und prägt den ganzen Lebenslauf. Die Patientinnen und Patienten kommen während Jahren hierher, man kennt sich und ist miteinander vertraut. Das Gespräch mit Leuten, die von ähnlichem Schicksal betroffen sind, hilft, die eigene Lage besser zu beurteilen und zu ertragen.

Entscheidend wichtig ist die Einstellung von Ärzteschaft und Pflegenden. *«Bei der Betreuung der uns anvertrauten Patienten müssen wir uns ihrer enormen Abhängigkeit immer wieder bewusst werden; deshalb ist neben der rein fachlichen und technischen Betreuung die menschliche und psychologische Begleitung ebenso wichtig oder gar noch wichtiger»*, sagt Dr. Bleisch. Unverzichtbarkeit der Diakonie inmitten hochtechnisierter Medizin, sofern Diakonie als verständnisvoll helfende Hinwendung zum Nächsten verstanden wird.

Alterswohnungen anstelle der Berufsschule

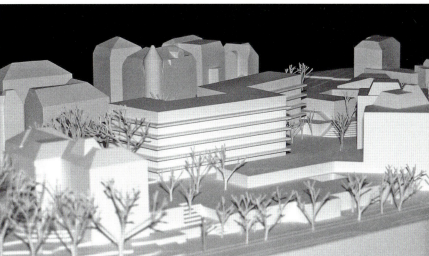

Grosse Pläne für das Alterszentrum Hottingen

Helen Gucker

Matthias Fuhrer

Im Übrigen

> tritt Pfarrerin SYLVIA MICHEL als Präsidentin des Stiftungsrates zurück
> wählt der Stiftungsrat Kirchenrätin HELEN GUCKER zu seiner neuen Präsidentin
> stirbt am 17. März ANDRÉ WERNER, der Leiter des Alterszentrums Hottingen, in seinem 55. Altersjahr
> ist MATTHIAS FUHRER vom 1. November an Leiter des Alterszentrums Hottingen
> wird die Dialysestation bis Mai 2007 auf 24 Therapieplätze ausgebaut
> beginnen im Herbst die Umbauarbeiten am bisherigen Haus der Berufsschule für Pflege; bis im Frühjahr 2008 entstehen 37 grosszügige Alterswohnungen als neuer Teil der Residenz Neumünster Park

2007

Das Organigramm der Stiftung Diakoniewerk Neumünster – Schweizerische Pflegerinnenschule:

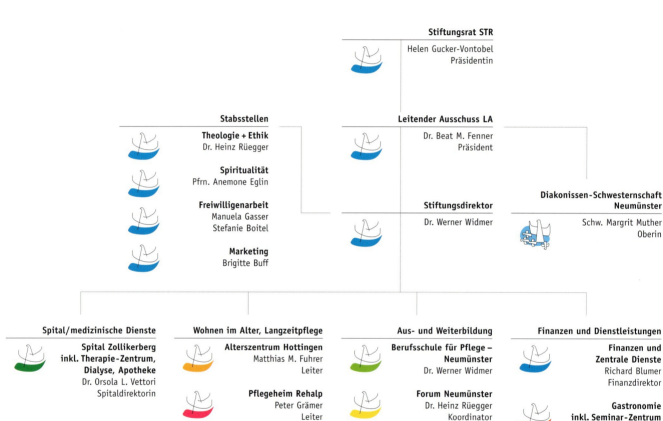

Eduard Vlajkovic

Ludwig Theodor Heuss

Ruhestand

Im Übrigen

    arbeiten in der ganzen Stiftung rund 1100 Personen

    zählt die Schwesternschaft 89 Diakonissen

    gab am Abend des 16. Juli 1933, einen Monat vor der offiziellen Einweihung von Spital und Diakonissenanstalt, der studentische Singkreis um Professor LUDWIG KÖHLER in der Kirche des Diakoniewerks ein Konzert. Mitwirkende waren unter anderem die Zürcher Geigerin KOMETA RICHNER und der Berliner Theologiestudent GERHARD EBELING. Auf dem Heimweg verlobten sich die beiden. Gerhard Ebeling sollte nach dem Krieg einer der wichtigsten evangelischen Theologen werden, Professor in Tübingen und Zürich. Am 30. September 2001 starb er im Wohn- und Pflegehaus Magnolia. Am 23. März 2007 stirbt hier seine Frau. Am 30. März ist die Abdankung in der Kirche des Diakoniewerks

    ist PD Dr. med LUDWIG THEODOR HEUSS seit dem 2. Mai Chefarzt Innere Medizin

    wird Dr. med. EDUARD VLAJKOVIC Chefarzt Geburtshilfe und Gynäkologie

2008

Drei Fragen an

    HELEN GUCKER-VONTOBEL, Präsidentin des Stiftungsrates
    Dr. BEAT M. FENNER, Vorsitzenden des Leitenden Ausschusses
    Dr. WERNER WIDMER, Stiftungsdirektor

1. Welche Schwerpunkte setzt die Stiftung in Zukunft?

HELEN GUCKER:

Schwerpunkte für die Stiftung werden in Zukunft sein:
- Festigung der Stellung des Spitals Zollikerberg
- Erweiterung des Angebotes von altersgerechtem Wohnraum
- Konzentration und Stärkung der Bildungsaktivitäten in der praktischen Berufsbildung sowie Erarbeitung von Bildungsangeboten für ältere Menschen
- Massnahmen zur Vertiefung der Identifikation der Mitarbeitenden mit der Institution

BEAT M. FENNER:

Die Förderung von Projekten und Aufgaben, die höchsten ethischen Ansprüchen und Erwartungen genügen und Mitmenschen zur Nachahmung motivieren.

WERNER WIDMER:

Neue, heute noch nicht absehbare Schwerpunkte werden gelegentlich dazukommen. Wichtig ist es, die Synergien der heutigen Schwerpunkte so nutzen, dass ältere Menschen, Patientinnen und Patienten unsere Dienstleistungen zunehmend «wie aus einem Guss», koordiniert und aufeinander abgestimmt erfahren können.

2. Wie will die Stiftung das Erbe der Diakonie wahren?

HELEN GUCKER:
Theologische Begleitung und spirituelle Ausrichtung bewahren dem Werk den von den Diakonissen geprägten Geist. Hohe Kompetenzen von Verantwortungsträgern und Mitarbeitenden, gepaart mit Demut und Ehrfurcht vor der Schöpfung, werden das Erbe der Diakonissen weiter tragen.

BEAT M. FENNER:
Respektieren ethischer Werte und Wirken durch Vorbild zum Wohle unserer Gesellschaft.

WERNER WIDMER:
Wir wahren das Erbe der Diakonie, indem wir Dienstleistungen für kranke oder alte Menschen erbringen und uns an der gesellschaftlichen Diskussion von Fragen, mit denen wir in der täglichen Arbeit konfrontiert sind, beteiligen.

3. Was wünschen Sie den Diakonissen zum Jubiläum?

HELEN GUCKER:
Zum Jubiläum gratuliere ich den Diakonissen herzlich. Ich wünsche ihnen Gesundheit und Kraft, tüchtig mit ihrem Werk mitzufeiern. Ich wünsche ihnen auch die Grossherzigkeit, die durch die Veränderungen in der Gesellschaft diktierten Umstrukturierungen und Anpassungen mit Freude mitzuverfolgen und auch mitzutragen. Sie dürfen stolz sein auf ihr eigenes Werk und die daraus gewachsene grosse, erfolgreiche Unternehmung.

BEAT M. FENNER:
Freude und Stolz über Geschaffenes. Zuversicht und Vertrauen in die fortgesetzte Bewahrung des guten Werkes.

WERNER WIDMER:
Ich wünsche jeder Diakonisse, dass sie sich im Rückblick auf ihre eigene Tätigkeit als Teil der 150-jährigen Geschichte freuen kann.

Bild Seite 210/211: Die Cabane am Teich

Nachwort von Werner Widmer, Dr. rer. pol., Stiftungsdirektor

Entwicklungslinien

In der 150-jährigen Geschichte der Stiftung Diakoniewerk Neumünster – Schweizerische Pflegerinnenschule lassen sich interessante Entwicklungen erkennen. Es geht beispielsweise um Antworten auf folgende Fragen, die im Verlauf der Jahrzehnte unterschiedlich ausfallen:

__ Was ist das Spezifische eines Diakoniewerks? Muss es sich von andern Sozialunternehmen unterscheiden?
__ Wie können theologische, ethische und spirituelle Aspekte in die tägliche Arbeit einfliessen?
__ Was sind die Aufgaben eines Diakoniewerks? Wozu braucht es ein Diakoniewerk?
__ Wie soll es geführt werden?

Solche strategischen Fragen stellen sich auch heute. Sie können nur unter Würdigung der bisherigen Entwicklungen beantwortet werden, wobei Würdigung immer sowohl dankbare Aufnahme des Erbes als auch kritische Auseinandersetzung damit meint. In diesem Sinne knüpft die Zukunft der Stiftung an ihre Vergangenheit an, obwohl sie zweifellos immer wieder vor neue Aufgaben gestellt sein wird und neue Formen finden muss. Das in den Entwicklungslinien angelegte Erbe fordert und fördert geradezu Innovation, zeitgemässe Qualität und Nachhaltigkeit. In ein paar Punkten soll versucht werden, solche Entwicklungslinien aus der Vergangenheit im Blick auf Gegenwart und Zukunft nachzuzeichnen.

1. Während weit über 100 Jahren wurde in unserer Stiftung «Diakonie» gleichgesetzt mit der von der Diakonissen-Schwesternschaft Neumünster praktizierten Mutterhausdiakonie: Zeitweise mehr als 500 Diakonissen liessen sich vom Mutterhaus dort einsetzen, wo Bedarf bestand. Sie arbeiteten in den eigenen Institutionen und in externen Spitälern, in Heimen sowie in der Gemeindepflege – weit über das Gebiet des Kantons Zürich hinaus. Das Werk war ein Teil der Diakonissen-Schwesternschaft. Mit der Zeit nahm der Anteil der Mitarbeitenden zu, die nicht der Schwesternschaft angehörten. Heute arbeiten mehr als 1100 Personen in der Stiftung, während die allermeisten der rund 90 Diakonissen im Ruhestandsalter sind. Das Verhältnis hat sich umgekehrt, die Diakonissen-Schwesternschaft ist zu einem Teil der Stiftung geworden.

2. Kirchlicher Rahmen und pietistische Frömmigkeit prägten die Diakonissen und ihre Arbeit in hohem Mass. Ein Blick in den Arbeitsalltag im Spital oder in den Pflegeheimen zeigt, dass sich in Bezug auf die Form ein Wandel vollzogen hat, der wesentliche Teil des Inhalts aber erhalten geblieben ist: Solidarisches

Helfen, Mitmenschlichkeit und wohlwollende Zuwendung sind glücklicherweise auch heute starke Motivatoren der Mitarbeitenden, kommen in ihrer Arbeit zum Ausdruck und werden von Patientinnen und Patienten sowie von Bewohnerinnen und Bewohnern als Qualitäten von Dienstleistungen wahrgenommen.

3. Im Verlauf des zahlenmässigen Anstiegs der Mitarbeitenden, die nicht der Diakonissen-Schwesternschaft angehörten, war es unumgänglich, die exklusive Verknüpfung von Diakonie und Schwesternschaft durch ein umfassenderes Diakonieverständnis abzulösen. Diakonie verstehen wir als solidarische Mitmenschlichkeit. Sie gründet auf der menschlichen Fähigkeit, intuitiv und selbstverständlich andern, die in Not sind, zu helfen, sei es persönlich-spontan oder professionell-institutionell. Da solidarische Mitmenschlichkeit keine exklusive Spezialität christlich geprägter Menschen ist, wurde auch die Zusammenarbeit mit Mitarbeitenden unterschiedlicher religiös-weltanschaulicher Prägung immer mehr zu einer natürlichen Selbstverständlichkeit.

4. Waren es in den ersten 100 Jahren unserer Stiftung vor allem materielle Not und mangelndes öffentliches Angebot an medizinischen und pflegerischen Dienstleistungen, unter welchen die Bevölkerung litt, so haben sich in der Zwischenzeit die Herausforderungen für diakonisches Handeln im Rahmen der gesellschaftlichen Entwicklung augenfällig gewandelt. Heute geht es uns in der Schweiz materiell viel besser als allen Generationen vor uns. Es gibt eher zu viele Spitäler und in der Stadt Zürich zu viele Pflegeplätze. Wir stehen nicht mehr vor einem «Mengenproblem». Die diakonische Herausforderung liegt nicht mehr in der Quantität, sondern in der Qualität, der Innovation und in der Nachhaltigkeit unserer Dienstleistungen. Dies gilt gleichermassen für Spital, Pflegeheime, Altersresidenzen und andere, neue Angebote im Rahmen der Stiftungszwecke. Bei der Förderung von Qualität, Innovation und Nachhaltigkeit werden die Betriebe heute unterstützt durch die Stabsstellen der Stiftung und das Kompetenzzentrum für die Begleitung, Betreuung und Pflege älterer Menschen. Diese Unterstützung erfolgt projektbezogen sowie im Rahmen von Fortbildungsveranstaltungen, Tagungen und Publikationen.

5. Die Möglichkeiten und Angebote der Medizin und Pflege waren im 19. Jahrhundert viel geringer als heute. Krankheit galt auch viel stärker als Schicksalsschlag und führte oft schon in vergleichsweise jungen Jahren zum Tod. Wer es sich leisten konnte, ging nicht einfach in ein Spital, sondern sorgte bei schwerer Erkrankung für eine Hauspflege. Da die öffentliche Hand im 19. Jahrhundert nur über relativ bescheidene institutionelle Angebote an qualifizierter medizinischer Behandlung und Pflege sowie an Begleitung im Alter verfügte, fand private, christlich motivierte Wohltätigkeit hier ein wichtiges Feld für eigene Initiativen. Im 20. Jahrhundert wurde der Sozialstaat ausgebaut, und er übernahm viele Aufgaben, die bisher private diakonische Werke abge-

deckt hatten. In der Bundesverfassung ist heute das Recht auf ärztliche Versorgung und Krankenpflege verankert. Die Sozialversicherung gewährleistet für alle die Finanzierung der notwendigen Massnahmen zur Deckung der Grundbedürfnisse bei Krankheit, im Alter und bei Invalidität.

      6. Die Politik und die Verwaltung auf Bundes- und Kantonsebene machten den über Steuermittel und öffentliche Krankenkassen finanzierten Spitälern und Pflegeheimen seit jeher Vorschriften. Die Regelungsdichte nahm laufend zu, der unternehmerische Spielraum wurde enger. Als Gegenbewegung entwickelte sich seit Ende des 20. Jahrhunderts zunehmend ein eigentlicher Markt sozialer Dienstleistungen. Es entstanden neue Institutionen der Altersbetreuung und private Kliniken, die ihre Dienstleistungen verstärkt unter dem Gesichtspunkt unternehmerischen Handelns erbringen und ohne Subventionen auskommen.

      7. In den ersten 25 Jahren lag die operative Leitung des Diakoniewerkes faktisch in den Händen der Oberin. Dann wurde die Führung einem Pfarrer übertragen, dem die Oberin zur Seite stand. Ende der 1980er-Jahre reifte die Erkenntnis, dass eine Unternehmung dieser Grösse von einem qualifizierten Management geführt werden sollte. 1988 wurde eine Dreier-Gesamtleitung gebildet mit dem Juristen und Unternehmer Dr. Jürg Suter als Gesamtleiter, der Oberin der Schwesternschaft und einer Theologin. Es war ein Glücksfall für die Stiftung, in der Person von Dr. Suter jemandem die Leitung anzuvertrauen, der persönlich und sachlich die Verbindung von Diakonie und Ökonomie vollziehen konnte. Im Rückblick muss man sagen: Dieser Führungswechsel von einem Pfarrer-Vorsteher zu einem Manager-Gesamtleiter führte dazu, das Werk auch strukturell und leitungsmässig auf eine solide Basis zu stellen, auf der es den Herausforderungen einer gewandelten Zeit und Situation angemessen begegnen konnte. Der so eingeleitete Wechsel im Führungsmodell fand seinen konsequenten Abschluss in der nach der Fusion mit der Stiftung Pflegerinnenschule erfolgten neuerlichen Reorganisation, durch die die dreiköpfige Gesamtleitung aufgelöst und 2001 durch eine Stiftungsdirektion abgelöst wurde. Die Schwesternschaft ist weiterhin auf strategischer Ebene in den Gremien der Stiftung und all ihrer Betriebe vertreten, nimmt aber keinen Einfluss mehr auf die operative Führung der Stiftung. Das Element der Theologie wurde in eine der Stiftungsdirektion zugeordnete Stabsstelle Theologie und Ethik verlagert, was – wie sich rasch zeigte – ihre Bedeutung nicht schmälert, sondern eher verstärkt, weil jetzt vertieft und mit professioneller Fachlichkeit ethische, diakonische und gerontologische Grundsatzfragen bearbeitet werden können. Auch die 2003 neu eingerichtete Stabsstelle Spiritualität trägt dazu bei, der spirituellen Dimension in einer weiten, offenen und fachlich reflektierten Form Raum zu geben.

8. In der Stiftungsstrategie 2002 wurden erstmals die Dienstleistungen für ältere Menschen als zweites, gleichberechtigtes und betriebsübergreifendes Standbein der Stiftung neben dem Spital definiert. Dies ist aufgrund des bereits vorhandenen Angebots der Stiftung sinnvoll, ebenso aufgrund der Demografie und aufgrund des Aufbruchs der Gerontologie, der interdisziplinären Wissenschaft des Alterns, seit den 1980er-Jahren. Diese strategische Neuorientierung schlägt sich nieder in einer wachsenden Zahl von Mitarbeitenden mit Ausbildungen in Gerontologie, im Kompetenzzentrum für die Begleitung, Betreuung und Pflege älterer Menschen, in Veranstaltungen, Projekten und Publikationen in den Bereichen gerontologischer Ethik und Spiritualität im Alter.

9. Die Verbindung der beiden Stränge des Diakoniewerks und der Pflegerinnenschule zu einer einzigen Stiftung zeigt exemplarisch, wie aus der Synergie zweier unterschiedlicher Traditionen Neues entsteht, wobei das Erbe der Pflegi-Tradition mit ihrem emanzipativen, genderbewussten Frauenansatz in Zukunft sicher noch stärker genutzt werden kann. Beide Traditionen ergänzen sich ideal. Neben dem Wachstum von innen wird es immer auch ein Wachstumspotenzial von aussen durch Partnerschaften mit andern Institutionen geben. Diese müssen allerdings nicht zwangsläufig zu einer Fusion führen. Es können auch einzelne gemeinsame Projekte mit andern Sozialunternehmen realisiert werden.

Diakonie heisst, dort zu helfen, wo noch zu wenig geholfen wird, dort zu einer lebendigen, humanen Sozialkultur in unserer Gesellschaft beizutragen, wo das besonders wichtig ist. Heute sind das andere Nöte und Fragen als gestern, und morgen werden es nochmals andere Themen sein. Das stellt Diakonie wie jede Form von sozialer Dienstleistung vor ständig neue, interessante Herausforderungen. Es ist Freude und Verpflichtung zugleich, mit dem Erbe einer langen Tradition, mit den heute zur Verfügung stehenden Ressourcen und mit der Bereitschaft zu Transformation und Innovation auch in der Zukunft zu mehr Lebensqualität unserer Kunden und zu einer humanen, solidarischen Kultur in unserer Gesellschaft beitragen zu dürfen.

Anhang

Die Diakonissen-Schwesternschaft Neumünster im April 2007

Im 149. Jahr des Diakoniewerkes Neumünster leben 89 Diakonissen im Mutterhaus

Schw. BERTA BAMERT   geboren am 5. Februar 1921   eingesegnet am 18. Juni 1945

Schw. GABRIELE BANNWART   geboren am 21. Februar 1957   eingesegnet am 6. Juni 2004

Schw. MARTHA BAUMGARTNER   geboren am 19. Februar 1927   eingesegnet am 10. Dezember 1957

Schw. ROSA BEGLINGER   geboren am 1. Dezember 1920   eingesegnet am 1. September 1947

Schw. LUCIE BLASER   geboren am 16. Juli 1922   eingesegnet am 15. Februar 1956

Schw. MARIE-LUISE BRENNER   geboren am 10. Juni 1934   eingesegnet am 9. April 1959

Schw. ANNA BÜCHLER   geboren am 5. März 1922   eingesegnet am 15. April 1946

Schw. HEDWIG BUCHMANN   geboren am 26. April 1924   eingesegnet am 8. Januar 1946

Schw. KATHARINA CHRISTEN   geboren am 1. April 1955   eingesegnet am 2. November 2003

Schw. HANNI EICHENBERGER   geboren am 1. Februar 1923   eingesegnet am 15. Januar 1946

Schw. BETTY FAUSCH   geboren am 20. Februar 1919   eingesegnet am 16. April 1945

Schw. MARTHA FITZI   geboren am 11. Juni 1925   eingesegnet am 18. April 1950

Schw. EMMA FREITAG   geboren am 13. Oktober 1922   eingesegnet am 18. Mai 1948

Schw. ESTHER FREY   geboren am 5. Mai 1926   eingesegnet am 29. Dezember 1947

Schw. LYDIA FREY   geboren am 5. August 1913   eingesegnet am 1. März 1938

Schw. TRUDI FRISCH   geboren am 21. Dezember 1933   eingesegnet am 9. April 1958

Schw. ANNA GABATHULER   geboren am 17. Februar 1916   eingesegnet am 15. November 1946

Schw. HEDI GERBER   geboren am 28. November 1929   eingesegnet am 17. April 1953

Schw. FRIEDA GRIESSER   geboren am 11. Juli 1924   eingesegnet am 15. August 1955

Schw. RUTH GROSSNIKLAUS   geboren am 28. Juli 1932   eingesegnet am 11. April 1956

Schw. HEIDI HÄBERLI   geboren am 24. Oktober 1929   eingesegnet am 13. Oktober 1953

Schw. HEDI HÄCHLER   geboren am 17. November 1928   eingesegnet am 18. Oktober 1951

Schw. RÖSLI HÄNNY   geboren am 28. Februar 1919   eingesegnet am 1. Mai 1950

Schw. WALLY HAUETER   geboren am 29. Juli 1929   eingesegnet am 11. April 1951

Schw. LINA HEER   geboren am 2. Dezember 1915   eingesegnet am 29. September 1939

Schw. TRUDI HEUSSER   geboren am 15. April 1929   eingesegnet am 15. August 1953

Schw. VRENI HORBER   geboren am 11. Juli 1916   eingesegnet am 2. Mai 1938

Schw. ELISABETH HUBER   geboren am 15. September 1934   eingesegnet am 1. Oktober 1962

Schw. RÖSLI HUBER   geboren am 8. August 1916   eingesegnet am 29. Oktober 1936

Schw. LISELOTTE HUGGENBERGER   geboren am 19. Juli 1939   eingesegnet am 14. April 1961

Schw. VRENI HUGGENBERGER   geboren am 14. Oktober 1932   eingesegnet am 17. April 1953

Schw. MARGRIT HUGI   geboren am 11. Mai 1921   eingesegnet am 12. April 1948

Schw. DORIS HÜRZELER   geboren am 26. März 1965   eingesegnet am 19. Februar 1989

Schw. HEDI ISENEGGER   geboren am 16. Dezember 1938   eingesegnet am 18. April 1960

Schw. RUTH JOHO   geboren am 13. Mai 1926   eingesegnet am 5. Januar 1956

Schw. ANNA KELLER   geboren am 29. April 1912   eingesegnet am 15. April 1939

Schw. HEDWIG KELLER   geboren am 15. März 1927   eingesegnet am 13. Oktober 1953

Schw. KÄTHI KLOPFSTEIN   geboren am 28. November 1938   eingesegnet am 31. Mai 1960

Schw. LYDIA KRADOLFER   geboren am 14. April 1921   eingesegnet am 1. April 1955

Schw. ELSBETH KÜBLER   geboren am 5. Oktober 1937   eingesegnet am 15. April 1958

Schw. DOROTHEE KÜNDIG   geboren am 23. Januar 1928   eingesegnet am 18. Juli 1949

Schw. KLARA LENDENMANN   geboren am 16. März 1909   eingesegnet am 4. April 1938

Schw. IDA LEU   geboren am 18. Oktober 1923   eingesegnet am 3. Oktober 1956

Schw. RUTH LEU   geboren am 21. Juni 1926   eingesegnet am 19. Dezember 1948

Schw. E S T H E R   L I E B   geboren am 11. November 1931   eingesegnet am 8. August 1962

Schw. E R N A   M A D E R   geboren am 9. Mai 1915   eingesegnet am 17. Mai 1943

Schw. G E R T R U D   M A N Z   geboren am 29. Januar 1916   eingesegnet am 30. Mai 1939

Schw. R U T H   M A R Q U A R D - S C H E F E R   geboren am 11. Februar 1940   eingesegnet am 10. Oktober 1962

Schw. H A N N I   M E I E R   geboren am 20. Juni 1922   eingesegnet am 19. Mai 1943

Schw. R O S E   M E N Z I   geboren am 6. April 1931   eingesegnet am 16. April 1953

Schw. A N N A   M E Y E R   geboren am 30. Oktober 1934   eingesegnet am 17. September 1962

Schw. E L S B E T H   M O S E R   geboren am 12. August 1914   eingesegnet am 4. Mai 1936

Schw. M A R T H A   M U G G L I   geboren am 7. Oktober 1925   eingesegnet am 15. September 1958

Schw. R U T H   M Ü L L E R   geboren am 17. September 1926   eingesegnet am 1. November 1954

Schw. R Ö S L I   M Ü L L Y   geboren am 13. August 1916   eingesegnet am 18. August 1947

Schw. M A R G R I T   M U T H E R   geboren am 26. Juni 1944   eingesegnet am 30. Juni 1982

Schw. E L S A   O B E R H Ä N S L I   geboren am 3. März 1922   eingesegnet am 11. April 1951

Schw. H E I D I   P L Ü S S   geboren am 22. November 1928   eingesegnet am 14. April 1949

Schw. G E R T R U D   R E C H S T E I N E R   geboren am 13. Oktober 1921   eingesegnet am 19. Mai 1951

Schw. A N I T A   R Ü T S C H E   geboren am 19. Januar 1935   eingesegnet am 31. Mai 1955

Schw. A N N E M E I   S C H Ä F E R   geboren am 7. Mai 1909   eingesegnet am 18. Oktober 1937

Schw. V R E N I   S C H Ä P P I   geboren am 23. April 1943   eingesegnet am 22. März 1965

Schw. M A R T A   S C H Ä R   geboren am 8. Januar 1917   eingesegnet am 15. Februar 1941

Schw. E M M Y   S C H E R R E R   geboren am 31. Mai 1924   eingesegnet am 1. Februar 1951

Schw. E L S I   S C H M I D   geboren am 3. Januar 1918   eingesegnet am 14. Mai 1945

Schw. A N N A   S C H N E I D E R   geboren am 21. Oktober 1916   eingesegnet am 15.Oktober 1940

Schw. B R I G I T T A   S C H R Ö D E R   geboren am 20. Juli 1935   eingesegnet am 1. Mai 1958

Schw. V E R E N A   S P Ö R L I   geboren am 20. Juni 1925   eingesegnet am 18. März 1950

Schw. A N N I   S T A U F F A C H E R   geboren am 15. Januar 1921   eingesegnet am 16. September 1946

Schw. A N N E T T E   S T E I B   geboren am 30. Januar 1936   eingesegnet am 26. September 1965

Schw. G E R T R U D   S T R A U B   geboren am 14. Oktober 1924   eingesegnet am 26. November 1945

Schw. R O S M A R I E   S U L S E R   geboren am 7. Januar 1930   eingesegnet am 17. Oktober 1951

Schw. H E I D I   T A N N E R   geboren am 18. Januar 1925   eingesegnet am 1. Juli 1954

Schw. G R I T L I   T I N N E R   geboren am 10. September 1932   eingesegnet am 1. Oktober 1952

Schw. E L I S A B E T H   T O B L E R   geboren am 8. Dezember 1927   eingesegnet am 30. März 1963

Schw. I D A   T O B L E R   geboren am 16. März 1920   eingesegnet am 1. Mai 1941

Schw. E L S A   T S C H O P P   geboren am 24. Januar 1917   eingesegnet am 1. Oktober 1942

Schw. H A D W I G   V O G E L   geboren am 10. Dezember 1934   eingesegnet am 17. Mai 1954

Schw. R O S M A R I E   V O N   D E R   C R O N E   geboren am 5. April 1932   eingesegnet am 20. Juni 1955

Schw. D O R O T H E E   V O N   T S C H A R N E R   geboren am 11. Mai 1936   eingesegnet am 21. Januar 1957

Schw. E L I S A B E T H   W A E B E R   geboren am 10. Juni 1932   eingesegnet am 3. Oktober 1956

Schw. D O R A   W Ä F L E R   geboren am 18. Januar 1925   eingesegnet am 17. Oktober 1950

Schw. V R E N I   W A N N E R   geboren am 31. März 1944   eingesegnet am 16. September 1968

Schw. V R E N I   W E G M A N N   geboren am 24. November 1929   eingesegnet am 20. Juni 1955

Schw. M A R G R I T   W E H R L I   geboren am 17. Februar 1923   eingesegnet am 3. Juni 1946

Schw. A G A T H E   W I E S E R   geboren am 25. April 1924   eingesegnet am 12. November 1961

Schw. A M A L I E   W I N K L E R   geboren am 13. November 1917   eingesegnet am 28. Februar 1938

Schw. L U I S E   W I T T W E I L E R   geboren am 30.12.1921   eingesegnet am 18. März 1946

Schw. A N N E L I E S E   Z E L L W E G E R   geboren am 11. Mai 1928   eingesegnet am 14. Oktober 1954

Die Organe der Stiftung
Stand 1. März 2007

Stiftungsrat

Präsidentin
HELEN GUCKER-VONTOBEL Meilen

Mitglieder
WALTER G. BADERTSCHER Dübendorf
SUSANNE BERNASCONI-AEPPLI Kantonsrätin Zürich
Dr. iur. BRIGITTE VON DER CRONE Zürich
Diakonisse ROSMARIE VON DER CRONE
Dr. iur. BEAT M. FENNER Zumikon
LUCIE FREI-TOBLER Maur
Dr. iur. ESTHER GIRSBERGER HOFER Zürich
RUTH GÜNTER Stäfa
TRIX HEBERLEIN Ständerätin Zumikon
Diakonisse VRENI HUGGENBERGER
Dipl. Ing. ETH/Pfarrer JÜRG WERNER HUNZIKER Fällanden
MARKUS KOCH Stäfa
Dr. med. HANS-ULRICH KULL Küsnacht
KÄTHI KULL-BENZ Kantonsrätin Zollikon
CHRISTINE MÄDER Pfaffhausen
Dr. oec. publ. PETER MOUSSON Zürich
Diakonisse MARGRIT MUTHER Oberin
Pfarrer Dr. CHRISTOPH SIGRIST Rafz
Dr. oec. publ. LUKAS STEINMANN Volketswil
Diakonisse DOROTHEE VON TSCHARNER
ELISABETH WIDMER-KÜTTEL Zürich
WERNER WIEDERKEHR Zürich

Beigezogen
RICHARD BLUMER Finanzdirektor
Dr. rer. pol. Werner Widmer Stiftungsdirektor

Leitender Ausschuss

Vorsitzender
Dr. iur. BEAT M. FENNER

Mitglieder
SUSANNE BERNASCONI-AEPPLI
TRIX HEBERLEIN
MARKUS KOCH
Dr. oec. publ. PETER MOUSSON
Diakonisse MARGRIT MUTHER
WERNER WIEDERKEHR

Beigezogen
RICHARD BLUMER
Dr. rer. pol. WERNER WIDMER

Einsitznahme mit beratender Stimme
HELEN GUCKER-VONTOBEL

Spital Zollikerberg Stand 20. April 2007

Chefärzte / Co-Chefärzte / Leitende Ärzte

Dr. med. JÖRG BLEISCH Chefarzt Dialyse
Dr. med. HANS FISCHER Chefarzt Radiologie
Dr. med. MICHAEL GERBER Leitender Arzt Radiologie
Dr. med. MARIANNE SIGG Leitende Ärztin Radiologie

Prof. Dr. med. ADRIAN REBER Chefarzt Anästhesie
Dr. med. THOMAS URSPRUNG Leitender Arzt IPS
Dr. med. LUKAS HAUENSTEIN Leitender Arzt Anästhesie

Prof. Dr. med. JÜRG KUNZ Chefarzt Gynäkologie und Geburtshilfe bis 15. Oktober 2007
Dr. med. EDUARD VLAJKOVIC Chefarzt Gynäkologie und Geburtshilfe seit 16. Oktober 2007
BÉATRICE UEBERSCHLAG MÜLLER Leitende Ärztin Geburtshilfe

Dr. med. MARION MÖNKHOFF Leitende Ärztin Neonatologie

Dr. med. STEPHAN MÜLLER Chefarzt Chirurgie
Dr. med. WILLI SCHMID Co-Chefarzt Chirurgie
Dr. med. RENÉ SPALINGER Leitender Arzt Chirurgie
Dr. med. CHRISTOPH MEIER Leitender Arzt Chirurgie
Dr. med. ANDREAS SCHIERZ Leitender Arzt Chirurgie

Prof. Dr. med. MAX STÄUBLI Chefarzt Innere Medizin bis 30. Juni 2007
PD Dr. med. LUDWIG THEODOR HEUSS Chefarzt Innere Medizin seit 1. Mai 2007
Dr. med. RENATA FATIO Leitende Ärztin Innere Medizin

Stiftungsrat und Mitarbeitende der Stiftung Diakoniewerk Neumünster – Schweizerische Pflegerinnenschule, Stand 1. Juni 2007

Stiftungsrat: Badertscher Walter G., Bernasconi-Aeppli Susanne, von der Crone Brigitte, von der Crone Rosmarie, Fenner Beat M., Frei-Tobler Lucie, Girsberger Hofer Esther, Gucker-Vontobel Helen, Günther Ruth, Heberlein Trix, Hunziker Jürg Werner, Huggenberger Vreni, Koch Markus, Kull Hans-Ulrich, Kull-Benz Käthi, Mäder-Eichenberger Christine, Mousson Peter, Muther Margrit, Sigrist Christoph, Steinmann Lukas, von Tscharner Dorothee, Widmer-Küttel Elisabeth, Wiederkehr Werner **Alterszentrum Hottingen:** Ademai Hasan, Allenbach Nelly, Alves-Vilar Maria Armerinda, Arumugam Sithiravel, Badzic Jasminka, Beeler Susanne, Beigel-Gassner Nelli, Besirevic Osme, Bissegger Irene, Bojic Goja, Bolay Katharina, Bolliger-Rizzi Barbara, Bräm Patrizia, Brunner Miroslava, Brunner Rahel, Burger Christian, Burger-Schurtenberger Yvonne, Caderas Danièle, Camenzind Silvia, Conversano Manuela, Cosic Ankica, Cruz de Freitas Liliana Patricia, Culjak Petra, Da Cruz Raposo Paula Cristina, Denzler Sonja, Dhumaad Amina, Dupré Martina, Duschl Walter, El Hajj Sonja, Elliker Ruth, Erne Rudolf, Erne-Krebs Evi, Farina Encarnacion, Feldmann Gordana, Ferreira Coutinho Martins Arnaldina da Conceicao, Fluor-Michel Désirée, Frey Antoinette, Frischknecht-Meili Elisabeth, Fuchs Arnold, Fuhrer Matthias, Gasser Birgitta, Geiger Jardo Peter, Gentsch-Sigg Marianne, Glatthard Sangwan, Gonzalez Angel, Gräub Susanna, Greutert Sylvia, Gursky Kerstin, Haegler-Aebi Magdalena, Hänseler Claudia, Honegger Susanne, Huber Elisabeth, Kanaganayagam Soundaramohan, Kapic-Kelemen Sandra, Kathiravel Rajkumar, Koch Traugott, Koller Verena, Krasniqi-Zumberi Vlora, Krivokuca Mira, Linsi Margrith, Lopp Sonja, Lütscher-Schäuble Sabine, Maksic-Peric Anda, Manser Silvia, Mc Shane Monique, Muncan-Serman Marjana, Naef Elisabeth, Nemecek Tabea, Neukom Kerstin, Niederhauser Esther, Omlin Marlies, Paramu Mohanasunderam, Pavlovic-Sever Nevenka, Phurbu Metok, Pulfer Charlotte, Räber Beatrice, Rathgeb Erika, Reinhardt Manuela, Ribeiro Fernandes Santos Olga Maria, Richter Doris, Rieder Brigitte, Rimann Esther, Rrustemi-Haxhija Bukurije, Schiess Anna, Schneider Heidi, Schural Petra, Seeholzer Chariklia Evlogia, Sen Rima, Sennhauser Christine, Sigg Verena, Stahel Claudia, Stähli Barbara, Stauffer Ingrid, Stecher Maria, Steimer Astrid, Stettler Heinz, Tanner Eva, Trajkovic-Savic Gorica, Tschamper Ruth, Wälli Manuela, Walter-Schoch Liselotte, Wami Marta, Wiederkehr Christine, Wildbolz Eduard, Zahner Ruth, Zijan Dojna, Zuber Heinz, Zurbuchen Fjoralba **Pflegeheim Rehalp:** Alig Nicole, Aliu Afrime, Baal Cornelia, Bastiaans Kim, Bänziger Natascha, Batalla Maria, Baucamp Caroline, Bicurri Arment, Bilgeri Otto, Birrer Nelly, Bleisch Edith, Bloch Verena, Bobinac Ivanka, Bobinac Milan, Bollier Priscille, Brenner Simone, Burger Janine, Burri Julia, Carol Sabrina, Cartaxo Deolinda, Casagrande Tiziana, Cherpanath Elsy, Da Silva Ester, Deari Azbije, Den Buitelaar Carmen, Dias da Silva Maria Celeste, Diem Rahel, Diolaiuti Marco, Djordjevic Zagorka, Dorta Ewert Ruth, Dresely Beatrice, El Kaakaoui Marlene, Fehlmann Irene, Feldmann Regula, Fific Fikret, Funke Samuel, Gasic Gospava, Geier Anna-Katharina, Grämer Peter, Grünenfelder Marianne, Guerreiro Adelaide Maria, Gut Maya, Haberbeck Aleksandra, Hadorn Susanne, Heep Hanna, Heidelberger Heidi, Hofmänner Nina, Huber Ralph, Hussain Cheder, Içer Fadile, Imeri Florije, Isler Susann, Ivelj Vera, Kaiser René, Käser Sonja, Keller Sarah, Knutti Rahel, Kohler Irene, Kreienbühl Caroline, Kupönbotsang Chime, Kuster Barbara, Lehmann Gertrud, Leu Armida, Lütolf Nicolas, Mervan Sejdo, Mihajlovic Petra, Mistica Alfredo, Nkoyok Chantal, Ochsner Zita, Oetterli Bozica, Pauls Joseph, Paul Reji, Quattländer Margret, Rapetti Andrea, Rieder Anna, Ritzmann Yvonne, Rodrigues da Silva Antonio, Rohner Marlise, Rütimann Beatrice, Savigne Aldo, Schär Theres, Schenk Christof, Schips Anja, Schmid Nelli, Schwegler Ivonne, Shkodra Drita, Sigg Hans, Simnacher Zora, Smajli Hysen, Sonan Gyamtso, Stajic Davor, Sträter Riana, Streit Christina, Subagadis Burur, Sureta Daniela, Suter-Richter Heidrun, Sylaj Gazmend, Terzi Eda, Thümena Léa, Tobler Marianne, Usein Remzije, Vehapi Esmire, Veuve Corinne, Vujevic Biljana, Walliser Katja, Wehder Christina, Wiesli Zeisel Ursula. Winkler Jacqueline, Wyss Salome **Residenz Neumünster Park:** Akcaöz Mehmet, Akcaöz Nursel, Akcaöz Sait, Aleksic Iva, Bachmann Dagmar, Baer Müller Marianne, Baier Silvia, Bannwart Gabrielle, Bär Yvonne, Baumgartner-Klee Esther, Baumgartner-Meystre Françoise, Berger Elisabeth, Bertschinger Walter, Beyeler Judith, Bilic-Radisa Ruzica, Blazquez Nieves, Brundiers Helga, Brunner Marietta, Cakir Olcay, Carl Bruno, Cubela Ika, De la Rosa Anelia, Denzler Marlies, Diril-Sonay Deniz, Dopagyopoen-Tsering Yangdon, Egli Margrit, Eigenmann Lotti, Elayathamby Swaminathan, Epp Daniela, Erdin Rebekka, Fuchs Margrit, Furrer Susanne, Gallati Nicole, Gashi Afrime, Gattlen Doris, Giger Eva, Gompamitsang Wangmo, Grütter Mirella, Guido Remedios, Güner Dilek, Härdi-Berger Heidi, Hauri-Lüthy

Johanna, Heggli Erika, Herbas Barrancos Bachmann Santusa, Hischier Andrea, Jakupi-Kozhani Mevlide, Joos Rosmarie, Karli Susanne, Keller-Wetli Elsbeth, Kestenholz Francesca, Kindlimann Maritta, Knellwolf Ulrich, Kuka-Zulji Altana, Mathys Silvia, Matos Jesus Herminia, Meier Ursula, Meier Silvia, Meier-Syed Ursula, Mesfin Sara, Mijovic Branka, Mosimann Benedikt, Mülli Verena, Mungo-Asjes Pieternella, Muratovic Meho, Ngawang Lhamo, Nikolovska Mirjana, Oezdes Senem, Pfenninger-Wyss Franziska, Pfister Alla, Popovic Ljubica, Radakovic Snezana, Raguth Natalie, Rauber Renata, Rexhepi Sofije, Ricci Karin, Ruf Sylvia, Rusch Irene, Saha Silvia, Salihu-Hasaj Shkurte, Santhakumar Suganthy, Scarpitta Paula, Schaad-Just Annelise, Schäke Anna-Laura, Scheidegger Theres, Schultze Astrid, Schwarzenbach Regula, Seeh Nicole, Serbout-Sträuli Nadia, Simic Jorgovanka, Stanojevic Kata, Stefanovic Slobodanka, Strässler Esther, Streiff-Kleber Ursula, Tekic Smilja, Trittel Iris, Tubin Dara, Walch Annetta, Wandao Vreni, Weber Veronika, Wieder Elisabeth, Wirz Felix

Spital Zollikerberg: Abdirahman Mesbel, Abegg-Keiser Anita, Abegglen Ursula, Abilong Radovanovic Milcah, Ackermann Mehmeti Artan, Adam Anneliese, Aeschbacher Eveline, Affolter Lilian, Agorastos Maria, Ahmed Wesam, Ahyong-Jamito Mignette Diana, Aktürk-Arucaj Nevenka, Albisser Edith, Alcos Eufemia, Alcos Ruben, Alder Antoinette, Alder Eveline, Alder Norbert, Alimi Tevide, Aljiti Ramadan, Altenburger Isabelle, Altorfer Ulrich Rudolf, Ammann Janneke, Andes-Villanueva Rebecca, Andres Angela, Arago-Manibo Lydia, Arenz Stephan, Aschwanden Evelyn, Aschwanden Ladina, Auer Sara, Baasgaran Sumathy, Bachenheimer Tali, Bachmann Anne-Catherine, Bachmann Kathrin, Bächtold Brigitte, Baggenstos-Gujan Verena, Baiao Picciati Dina, Bajrami Alivebi, Balasingam Uthayaseelan, Bank Christine, Banovic Drago, Banti Laura, Barkey Simone, Bärlocher Karin, Bärlocher Peter, Barnett Margrit, Baro Gannau Antonia, Bastiaans Kim, Baumann Esther, Baumann Stefanie, Baumann Valentin, Baumert Silvia, Baumgarten Martin, Baumgartner Esther, Baumgartner Françoise, Baur Rita, Becci Marco, Beledo Patrick, Bellaja-Cena Gjylemsere, Bellandi Ingeborg, Benvenuti Leonardo, Berardelli Marina, Berger Isabelle, Bergmann Barbara, Berli Cornelia, Bernhardsgrütter Marc, Bhend-Rothen Ursula, Bichsel Isabelle, Bieri Mariarita, Bietenholz Nadja, Bischof Heidi, Bischofberger Corinne, Bissig-Schuler Claudia, Bjelic Zorica, Bleisch Jörg, Bless Cornelia, Blickenstorfer Marcel, Blöchlinger Sandra, Blumenthal Ursina, Bodmer Adolf, Bohn-Utzinger Sabine, Boljahn Heike, Boller Nicole, Bonani Marco, Böni Silvia, Boogen Eva-Maria, Bopp Melanie, Borer Franziska, Braun Andreas, Briner Margarita, Bruni Susanne, Brunner-Steger Brigitte, Brunnschweiler Daniela, Bucher Beatrice, Bucher Gerhard, Bucher Sandra, Buck Gabriela, Büeler Gabriela, Buff Ariane, Buffat Elisabeth, Buhl Kerstin, Burger René, Bürgi Catherine, Burkhard Brigitta, Burkhard Jan, Burzic Nihada, Busch Norbert, Busslinger Christina, Cabrera Tanner Ana, Casanova Armin, Caviezel-Kurzen Beatrice, Cerovanovic-Davidovic Sladjana, Cetintas-Kaya Yadikar, Cetintas-Tugrul Havana, Cetojevic Jasmina, Charalel Reenamol, Chemmalakuzhy Mercy, Chiriwacho-Inderbitzin Ida, Christodoulou-Huber Priska, Clarenbach Christian, Cocca Gabriela, Coelho André Jorge, Coelho Do Amaral Maria, Colombo Remund Silvia M., Concepcion-Latade Evelyn, Conrad Mirella, Coray Rita, Correia Maria Fatima, Cruz Antonio, Cruz-Villanueva Nimfa, Cunj Marko, Cvetkovic Ljubica, Da Silva e Sousa Fernanda, De Almeida Deolinda Aura, De Boni Isabel, de Jesus Carolina Maria, de Jesus Silva Paolo, Decurtins Sabina, Dekker Cor, Denzler-Müller Ursula, Diego Flordeliza, Diezi Andreas, Dinkel-Nagelhout Maartje Maria, Dionisio Maria, Dogan-Nobs Michele, Dolf Martha, Doll Simone, Dollinger Barbara, Dong Jiang Tao, Dreifuss Joëlle, Dukic Jasmin, Durrer Monika, Dürsel Frank, Dutler-Lüönd Martha, Eggmann Nina, Eigenmann Katja, Elsener Rahel, Engel Béatrice, Engström Joakim Tobias, Enz Marina, Ernst-Pir Efe, Esslinger-Bellaja Luljeta, Exner Verena, Fabig Andri, Faes Annina, Faes Ursula, Faieta Silvio, Fankhauser-Müller Margrit, Fässler Brigitt, Fatio Renata, Fatzer Stefan, Fehimli-Alpdogan Serpil, Fehr Anita, Fehr-Nunige Danièle, Fernandez Editha, Feusthuber Monika, Fiabane Doris Jeanne, Finazzo Carlo Domenico, Fischer Barbara, Fischer Hans, Fischer Sabine, Fischer-Vetter Julia D., Flückiger-Kuenzle Anja-Christina, Forrer Daniel, Forrer Martin, Forster Laila, Forster Patrik, Franken Katharina, Franz Christine, Franzen Daniel, Frauenfelder Andraina, Frei Rolf, Freuler Ursula, Fricker Bettler Daniela, Frischknecht Anja, Fritz Caroline, Fröhlich Isabelle Simone, Furrer Sandra, Furtlehner Melina, Gajic Zora, Galiffa Roberto, Gallizzi Vonesch Ursula, Gapé Régine, Gasser Matthias, Gasser Sandra, Gassmann-Engels Barbara, Geiselmann Sara, George Ancy, Gerber Lukas, Gerber Michael, Gerber Monika, Germann-Thomaidi Sophia, Gerster Elisabeth, Gezen Hanifi, Gfeller Laura, Ghiselli Erica, Giebels Erika, Giebfried Felizitas, Gillmann Vildana, Giordano Giovanni, Gischig Wyer Rosanna,

Gisiger Sylvia, Gisin Annina, Gissler Margarete, Goldbach Uwe, Gorisek Sabrina, Grabolus Robert, Grawe Julia, Grgic Ivan, Grogg Jan Stefan, Grögli Marion, Gruber-Rudolf Karin, Grün Timo, Gubler Beatrice, Gümpel Antje, Gunaseelan Arulseeli, Günther Mathias, Guzzella Sandra, Gwerder Tamara, Gysler Beatrice, Hadzi-Ristic Nikola, Haffter Irène, Hajdari Safete, Hamersma Jopie, Hammer-Allmeling Kristin, Hanhart Andreas, Häni Rahel, Haring Anita, Hartmann Susanne Elisabeth, Hartmann Tanja, Hartmann-Müller Elisabeth, Hasenfuss Elisabeth, Hauenstein Lukas, Häusermann Ursula, Heckel Silvia, Hediger Eglal, Heer Karin Elisabeth, Heer Oliver, Heim Margrit, Heinzelmann Doris, Hensel Eva, Herboth Ellen, Herrmann Thomas, Heuss Ludwig Theodor, Hillewerth Kathrin, Himmler Sonja, Hintze-Heuberger Susanne, Hirt Ursula, Hochstrasser Margrit, Hoefter Caroline, Holl Linda Manuela, Holliger Huber Katrin, Holmgren Elisabet, Holzmann-Bopp Andrea, Horber Tanja, Hörenberg-Hizli Gertrud, Hornke Gitta, Hörschläger-Schürch Margret, Hotz Doris, Hotz Schönenberger Daniela, Hubeli Lüscher Maja, Hubmann Jaqueline, Hug Monika, Hug Vanessa, Hutter Corinne, Hutter Nadine, Imboden Teresa, Imhof Bettina, Imhof Daniel, Innerhofer Anna, Isberg Henriette, Jaber Dalia, Jäggi Alice E., Jahiji Fekrije, Jaunet Jacqueline, Jau-Schaufelberger Elsbeth, Jeanneret Ingrid, Jegatheeswaran Ketharavathani, Jegerlehner Sabrina, Jeuch Claudia, Jocic Ivan, John Serge, Jöhri-Wöhr Christine Monique, Joseph Vins, Jucker Azizi Nicole, Jundt Rebecca, Jung Nadine, Jung Sabrina, Kaba Hagi, Kallenbach Horst Peter, Kaltenbrunner Myrtha, Karras Michael, Kastu Jussi, Kautz Andrea, Keller Martin, Keller Studach Annette, Kern Urs, Kinzler Vanessa, Kirchner Erich, Kljajic Mira, Klöti Christian, Klöti-Aegler Irène, Knecht Heiner, Knist Maria, Knobel Gabriela, Koch-App Theresia, Koch-Warnecke Eva, Kohler Janine, Koithara Daisy, Koithara Jose Thomas, Kolattukudy Jessy, Kölliker Silvia, König Adrian, Korac-Kolac Hadija, Korica-Apró Gabriella, Krajinovic Zorica, Kral Vildana, Kramer Elisabeth, Kreft Zofka, Kreso Maja, Krieg Denise, Krishnar Muralitharan, Kröber-Grieshaber Margarete, Kruschke Tobias, Kruse Eike, Kujundzic Slavisa, Kümmerli Andrea, Kunz Jürg, Kunz Ramona, Kunz Roger, Kunz Ruth, Kurmann Sabine, Kurz Michael, Kurzen Nadja, Kussan Billur, Kussan Nur, Lacher Claudine, Lagler Martin Leonie, Lambrinoudakis Nicole, Lamdark Tenzin, Landolt Andrea, Landwehr Daniela, Lang Barbara, Langenegger-Weber Marianne, Lanz Margrit Anny, Lebeck Sabine, Lehmann Carmen, Lehmann Casetti Doris, Leitner Marianne, Leuteritz Anke, Liebetrau Angela, Liechti-Thoma Pascale, Lindner Claudia, Linschoten Dini, Linschoten Wim, Lombardi Sandra, Losenegger Anja, Lötscher Ruth, Lozic-Mujagic Rasema, Luck Silke, Ludwig-Schmid Karin, Luedtke Helén, Lundquist Magnus, Lu-Pagenkopf Feng, Lutz-Mullis Elvira, Lux Matthias, Mächler Daniela, Madjdpour Darius, Maksimovic Natasa, Mamaril Jesusa, Manara Beatrix, Mani-Jacomella Chiara, Manser Ursula, Markova Sofia, Maron Cornelia, Martin Sonja, Masciadri Aurora, Mathys Brigitta, Matoscevic Mirjana, Meier Christoph, Meier-Rohrer Irene, Meili Gabriela, Meili Rahel, Melchior-Hohl Manuela, Mercado-Asidera Luzviminda, Mermod Germaine, Meyenberg-Gilli Ruth, Meyer Cilgia Flurina, Meyer Edith, Meyer Susanne, Meyer-Heim Tatjana, Michalopoulos Elefteria, Mir Irene, Mistica Amelita, Möckli-Widmer Regula, Mohmand Fazlraziq, Molho Francisco, Momper Birgit, Mönkhoff Marion, Moos-Zürcher Petra, Morales Marco Antonio, Morgenthaler Stefan, Moser Andrea, Moser Barbara, Moser Gabriele, Moser-Meister Sonja, Mrdjanovic Djenita, Mtiri-Carangelo Rosaria, Mück David, Muggensturm Patrick, Müller Denise, Müller Hans, Müller Mirjam, Müller Sara Lydia, Müller Stephan, Müllhaupt Marlies, Münch Katharina, Murchini-Gmünder Alice, Murer Andrea, Muster-Kull Katrin, Muttersbach-Böhm Kerstin, Nabholz Felicitas, Näf Hanni, Nanni Eraldo, Nellen Romilda, Neumaier Kathrin, Ney Jean-Claude, Nickisch-Ruf Petra, Nicolas Bojana, Niebergall Henner, Niederer Liliane, Niedermann Eva, Nikic Mara, Nikray Bijan, Nitzsche Alexander, Noack Sybille, Nüesch-Würfl Christine, Nussbaumer Matthias, Oberhänsli Yvonne, Oberholzer Barbara, Obradovic Srbijanka, Oestholm Günter Eli, Ott Dhakpa, Palakudyil Rosilint, Pante-Zürcher Monika, Parukanil Annamma, Perrenoud Elisabeth, Perucchi Simon, Perz Carolin, Pesonen Jyri, Peter Kilian, Petrovic Radenka, Pfammatter Sandra, Pfautsch Susanna, Pfenninger Lea, Pfister Roland, Pflugshaupt Claudia, Pfyl Monika, Plain-Gassmann Felicia, Plott Martha, Plünnecke Kathrin, Polanski Przemyslav, Portmann Natalie, Pratter Cristina, Prescher Frauke, Prieth Sonja, Pugliese Samanta, Puorger Anna-Ursina, Quadri Renato, Rabaglio Esther, Rader Nadine, Radovanovic Gordana, Ramirez Ignacio, Rätsch Gunter, Ratschker Heike, Reber Adrian, Reber Isolde, Rechsteiner Tatjana, Rechsteiner-Bartels Katrin, Recht Damien, Reck Andrea, Reckling Tobias, Reichle Nicole, Reichmuth Claudia, Reiser Margrit, Rekeczki Marta, Rempel Helene, Ribeiro Pocas Maria, Ribi Sabine, Rieder Georges, Riek Tanja, Ritmeester Sandra, Ritter Katharina ea, Ritter Ursula, Röckl Monika, Rodriguez Romero Heidi, Rognon Henri, Roos-Müller Caroline, Roth Cécile, Rotzler Jacqueline, Ruckstuhl Anita, Ruckstuhl Herta, Rüegg Christian, Rüegsegger Brand Monika, Ruess Kathrin, Rupprecht Cornelia, Rüsges Madleina, Rutishauser Maya, Ruwoldt Elsbeth, Rzesnik Christian, Sägesser Doris, Saladin Denis, Saliji Gülten, Sankovic Vesna, Santoro Angelo, Santos Cardoso Marisa Isabel, Sanvido Simona, Sarro Peppino, Schefer Thomy, Schellenberg Brigitta, Schenk Elke Christine, Scherer Olivia, Scherrer Rainer, Schertenleib Claudia, Schierz Andreas, Schilling Marzia, Schilling Monika, Schmid Darwiche Jacqueline, Schmid Josefine, Schmid Madeleine, Schmid Peter, Schmid Sabine, Schmid Ursula, Schmid Willi, Schnarwiler Ruth, Schneider Gerda, Schnellmann Gertrud, Scholze Daniela, Schönbächler Remo, Schötzau Mund Susanne, Schroll Chris-Maren, Schuler Yvonne, Schweizer-Räth Susanne, Schwendener Ruth M., Scott Andrea, Seglias Martina, Sequeira Almeida Vitor Sónia I., Shao Dayu, Sigg Marianne, Simon Jomon, Slan Jeannette, Sonderegger Ursina, Souto-Sousa Maria Lucia, Soysal Savas Deniz, Spalinger René, Spasic Danijela, Sponagel-Brennwald Muriel, Sta. Maria Ofelia, Stadler Michael, Stäheli Marisa, Stauber Daniel, Stäubli Max, Stehli Julia, Steiner Benjamin, Stirner Marion, Stoop Douglas, Stracke Nadine, Strauss Cristina, Stucki Susanne, Studer Günther Noëmi, Studer Maya, Stutz-Küllmer Susanne, Suerdieck Moritz B., Süss Gaby, Suver Janja, Suwanda Danny, Suwanda Sandi, Szabo Gisela, Tabakovic Sefket, Tacconi Barbara, Tannò Ursula, Tekic Milka, Tell Daniel, Tepper Ursula, Tétaz Michel, Tewes Heinrich, Thalmann Lehmann Antoinette, Theis Margrit, Thoma-Eberle Bernadette, Thomann Catherine, Tobler Reto, Tolu Rahime, Toma Claudia, Tonello Jennifer, Trachsler Andrea, Trinkner Silvia, Tröger Martina, Trudel Brigitte, Tscherry Elisabeth, Tzionas Konstandinos, Uebersax Irina, Ueberschlag Müller Beatrice, Ulrich Beatrice, Ulrich Vanessa, Ulrich-Fink Eveline, Ursprung Thomas, Uthayaseelan Gowreeswary, Valenti Laura, van der Heijden Cornelia Johanna, Vasilevski Stoe, Veliyath Aniamma, Vera-Ulrich Barbara, Vermeulen Petrus Jacobus, Vetsch Sandra, Vettori Wenz Orsola, Vieli Stefanie, Villanueva-Magpantay Rodelia, Villiger-Korrodi Brigitte, Vital Luisa, Vlach Eva, Vlajkovic Eduard, Vogt Edith, Vögtlin-Jakob Susanne, von Burg Andrea, von Burg Karin, von Koenneritz Carina, Wahl Karin, Walder-Odermatt Judith, Walker Jeanette Carmen, Waltert Silke, Wasik Jan, Weber Bettina, Weber-Kasparek Brigitta, Wehrli Vania, Weidemann David, Weilenmann Tamara, Weiss Gaby, Weisser Veuve Ursula, Weisskopf Heer Barbara, Wenger Simone, Widera Christian, Widmer Christoph, Widmoser Helga, Wiedmer Marion, Wieland Francesca, Wietlisbach Petra, Wildbolz Marc, Winiger Imelda, Winkler Boegli René, Winkler-Patch Deborah Wendy, Winter Michael, Wipf Katharina Susanna, Wittwer Hafez, Wizemann Claudia, Wolf Kathrin, Wolf Sandra, Wolf Xenia, Wolff Heidi, Woltersdorf Anna, Wu Shi, Wüthrich Brunello, Wydler Heidi, Wymann-Lütolf Beatrix, Wyss Theodor, Wyss Ursula, Wyss-Zünd Nicole, Yeniavci Kadriye, Zamboni Selina, Zdrnja-Petrovic Karolina, Zemp Marlys, Zens Mey Chantal, Zgraggen Lilian, Zimmermann Karin, Zindel Reiner, Züger Marianne, Züger Rita, Zweifel Rolf, Zweifel Ursula **Gastronomie:** Altorfer Maya, Bähni Evelyne, Bilen Gülümser, Bilen Mehmet, Boller Sonja, Brühwiler Mirjam, Bühler Andy, Busslinger Jochebed, Campbell Kristina, Campell-Mäder Brigitt, Carvalho-Ribeiro Manuel Luis, Carvalho-Ribeiro Maria da Luz, Colazzo Simone, Danner Heidi, Da Silva Gomes Joao Manuel, Del Duca Ljiljana, Dincer Hanim, Döhring Claudia, Eken Altug, Franke Gerd, Gruber-Meier Christiana, Hämmig Rosmarie, Hanselmann Rahel, Hofer Esther, Hösli Ruedi, Justen Alexander, Kanagaratnam Manoranjan, Kandasamy Thiyaganathan, Kaya Muhammet, Kuban Martin, Macchioni Romina, Machado Gandra Helder Manuel, Mejia Diaz Oliver, Nangachiveetil Antony Savio, Neufert Nicole, Nussbaumer Pia, Obradovic Amra, Palaniappah Arular Amalan, Radakovic Aleksandar, Rietmann Nadja, Ruppli Corinna, Ryser Susanne, Salihu Hetem, Salucci-Fenner Karin, Schabmann Klaus, Sepulveda Olivia Paulina, Sinnathurai Ravi, Sinnathurai Sathiyamoorthy, Sleimann-Dorn Ursula, Sommer-Omeragic Andrea, Sponagel Claudio Nicola, Szilagyiova Placha Janette, Tanic Stojan, Tziona Maria, Valianilam Stephen Jacob, Veliyan John, Zogg Christine **Zentrale Dienste:** Begert Peter, Bernhard Wilhelm, Blumer Richard, Boitel Stefanie, Buff Brigitte, Christen Dorothea, Djurkovic Darko, Egli Susann, Eglin Anemone, Ephraim Michael, Gasser-Grob Manuela, Hörnlimann Anita, Huber Evelyn, Küpfer Simone, Leiser Margrit, Maurer Markus, Müller Yvonne, Nötzli Barbara, Pickel Elisabeth, Reding Marlies, Rüegger Heinz, Schilling Daniel, Thelen Susanne, Thöny Ursina, Tsitsiouris Panagiotis, Vetsch Margrit, Von der Mühl Antoinette, Wagen Vreni, Wäspe-von Rotz Annabeth, Widmer Werner, Wild Alfred, Zimmermann Marianne

Diakonissen-Schwesternschaft Neumünster: Haldi Christine, Wyss Therese

Personenregister

A
Aeberli, Süsette 76/77
Altorfer, Anna 70
Amsler, Marc 136
Arter, Magdalena 37
Aufricht, Erna 129
Aufricht, Johanne 129

B
Badertscher, Walter G. 220
Baer Müller, Marianne 194, 206
Bärlocher, Fanny 61
Baltischwiler, Anna 75
Bamert, Berta 218
Bannwart, Gabriele 218
Barth, Karl 96, 99
Baumgartner, Martha 218
Baumgartner, Robert 126, 128, 131, 143, 144, 147, 165
Baur (Maurermeister) 17
Beder-Kern, Frau 112
Beglinger, Rosa 218
Bernard, Claude 42
Bernasconi-Aeppli, Susanne 220
Bernoulli, Wilhelm 166, 167
Bezzel, Hermann 27
Biedermann, Berta 26
Bindschedler, Trinette 19
Bion, Walter 9, 47, 200
Blaser, Lucie 218
Bleiker, Emmi 185
Bleisch, Jörg 204, 221
Bleuler, Hans Konrad 18, 42
Bloch, Hans Rudolf 129
Blumer, Richard 206, 220
Bodmer, Johannes 22
Bodmer, Martin 66
Bodmer, Susanna 22, 23
Boitel, Stefanie 206
Bollinger, Hanna 101
Bollinger, Margarete 61, 62, 93
Bollinger, Marie 31, 89
Bourbaki (General) 34
Brandenberger, Anna 37
Brenner, E. 112
Brenner, Marie-Luise 185, 218
Brenner, Sophie 103
Brenner-Burckhardt, Carl 50, 51, 65, 66, 70, 71, 79, 86, 177
Brenner-Fröhlich, Carl 82, 83, 86, 103, 112, 119, 122
Brühwiler, Mirjam 201, 206
Brunner, Emil 96, 99, 152
Brunner, Friedrich 79, 102
Buchmann, Hedwig 138, 218
Buchmann, Luise 130
Büchler, Anna 218
Bühler, Caroline 9
Bührer, Hans 181
Buff, Brigitte 206
Bullinger, Heinrich 24

C
Chiodera (Architekt) 42
Christen, Katharina 218
Cloëtta, Arnold 18, 23, 31, 39, 42, 53, 61
Cloëtta, Max 106, 112
Conrad, Margrit 183

D
Debrunner, A. 141
Denzler, E. 123
Disselhoff, Julius 27, 69
Djurkovit, Darko 206
Dürig, Hans 148, 158, 169, 170, 176, 177

E
Ebeling, Gerhard 207
Ebeling-Richner, Kometa 207
Ebinger, Georg 71, 79, 82
Egli, Aline 148
Egli, Elisabetha 22
Egli, Gustav 191, 196
Egli, K. 112
Egli, Susann 206
Eglin, Anemone 194, 199, 201, 206
Eichenberger, Hanni 218
Eppler, Paul 116
Ernst, Friedrich 61
Escher-Bodmer, Louise 66

F
Faber, H. 157
Faes, Max 171
Farner, Oskar 120, 122
Fatio, Renata 221
Fausch, Betty 218
Feer, Emil 112, 122, 141
Feer, Frau 112
Fenner, Beat M. 198, 206, 208, 209, 220
Finsler, Maria Emma 14
Fischer, Hans 186, 187, 221
Fitzi, Martha 221
Fliedner, Friederike 12
Fliedner, Theodor 8, 12, 13, 14, 25, 27, 28, 32, 51, 67, 69, 121, 143, 177
Florentini, Theodosius 13, 17
Flury, Andreas 27, 39, 42
Flury-Näf, P. 112
Forrer, Ludwig 88
Frei, Anna Barbara 26
Frei-Tobler, Lucie 220
Freitag, Emma 218
Frey, Esther 218
Frey, Lydia 218
Frick, Thomas 193
Frisch, Trudi 218
Fritschi, Rita M. 196
Füssli, Johann Jakob 15, 18, 23, 24, 33, 35, 51
Fuhrer, Matthias M. 205, 206

G
Gabathuler, Anna 218
Gasser, Manuela 206
Gemsenjäger, Ernst 177, 193
Gerber, Hedi 218
Gerber, Michael 221
Gerhardt, Paul 67
Germond, Louis 13
Gessner, Hans Georg 73
Girsberger Hofer, Esther 220
Goebel, Katharina 12
Gödri-Peter, Karin 177, 182, 188, 192
Götschi, F. 112
Gonzenbach, Hedwig 173
Gort, Stefan 202
Grämer, Peter 201, 206
Graf, Elise 101
Graffky, Georg 52
Griesser, Frieda 218
Grob, Rosmarie 199
Grob-Zundel, Frau 86
Grob-Zundel, Karl Fürchtegott 42
Gröbli, Elise 35, 57
Grossmann, Ralph 195
Grossniklaus, Ruth 187, 218
Gucker-Vontobel, Helen 205, 206, 208, 209, 220
Günter, Ruth 220
Guisan, Henri 124
Gujer, Anna 35
Gujer, M. 112
Guyer, Peter 191

H
Häberli, Heidi 218
Hächler, Hedi 218
Hänny, Rösli 218
Hamann, Johann Georg 27
Hanhart, Julie 163
Hansen, Armauer Gerhard Henrik 46
Hardmeier, Kaspar 22
Hatt-Haller, Heinrich 109
Hauenstein, Lukas 221
Haueter, Wally 218
Heberlein, Trix 220
Heer, Anna 27, 52, 63, 66, 68, 75, 95, 192
Heer, Lina 218
Heim-Vögtlin, Marie 68, 75
Heimgartner, Bernarda 13
Herzog, Roland 202
Hess, Rudolf 118
Heuss, Ludwig Theodor 207, 221
Heusser, Trudi 218
Hiestand, Caroline 67
Hoch, Walter 120
Hörnlimann, Anita 206
Hörschläger, Margret 204
Hofer, Moritz 93
Hofer, Rosa 93, 103, 112, 121, 126
Hoffmann, Anna 28, 39, 51, 52, 60
Hofmann, Ernst 173, 181, 193
Hofmeister, Diethelm Salomon 18, 25, 33, 35, 42, 46, 51, 64, 65, 177
Honegger, Hedwig 95, 135
Horber, Vreni 218
Hotz, Karoline 33
Huber, Elisabeth 187, 194, 218
Huber, Emma 31, 40
Huber, Evelyn 206
Huber, Lisette 25
Huber, Rösli 218
Hürzeler, Doris 218
Huggenberger, Liselotte 218
Huggenberger, Vreni 218, 220
Hugi, Margrit 218
Humbel, Max 164
Hunziker, Emma 152
Hunziker, Jürg Werner 220

I
Isenegger, Hedi 218

J
Janda, Helen 171
Joho, Ruth 218

K
Kägi, Sophie 117, 126, 127, 128, 14?, 164, 167
Kappeler, E. 112
Karrer, Max 173
Kasztner, Rudolf 130
Keller, Anna 218
Keller, Gottfried 166
Keller, Hedwig 218
Kienast, Julie 19, 24, 25, 28, 35, 51
Klopfstein, Käthi 218
Knellwolf, Elsbet 9
Knellwolf, Ulrich 202
Koch, Markus 220
Koch, Robert 31, 52
Köhler, Ludwig 207
Koller, Fritz 148
Kradolfer, Lydia 218
Krönlein, Ulrich 63
Kübler, Elsbeth 194, 199, 218
Kündig, Dorothee 152, 218
Kueser, Regula 38
Kull, Hans-Ulrich 220
Kull-Benz, Käthi 220
Kunz, Jürg 194, 221
Kurtz, Robert 151, 164, 169
Kuster, Rosa 147

L
Lavater, Johann Caspar 73
Lendenmann, Klara 218
Leu, Ida 218
Leu, Ruth 219
Levy, A. 131
Levy, Mme 131

ieb, Esther 219
ieberherr, Emilie 170
öffler, Friedrich August 52
öhe, Wilhelm 36
üttichau, (Graf) 116, 129, 139
uley, Amalie 30, 35, 59
uther, Martin 67, 85, 161

Mader, Erna 219
Mäder, Christine 220
Manz, Gertrud 219
Markwalder, Magdalena 31, 100
Marquard-Schefer, Ruth 219
Meier, Christoph 221
Meier, Hanni 219
Meili, Ernst 164, 193
Menzi, Rose 219
Meyer, Anna 219
Meyer, Conrad Ferdinand 59, 67
Meyer, Jutta 199
Meyer-Hürlimann, Carl 86
Meyer-Rahn (Stadtrat) 14, 15, 18
Meyer-Usteri, Franz 18, 42, 44
Meyer-Usteri, Frau 18
Meyer-Ziegler, Louise 67, 92
Michel, Sylvia 193, 205
Mönkhoff, Marion 202, 221
Monhart, Elsbeth 141
Moser, Elsbeth 219
Mousson, Adolf 87
Mousson, Heinrich 18, 33, 42
Mousson, Henri 42, 105, 106, 112, 116, 123, 126, 127, 130
Mousson, Peter 220
Mousson-von May, Rudolf Emmanuel Heinrich 42, 43
Müller, Franz Nikolaus 9
Müller, L. 112
Müller, Lisette 47
Müller, Ruth 219
Müller, Stephan 203, 221
Mülly, Rösli 219
Muggli, Martha 219
Muther, Margrit 9, 187, 194, 196, 199, 206, 219, 220

Näf, Margrit 104
Napoleon III. 34
Nouvel, Jean 202
Nüssli, Babette 70

Oberhänsli, Elsa 219
Ochsenbein, Ulrich 35

Pasteur, Louis 45, 46
Pestalozzi, Emil 43
Pestalozzi, Ludwig Heinrich 43, 79
Pestalozzi-Bodmer, Heinrich 43

Pestalozzi-Escher, Conrad Emil 43
Pestalozzi-Escher, Emil 79
Pestalozzi-Hofmeister, Frau 18, 60, 112
Pestalozzi-Hofmeister, Hans Konrad 15, 18, 29
Pestalozzi-Schulthess, Frau 112
Pestalozzi-Schulthess, Hermann 79
Peter, Rosmarie 142
Pfister, Gebrüder 103, 106
Pfister, Werner 116
Pfyffer von Altishofen, Adèle 43
Plüss, Heidi 219

Rahn, Frau 112
Rahn, Louis 79, 81, 86, 97, 98, 103, 112, 116, 119, 121, 126, 131
Rahn-Irminger, Frau 18
Reber, Adrian 199, 221
Rechsteiner, Gertrud 219
Reichardt, Gertrud 13, 33
Rieter, F. 112
Rieter, Karl Friedrich Adolf 79
Rieter-Bodmer, Bertha 79, 88, 91, 112, 113, 118, 123
Roelli, Margrit 161
Rogers, C.R. 157
Rüegger Heinz 9, 194, 196, 202, 206
Rüsch, Theodor 163
Rütsche, Anita 219

Schäfer, Annemei 126, 143, 219
Schäppi, Vreni 219
Schär, Marta 117, 219
Schärer, Martin 171
Schätti, Rosa 84
Schellenberg, J.R. 112
Scherer, Maria Theresia 17
Scherrer, Emmy 142, 146, 165, 168, 173, 219
Scheu, Margrit 171
Schierz, Andreas 221
Schilling, Vreneli 139
Schindler, Anna 44
Schmid, Elsi 219
Schmid, Willi 221
Schneider, Anna 219
Schneider, Ida 66, 75, 192
Schrenk, Gottlob 124, 151
Schröder, Brigittea 219
Schüepp, Babette 37
Schuler, Vreneli 100
Schulthess, Wilhelm 79, 86
Schulthess-von Meiss (Familie) 32
Schulthess-von Meiss, Heinrich 72, 73
Schwarzenbach, Alexis 9
Schwarzenbach, Alfred 88
Schwarzenbach-Wille, Renée 9, 88
Sieber, Nanny 18, 19, 22, 24, 25, 28, 51

Sigg, Johannes 116
Sigg, Marianne 221
Sigrist, Christoph 220
Spalinger, René 221
Spengler, A. 112
Spittler, Christian Friedrich 14
Spöndlin, W. 112
Spörli, Verena 219
Spörri, Gottlob 120, 122, 123, 124, 126, 127, 128, 196
Spyri, Johanna 35
Stäubli, Max 173, 221
Stauffacher, Anni 219
Stauffacher, Gertrud 69
Steib, Annette 219
Steinmann, Lukas 220
Strässler, Barbara 26
Strässler, Lina 31
Strasser, Walter 123, 163
Straub, Gertrud 138, 219
Strauss, David Friedrich 8, 24
Sulser, Rosmarie 219
Suter, Jürg 177, 181, 191, 192, 214
Suwanda, Sandi 201
Szondi, Leopold 130

Tanner, Heidi 219
Teitelbaum, Joel 130
Thomann-Koller, Jenny 75
Thurneysen, Eduard 96, 99
Tinner, Gritli 219
Tobler, Elisabeth 219
Tobler, Ida 219
Tschopp, Elsa 219
Tschudy (Architekt) 42

Ueberschlag Müller, Béatrice 221
Ursprung, Thomas 221
Usteri-Pestalozzi, Eduard 43, 73, 79, 105, 106

van der Geest, Hans 157, 169
Vettori, Orsola L. 196, 206
Vietor (Pastor) 35
Virchow, Rudolf 42
Vlajkovic, Eduard 207, 221
Vogel, Hadwig 219
Vogt, Paul 103
von Ballmoos, Alfred 189
von Ballmoos, Margrit 189
von Bismarck, Otto 30, 34
von Bodelschwingh, Friedrich (Reichsbischof) 118
von Bodelschwingh, Friedrich 64, 86
von Bodelschwingh-Wille, Friedrich 118, 132
von Bodelschwingh-Wille, Jutta 132
von Cossel, Hans 129

von der Crone, Brigitte 193, 220
von der Crone, Rosmarie 9, 171, 173, 177, 183, 192, 194, 219, 220
von Hohenzollern-Sigmaringen, Leopold 34
von Schulthess, Georges 93, 127, 151, 169
von Schulthess-Rechberg, Gustav Anton 93
von Schulthess-Rechberg, Gustav 61, 93, 96, 127
von Schulthess-Rechberg-Syz, Anna 93
von Tscharner, Dorothee 197, 219, 220
von Weizsäcker, Karl Friedrich 118
von Wurstemberger, Sophie 13
von Wyss, Walter 116, 140
Vortisch (Arzt) 91

Waeber, Elisabeth 219
Wäfler, Dora 219
Walch, E. 112
Wanner, Vreni 219
Weber, B. 112
Weber, Berta 144
Weber, Luisa 22
Wegmann, Vreni 219
Wehrli, Margrit 219
Weltin, Dora 142
Werner, André 189, 205
Wetli, Gebrüder 17
Wichern, Johann Hinrich 12, 46, 143
Widmer, Arnold 157, 176
Widmer, Sigmund 170
Widmer, Werner 9, 196, 206, 208, 209, 212, 220
Widmer-Küttel, Elisabeth 220
Wiederkehr, Werner 220
Wieser, Agathe 219
Wild, Regula 37
Wilhelm (König von Preussen) 34
Wilhelm II. (deutscher Kaiser) 88, 89
Wille, Fritz 88
Wille, Jutta 113, 118
Wille, Ulrich (General) 9, 88, 89
Wille, Ulrich jun. 88, 118
Wille-Rieter, Inez 88, 118, 123
Winkler, Amalia 219
Wittweiler, Luise 138, 219
Wyss, Therese 199

Zellweger, Anneliese 219
Zimmermann, Georg Rudolf 14, 15, 18, 23, 43, 51, 66, 67, 73
Zimmermann, Theophil 112
Zingg, J. 112
Zollikofer, Hans 148, 173
Zwingli, Ulrich 24

227